JN418401

생활속의
경제학

개정판

배기형 · 이혁진 · 장몽택 · 강범

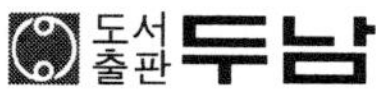

도서출판 두남

Preface

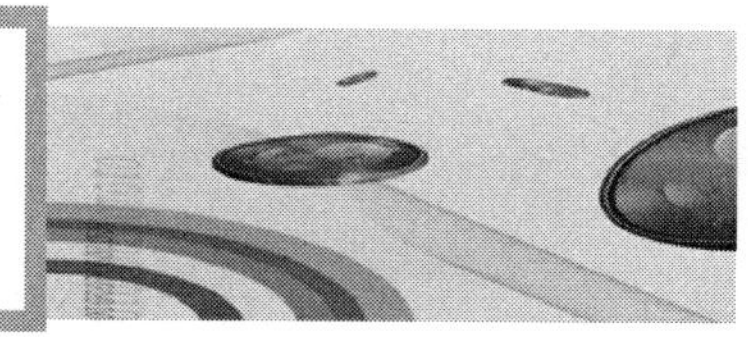

개정판 머리말

본서는 기존의 경제원론보다 쉽게 풀어 쓰면서도 배우는 학생들이 경제학의 기본개념을 이해하고 이를 현실에서 어떻게 응용되고 있는지를 파악할 수 있도록 예시문을 많이 추가하였다. 전반부는 수요, 생산, 기업 등을 주로 다루었으며, 후반부는 재정, 금융, 인플레이션, 세계무역 및 금융 등을 중심으로 다루었다.

본서는 경제학 전공자보다는 비전공자가 경제학을 쉽게 이해하고 응용할 수 있도록 평이하게 서술하였으며, 경제학의 이론들이 현실경제에서 어떻게 적용되고 있는 지를 파악할 수 있도록 사례분석에 많은 부분을 할애하였다. 특히 이들의 사례분석들은 각종 언론사, 연구소, 정부기관 등의 자료들을 수집하여 활용하였다.

본서가 출판되기까지 많은 자료수집과 정리에 온 힘을 쏟은 경제통상학과 대학원 박사과정 원생과 담당교수들에게 고마움을 전하며, 그리고 두남의 전두표 사장님과 이승구 상무님을 비롯한 편집부 여러분들에게도 진심으로 감사를 드린다.

저자들 나름대로 본서를 출판하게 되었지만 아직 미흡한 점이 많음을 안다. 새로운 경제이론과 현실경제의 반영을 좀 더 깊이 있게 다듬어 비전공학생들이 현실경제의 이해를 쉽게 다가갈 수 있도록 다듬을 것이다.

2019년 2월

집현관에서 저자일동

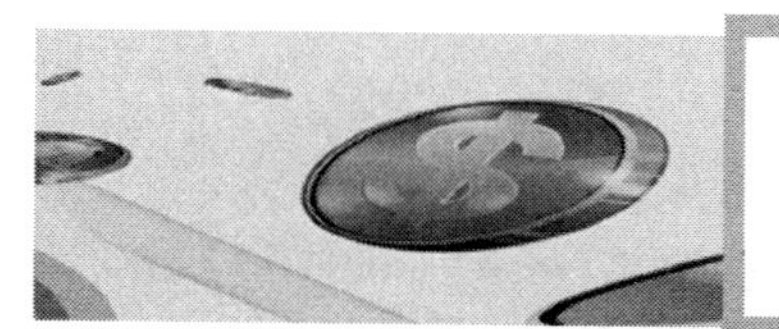

Contents

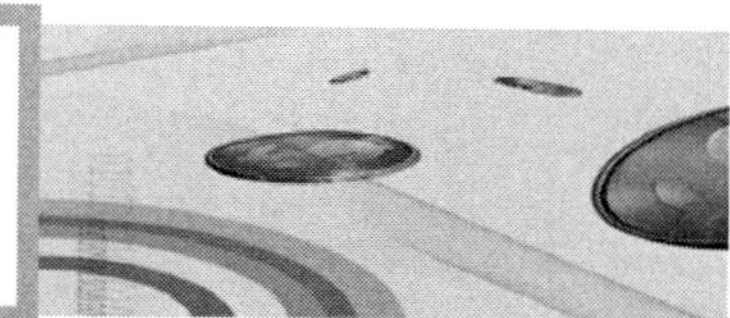

차 례

Chapter 4 ... 생산 및 생산비

Chapter 5 ... 시 장

Chapter 6 ... 임금과 계층별 소득분배

Chapter 7 ... 국민소득

Chapter 8 ... 재정정책

Chapter 9 ... 금융정책

Chapter 10 ... 실업과 고용

Chapter 11 ... 화폐와 물가

Chapter 12 ... 물가지수와 인플레이션

Chapter 13 ... 세계무역

Chapter 14 ... 세계금융

Chapter 15 ... 경제통합

경제학이란?

제 1 장

경제학이란?

1 경제란?

경제란 최소의 비용으로 최대의 효과를 얻는 자원의 효율적 이용이다. 그리고 재화를 조달하는 인간의 제반 행위를 경제행위라 하며, 이러한 경제행위가 계속적으로 이루어져 일정한 사회적 질서를 형성하는 것을 경제현상이라 한다.

2 경제학이란?

인간의 욕구는 무한하나 이를 충족시켜 줄 수단은 제한되어 있기 때문에 여러 형태의 경제문제가 발생한다. 제한된 경제자원으로 인간의 욕망을 충족시키기 위해서는 생산 및 분배방법을 합리적이고 효과적으로 선택해야 하며 이를 연구하는 학문이 바로 경제학이다. 경제학은 인간과 사회를 대상으로 하는 학문으로

경제학이 비록 경제현상을 다루더라도 그 관찰의 대상이 인간이라는 점을 항상 염두에 두어야 할 것이다.

학 자	정 의
아리스토텔레스(Ariseotole)	가계관리에 관한 학문
아담 스미스(Adam Smith)	국가 부의 성질 및 그 원인을 연구하는 학문
카셀(C.Cassel)	가격, 시장을 통한 교환등을 연구하는 학문
바이너(J.Viner)	경제학자가 하는 일

3 경제학의 과제

1) 희소자원의 적정분배

모든 경제문제는 인간의 욕망은 무한한 데 비해서 이를 충족시킬 수 수 있는 자원은 한정되어 있기 때문에 발생한다.

2) 소득의 공정분배

소득은 경제행위의 목적이다. 따라서 주어진 소득을 어떻게 분배함으로써 이 율배반적인 문제를 조화있게 해결하려는 것이 경제학의 과제이다.

3) 경제발전

아무리 소득을 공평하게 분배한다고 하더라도 절대소득수준이 낮으면 경제문제는 해결될 수 없다. 그러므로 이를 해결하기 위해서는 소득을 올리고 이을 뒷받침할 수 있도록 생산성의 향성과 산업구조의 개선이 필요한데 이것 역시 경제학의 주요 과제이다.

4) 경제안정

사람들은 높은 소득이 지속적으로 유지되기를 원한다. 실직자가 대규모로 발생한다면 그것은 경제적 정치·사회적 혼란을 야기시키게 되고, 심하면 무정부상태에까지 이르게 된다. 이러한 과제를 해결하는 것이 경제학의 목표인 것이다.

시장경제원리는 인간의 가장 기본적인 본성이라고 할 수 있는 사익추구동기에 기초한 경제원리이다. 개별 경제주체들이 최대의 만족을 얻기 위해 사익을 추구할 수 있도록 시장에서의 자유로운 거래를 허용하는 것이 소위 '보이지 않는 손'의 작용을 통해 경제 전체로도 최적의 결과를 가져온다. 따라서 시장경제원리에 의하면 의도하는 결과를 얻기 위해 기업이나 개인의 투자, 거래 등의 경제행위에 인위적 규제를 가하기보다는 개별 경제주체들의 자유로운 경쟁을 보장되어야 한다. 즉 정부는 시장에서의 경쟁이 공정하게 이루어질 수 있도록 하는 심판의 역할을 충실히 하면 족한 것이지, 경기의 규칙을 임의로 변경함으로써 특정한 목적을 달성하려고 해서는 안 된다.

4 경제문제의 해결방법

모든 경제사회는 무엇을, 어떻게, 누구를 위해서 생산할 것이냐 하는 경제문제를 해결하기 위해서 각기 그 사회에 알맞은 독특한 방법을 사용하고 있다.

첫째, 전통과 관습에 의해서 생산과 분배의 문제를 해결하는 것이다.

둘째, 시장기구에 의한 방법이다. 아담 스미스(Adam Smith)의 '보이지 않는 손'의 원리 즉, 파는 사람은 최대한으로 비싸게 팔려고 하고, 사는 사람은 가급적 싸게 사려는 상충된 이해관계를 가지고 있는 사람들이 시장기구를 통해서 경제문제를 해결하는 방법이다.

셋째, 통제경제에 의한 방법이다. 통제경제는 모든 것이 중앙집권적 통제에 의해 이루어지기 때문에 개인의 능력과 의욕을 도외시하고 경제문제를 해결하다 보니 경제전체의 경쟁력이 떨어지고, 사회전체가 도태되기 쉽다.

끝으로, 혼합경제체제이다. 오늘날에는 대부분의 국가들이 자율적인 시장기구 체제에 의존하되 어느 정도 정부의 통제와 지도를 가미한 혼합경제체제를 사용하고 있다.

경제는 심리다

세계경제의 회복세가 뚜렷해지고 있다. 대부분의 전망기관들이 연초의 전망을 상향조정하고 있다. 미국의 경우만 보더라도 주식시장이 활기를 되찾은 데다, 감세 등 확장적 거시경제정책에 힘입어 경기회복이 힘을 얻어가고 있다. 장기불황에 빠져 있던 일본도 금년에는 경제성장률이 2% 이상 되리라는 것이 일반적인 예상이다. 중국 역시 8% 수준의 꾸준한 고도 성장를 구가하고 있다. 이에 비해 우리 경제는 점점 더 안 좋은 방향으로 움직이고 있어 우려를 자아내고 있다. 과거의 경험으로 볼 때 세계경제가 살아나면 우리 경제의 수출호조로 이어지고 이것이 경기회복을 이끌었다. 그러나 최근 우리 경제에서는 다소 이해하기 어려운 상황이 연출되고 있다. 여러 가지 이유가 있을 수 있다. 수출이 빈껍데기일 수도 있다. 원화절상과 높은 임금수준에다 격화된 경쟁으로 기업들이 수출하고 남는 돈이 많지 않아 내수시장에 풀어 놓을 돈이 거의 없기 때문일 수도 있다. 실업률도 상당히 높다. 고용사정이 좋지 않으니 구매력이 약화되었을 것이다. 특히 씀씀이가 큰 청년층의 실업률이 높아서 내수의 회복이 지지부진한 양상을 면치 못하고 있는 듯하다. 그러나 가장 중요한 것은 경제주체들의 심리가 얼어 붙다보니 소비도 안되고 투자도 안되고 일자리마저 줄어들게 된 것이다. 또한 이는 기업들의 투자의욕을 꺾어버린다. 북핵위기, SARS의 여파, 카드채 문제, 이라크 전쟁 등 많은 사건과 사고들이 터져 나온 상황에서 경제주체들은 불안감을 느끼게 되었고 기업과 가계의 경제활동이 전반적으로 위축된 것이다. 경제를 살리기 위해서는 경제주체들의 심리를 안정시키는 것이 무엇보다 중요하다. 경제는 '살아있는 생명체'라고 한다. 살아 움직이는 생명체는 심리적인 영향을 많이 받는다. 어떤 때는 심리가 과민하게 반응해 실제 경제를 악순환에 빠뜨리기도 한다. 자그마한 돌멩이 하나만 물에 던져도 송사리 떼가 쏜살같이 도망치는 식이다. 그러나 어떤 때는 정반대로 실물경제보다 심리가 앞서 반응해 실물경제 회복을 앞당기는 순기능을 하기도 한다.

〈김기승, LG주간경제, 750호, 2003.10.22〉

시장경제의 작동 원리

시장경제에서는 개인이나 기업 등 각 경제주체가 무엇을, 얼마만큼, 어떻게 생산하고 소비할 것인지를 스스로 결정한다. 이러한 의사결정은 시장에서 결정되는 가격에 따라 자신의 만족을 극대화하는 선택들로 이루어진다. 즉 시장에서 수요와 공급에 의해 결정되는 가격은 수많은 경제주체의 개별적인 활동을 자율적으로 조정하는 매우 중요한 역할을 한다고 할 수 있다.

수많은 경제 주체들이 시장에서 끊임없이 각자의 이익을 위해 경제활동을 하지만, 전체적으로 조화를 달성하면서 생산과 교환이 이루어진다. 그것도 더 이상 개선의 여지가 없을 정도로 효율적으로 이루어진다면 더더욱 놀라운 일일 것이다. 시장경제체제의 이러한 특성을 영국의 경제학자 아담 스미스는 시장의 '보이지 않는 손'에 의해 그런 일들이 이루어진다. 이와 같이 시장경제체제의 효율성은 시장 내에서 경제주체들의 자유 의지에 의해 형성된 가격이 제 기능을 발휘하는 데서 보장된다고 할 수 있다. 이러한 가격의 기능을 강조하여 시장경제체제를 가격기구(price mechanism)라 한다.

시장경제체제는 시장의 자율적인 가격 기능과 자유로운 경쟁에 의해 자원의 분배나 생산 소비 등의 경제문제가 효율적으로 해결되는 체제이다. 그러나 현실적으로는 시장 여건이 불완전한 경우가 많다. 교육이나 환경 등의 문제를 시장 기능만으로 해결하기는 어렵다. 이와 같이 시장에 의해 자원 배분이 효율적으로 이루어지지 못한 상태를 시장실패(market failure)라고 한다. 이 경우 정부는 시장경제에서 시장이 제대로 기능할 수 있도록 법과 규칙을 만들고 이를 집행하는 심판자 역할을 한다. 그러나 정부의 적절치 못한 대응이나 지나친 개입은 오히려 경제의 효율성을 높이기보다는 오히려 떨어뜨리는 경우가 있다. 이를 정부의 실패(government failure)라 한다. 그런데 시장실패의 폐해 못지않게 정부실패도 심각한 문제를 낳는다. 따라서 대부분의 경제활동은 시장의 경쟁원리에 맡겨 두고 정부는 시장에서 공정하게 경쟁이 이루어지도록 법이나 제도를 개선하고 지키도록 하는 감시자 역할에 충실함으로써 정부실패를 최소화할 수 있다.

〈안형순, 한국은행 청소년 경제교실 기고문, 2006.4.5에서 요약〉

희소성과 관련된 일화

우리 주변에서 흔히 볼 수 있는 생수는 "희소성"에 대해 명확히 보여주는 좋은 예가 된다. 국내에서 생수가 최초로 상업적으로 시판된 것은 1970년대 초였으나 대다수의 국민들은 생수를 돈을 주고 구입한다는 점을 쉽게 받아들일 수 없어 주요 소비층은 일부 상류층과 주한 외국인에 국한되었다. 그러나, 도시화·산업화의 영향으로 점차 주변에서 깨끗한 물을 구하기가 쉽지 않게 된 데다 1988년 서울올림픽을 계기로 외국인들이 생수를 돈을 주고 구매하는 모습이 미디어를 통해 널리 확산되면서 최근에는 누구나 당연히 생수는 돈을 주고 구매해야 한다고 여기게 되었다.

한편 우리 역사에서 "희소성"을 잘 활용한 대표적 사례는 상도라는 소설의 주인공으로 유명한 거상 임상옥의 이야기에서 찾아 볼 수 있다. 조선후기 중국 청나라와의 국경무역에 종사하던 임상옥은 청의 수도인 북경으로 당시 조선의 최고 인기 수출품이던 인삼을 가져갔다. 그러나 청나라 상인들은 인삼가격이 크게 떨어질 때까지 인삼을 구매하지 않기로 담합하였다. 이러한 분위기를 감지한 임상옥은 청나라 상인들이 보는 앞에서 인삼을 불에 태우기 시작하였으며 (즉 인삼이 희소해지기 시작함) 이에 놀란 청나라 상인들은 당초 인삼가격보다도 훨씬 더 비싼 가격을 지불하고 인삼을 구매하였다.

희소성은 세계정치, 경제, 문화, 역사 등을 크게 바꾸는 역할을 하기도 하였는데 이러한 대표적인 사례를 "석유"에서 찾을 수 있다. 1859년 석유가 최초로 상업적으로 개발되기 시작하면서 석유는 점차 유연탄, 무연탄 등의 여타 화석연료를 대체하기 시작하였다. 석유의 유용성에도 불구하고 1970년대초까지는 중동 산유국 등이 석유를 풍부하게 공급함에 따라 석유는 배럴당 3달러의 낮은 가격에 거래되었다. 그러나 1차 석유파동(1973. 10월)을 계기로 주요 산유국인 사우디아라비아, 이란, 이라크 등이 석유자원을 무기화하면서 석유공급을 줄이자 유가는 배럴당 11달러로 4배 가까이 증가했다. 즉 세계 석유시장에서 석유가 예전에 비해 더 희소해지기 시작한 것이다. 이로 인해 세계경제는 큰 침체를 겪었으며 자원민족주의라는 새로운 국제정치의 패러다임이 등장했다.

〈한국은행, 2006.7.7〉

공부하러 꼭 학교에 가야하는 까닭은

'집이나 학원에서 공부해도 충분할텐데.' 왜 우리는 의무적으로 학교에 가야 할까? 사람들은 각자 능력에 따라 원하는 상품이나 서비스를 얻기 위해서는 반드시 대가를 지불해야 한다. 그런데 상품이나 서비스 중에는 누구라도 최소 어느 수준 이상의 질은 누려야 하는 것들이 있다.

교육도 마찬가지입니다. 교육은 앞으로 인생에 절대적인 영향을 미친다. 이에 가급적 모든 사람이 일정 수준 이상의 교육을 받을 수 있어야 한다. 경제학은 이 같은 성격을 지니는 재화나 서비스를 '가치재(merit goods)'라 부른다. 누가 됐던 '사람이라면 최소한 이 정도는 향유해야 한다'는 공감대가 형성된 상품이나 서비스를 뜻한다.

가치재의 공급을 시장에 맡겨두면 여러 부작용이 발생한다. 예를 들어 초등학교 설립을 마음대로 할 수 있고 교육 수준에 따라 등록금을 마음대로 받을 수 있게 한다면 부유한 집의 자녀들은 매우 수준 높은 교육을 받을 수 있다. 하지만 가난한 집의 자녀들은 수준 낮은 교육을 받아야 한다. 특히 매우 가난하면 아예 초등학교조차 다니지 못하는 경우가 부지기수로 나올 수 있다.

이 같은 일을 막기 위해 정부는 가치재를 직접 생산해 공급하는 역할을 맡는다. 그리고 모든 국민이 고루 소비할 수 있도록 반드시 가치재를 소비하라는 강제력을 발휘한다. 그런데 모두가 이 같은 생각에 동의하는 것은 아니다. 정부의 무료 평준화 교육에 반발하면서 돈을 더 내고 우수한 교육을 받고 싶으니 간섭하지 말라고 요구하기도 한다. 경제학은 이를 두고 '소비자주권'을 주장한다고 한다. 이러한 주장에 따라 등장한 것이 자립형 사립고, 특수목적고, 국제고 등이다. 하지만 정부는 이 같은 학교 설립 허가를 최소화하고 있다. 가급적 많은 학생이 비슷한 교육을 받게 하겠다는 것이다. 이는 정부가 공평한 가치재 소비와 소비자주권 실현 사이에서 아직 전자에 더 큰 의의를 두고 있다는 뜻이기도 한다.

〈박유연, 경제이야기.매일경제, 2009.5.6〉

선택과 포기, 사마광과 염일방일

염일방일(拈一放一)은 하나를 얻기 위해 다른 하나를 포기해야 한다는 의미로, 경제학에서 말하는 기회비용(opportunity cost) 의미를 지니고 있다.

친구와 만나 무엇을 먹을 것인가와 같은 사소한 선택에서부터 어떠한 직업을 가질 것이며 누구와 결혼해 아이는 몇 명 낳을 것인지와 같은 중요한 결정에 이르기까지. 인생이란 어쩌면 매 순간이 끊임없는 선택의 연속일지도 모른다. 경제학은 이러한 선택의 기로에서 보다 합리적인 판단을 내려야 한다고 말하는 학문이다. 비용 대비 만족을 최대화할 수 있는 의사결정을 내려야 한다는 것이다. 이를 위해서는 선택으로 인해 포기해야 하는 대가가 얼마인지를 정확히 알아야 하고, 그 대가가 바로 기회비용이다. 즉, 기회비용은 어떤 하나를 선택할 때 포기하게 되는 대안 중 가장 가치가 큰 대안 또는 대안으로 인해 발생하는 비용의 총합을 말한다. 즉, 기회비용은 회계장부 등에서 눈으로 확인 가능한 가시적 의미의 명시적 비용과 가시적으로 나타나지는 않지만 암묵적 또는 비금전적으로 발생하는 묵시적 비용을 모두 합한 것이라고 할 수 있다.

중요한 것은 합리적 의사결정을 위해서는 묵시적 비용을 반드시 고려해야 한다는 점이다. 눈에 보이는 명시적 비용만을 고려하면 선택으로 인해 치러야 할 비용을 과소평가하게 되고, 결국은 잘못된 선택을 하게 되어 효용을 최대화하지 못하는 결과를 야기할 수 있기 때문이다. 묵시적 비용에 합리적 의사결정이 달려 있다고 해도 과언이 아닌 셈이다.

〈정원식, 역사 속 숨은 경제이야기, 한국경제신문, 2017.2.17〉

희소성과 희귀성

우리가 일상생활에서 희귀 하다고 하는 것은 천연기념물로 지정되는 동물들과 같이 개체 수가 절대적으로 적은 경우를 의미한다. 한편, 경제학에서는 절대적인 수가 아니라 상대적인 의미에서 희소성을 얘기한다. 어떤 재화가 아무리 많더라도 사람들의 욕망을 모두 충족시키지 못한다면 그 재화를 희소하다고 한다. 반대로 어떤 재화가 많지는 않지만 사람들의 욕망을 모두 채울 수 있을 만큼 충분하다면 그 재화를 희소하다고 하지는 않는다.

특성에 따라 어떤 재화는 그 자체로 희귀하기도 하고 희소하기도 하다. 예를 들어 르네상스 시기 유명 작가의 작품은 하나 밖에 없을 뿐더러 다시 만들어질 수도 없어 희귀하며 그 작품을 소유하고자 하는 사람들의 욕구를 모두 충족시킬 수 없다는 점에서 희소하기도 하다. 그러나 어떤 재화가 희귀하다고 해서 항상 희소한 것은 아니다. 사용가치가 떨어진 1970년대의 TV는 드라마나 영화를 제작하기 위해서나 쓰여 지고 있어 희귀하기는 하지만 원하는 사람들이 많지 않아 희소하다고 느끼지는 않는다. 한편 어떤 재화가 희귀하지 않아도 희소하다고도 할 수 있다. 예를 들어 광산에서 채취한 철광석의 양이 어마 어마하더라도 사람들의 욕망을 모두 충족시키지 못한다면 그 재화를 희소하다고 한다.

경제학에서는 무한한 욕망에 비하여 자원이 유한하다는 희소성 때문에 '무엇을 생산할 것인가', '어떻게 생산할 것인가', '누구를 위하여 생산할 것인가'와 같은 경제문제가 발생한다고 한다.

개인의 입장에서 희소성의 문제는 쉽게 찾아볼 수 있다. 주어진 용돈으로 원하는 물건을 모두 살 수 없다면 용돈은 희소한 것이고 주어진 시간 내에 원하는 모든 일을 할 수 없다면 시간은 희소한 것이다. 이 때문에 주어진 용돈으로 무엇을 사야할지 또는 주어진 시간 내에 어떤 일을 해야 할지를 정해야 하는 선택의 문제가 발생한다. 희소성의 문제로 인해 개인의 입장에서는 어떤 하나를 선택하기 위해서는 다른 무엇을 포기해야 한다는 문제가 발생한다는 것이다. '세상에 공짜 점심은 없다'는 것도 바로 이런 이유에서이다. 하나의 선택을 위해서 포기해야 하는 기회비용을 제대로 따지지 않고서는 합리적인 선택을 할 수 없다는 것은 당연한 이치이다.

한편 사회적인 관점에서 주어진 자원으로 사람들의 욕망을 모두 충족시킬 수 없다는 점에서 선택의 문제가 발생한다. 이러한 문제를 해결하기 위한 방법에 따라 경제 체제는 전통경제체제, 시장경제체제, 명령경제체제 등으로 구분되기도 한다. 예를 들어 시장경제체제에서는 가격 기구를 이용하여 희소성의 문제를 해결한다. 시장경제에서 수요와 공급의 원리에 의해 결정된 균형 가격에서 낮은 비용으로 생산할 수 있는 기업들에 의해 생산된 재화가 가장 필요로 하는 사람들에 의해 소비된다는 것이다. 이러한 측면에서 희소성은 시장경제에서 가격이 균형 가격보다 낮아 발생하는 물량 부족 또는 초과 수요와는 른 개념이다. 즉 희소성은 경제 문제를 발생시키는 근본적인 '원인'인 반면, 물량 부

족은 희소성에 의해 발생한 경제 문제를 해결하기 위한 방법 중 가격 기구가 제대로 작동하지 않아 시장 가격이 균형 가격보다 낮을 때 발생하는 '현상'이라는 것이다.

〈장경호, 재미있는 경제이야기, 2012년 3월호〉

롱테일 경제학

인터넷과 디지털 시대의 등장으로 사업의 패러다임이 바뀌고 있다. 이러한 시대적 조류를 미리 간파하고 새로운 도약의 발판으로 잘 활용한 기업은 새로운 강자로 등장하고 있는 반면 그렇지 못한 기업은 경쟁에서 서서히 밀려나고 있다. 이러한 현상을 함축적이면서도 상징적으로 표현하는 단어가 있다. 바로 '롱테일(long tail)'이다. 롱테일 경제학의 저자는 음악 사이트 랩소디의 음악 판매 현황에 주목했다. 당연히 히트곡들의 다운로드 수가 압도적으로 많았다. 그런데 수익이 전혀 나지 않을 것 같은 다운로드 순위가 매우 낮은 곡들로부터 상당한 수입이 발생하는 것을 발견했다. 다운로드 순위 2만 5,000번째부터 10만 번째까지의 곡에서도 의미 있는 수준의 판매가 이루어지고 있었다. 다운로드 순위별 판매량 그래프에서 길게 꼬리처럼 내려가 밑바닥에 거의 닿은 이러한 영역에서 매달 2,200만 번이나 다운로드 되고 있었고 랩소디 전체 매출의 1/4이 이루어지고 있었다. 판매순위 10만 번째에서 80만 번째까지의 노래도 매달 1,600만 번이나 다운로드 되면서 랩소디 전체 매출의 15% 이상을 차지하고 있었다.

이와 같이 각각의 매출액은 작지만, 이들을 모두 합하면 히트상품 못지 않은 매출을 올릴 수 있는 틈새상품의 영역을 롱테일이라 한다. 인터넷이 발달하면서 과거에는 틈새상품에 머물렀던 제품들이 잠재적인 수요를 찾으면서 수익성 있는 시장으로 변모할 수 있게 된 것이다.

롱테일 현상이 가능하게 된 것은 인터넷과 디지털의 발전이 있었기 때문이다. 인터넷의 발달로 오프라인 상점과 비교할 수 없을 정도의 제품 구색을 갖춘 온라인 상점이 등장하면서 매우 세분화되고 규모가 작은 수요에 맞추어 제품을 제공하는 것이 가능해진 것이다. 소비자들의 상품에 대한 정보와 선택이 제한적이었던 시대에는 기업이 제공하는 정보를 바탕으로 물리적인 판매시설을 갖춘 곳에서만 제품을 구매할 수 있었다. 따라서 과거에는 많은 사람들이 좋아해서 대량으로 판매할 수 있는 히트제품을 만드는 기업들이 성공할 수 있었다.

하지만 이제는 소비자 스스로 제품에 대한 다양한 정보의 탐색이 가능해졌고, 제품 판매와 관련된 물리적인 한계가 사라지고 있다. 온라인 상점에는 제품을 진열할 수 있는 공간이 거의 무한대에 가깝고, 인터넷에는 사용후기를 포함하여 기업이 아니라 소비자가 제공하는 제품에 대한 정보가 넘쳐나고 있다. 이러한 환경 변화로 인해 소비자들은 자신이 원하는 상품을 마음대로 선택할 수 있는 무한선택의 시대가 열리고 있다. 과거에 수요가 없었다고 생각되었던 영역에서 실제로는 많은 잠재적인 고객이 있음이 확인된 것이다. 아마존, 이베이, 레고, 구글 등은 개별 단위로 볼 때 매우 세분화된 작은 고객을 대상으로 사업을 하고 있지만, 수 많은 작은 고객이 모여서 전체적으로는 거대한 롱테일 시장이 형성됨에 따라 엄청난 수익을 얻고 있다. 저자는 점점 커지는 롱테일 비즈니스를 창출하려면 소비자에게 많은 것을 제공하는 동시에 그 중에서 원하는 것을 찾을 수 있도록 도와주라는 2가지 규칙을 제안한다. 기존의 사업방식으로 충족시키지 못했던 매우 작은 시장일지라도 많은 것을 제공하거나 소비자가 원하는 것을 쉽게 찾을 수 있도록 도와준다면 잠재적인 수요를 실제 구매로 연결시킬 수 있다는 것이다.

〈이한득, 2006.12.08〉

수요와 공급

제 2 장

수요와 공급

경제문제의 해결은 가격기구에 의해 자동조절될 수 있다. 수요가 많은 재화에는 공급자가 더 많이 공급하도록 하며, 수요가 적은 재화에는 공급이 축소되어 자연적으로 자원이 효율적으로 배분되어진다. 이러한 배분은 질서있고 안정적인 수요와 공급이 유지되게끔 하는 가격기구를 통해서 가격의 높고 낮음에 따라 유기적으로 결정된다.

1 수 요

1) 수요의 결정요인

수요란 소비자가 재화와 용역을 구매하고자 하는 욕구로 다음과 같은 여러 가지 요인에 의해 영향을 받는다.

① 재화의 가격 : 소비자들은 가격에 매우 민감하게 작용한다. 일반적으로 가격이 오르면 수요는 감소하고, 가격이 내리면 일반적으로 수요는 증가한다.

② 연관재의 가격 : 어느 한 재화의 가격은 그 재화 뿐만 아니라 이와 관련된 다른 재화의 수요에도 영향을 미친다. 연탄과 기름은 대체관계에 있기 때문에 연탄값이 오르면 연탄의 수요는 줄어들고 그 반면에 기름의 수요는 증가한다. 반면에 커피와 설탕의 경우 커피 값이 오르면 커피의 수요는 감소하고 커피와 보완관계에 있는 설탕에 대한 수요도 감소한다. 그러나 기름과 커피의 경우 기름 값이 오르면 기름의 수요는 감소하나 커피의 수요에는 아무런 영향을 미치지 못한다. 즉 기름과 커피는 서로 아무런 영향을 미치지 못하는 독립관계인 것이다.

아내동의 요인

고가의 내구재의 구매 결정시 주사용자 외에도 다른 가족 구성원들 특히 아내의 동의를 얻어야 하는 경우가 많다. 아내 동의요인은 가정 내에서 아내의 경제적 발언권이 커짐에 따라 아내들이 남편이 사오는 오디오 장비에 반기를 들기 시작하면서 오디오 애호가들 사이에서 생겨난 말이다. 이러한 아내동의 요인은 오디오뿐만 아니라, 첨단 가전제품 구매의 의사결정 과정을 설명하는 용어로 확장되고 있다. 남자들은 디지털 카메라, AV기기 등 첨단 제품의 새로운 기능에 재미를 느끼는 경우가 많다. 사용법이 복잡한 것은 큰 문제가 되지 않는다. 때로는 복잡한 기능을 익히는 것에서 성취감을 느끼는 경우도 많기 때문이다. 하지만 여자들에게는 사정이 다르다. 제품 본래의 기능뿐만 아니라 디자인, 색상, 공간 활용성, 사용 편의성과 같은 부가적인 요인을 더욱 중요시하는 경우가 많다.

최근 부부들이 공동으로 구매결정을 내리는 경우가 많아짐에 따라 전자 업체들은 남편들이 중요시하는 제품 본연의 기능은 물론, 아내들이 중요시하는 디자인 측면을 모두 만족시켜야만 한다. 아내 동의요인의 개념은 기타의 가족 관계로도 확장 가능하다. 10대 청소년들은 비싼 전자제품을 구입하거나 해외여행을 가기 전에 부모의 허락을 얻어야 한다. 이때 부모 동의요인(Parent

Acceptance Factor)을 고려하는 것은 제품 판매에 큰 도움이 될 수 있다. 방송과외 청취기능이 있는 PC, 어학 프로그램이 지원되는 MP3 플레이어 등 교육적 요소를 포함하는 제품이나 서비스가 그 좋은 예이다. 아내 동의요인은 기업들이 가정 내 구매 의사결정을 잘 파악해야 한다는 시사점을 준다.

〈조은성, LG경제연구원, 주간경제, 802호, 2004.10.20〉

③ 소득 : 일반적으로 소득이 증가하면 재화의 수요는 증가하나(정상재) 돼지고기, 보리 등과 같은 재화는 소득이 증가하면 오히려 감소(열등재)한다.

④ 기호와 취미 : 사람마다 자신이 추구하는 행복이 다르듯이 재화에 대한 기호 또한 천차만별이다. 일본시장에 진출한 진로소주는 일본인의 입 맛에 맞게 소주의 맛을 바꾼 결과 고가임에도 불구하고 높은 매출을 올리고 있다.

⑤ 인구 : 일반적으로 인구가 증가하면 수요는 증가한다. 세계 기업들이 중국을 중요시 여기는 것은 바로 중국의 인구 때문이다.

⑥ 재화의 종류와 범위 : 경쟁이 심한 상품들은 일정소득을 분산시키기 때문에 수요를 감소시킨다.

⑦ 예상 : 소비자의 예상은 가격에 영향을 준다. 연탄 값이 오를 것이라고 예상하면 소비자들은 연탄에 대한 수요를 급증시켜 사재기 현상이 일어나 다른 요인들의 변동이 없어도 값이 오른다. 이것은 일종의 가수요 현상이다.

그 밖에 정치, 문화수준 및 경제전망 등이 수요에 영향을 미친다.

트윈슈머(Twinsumer) : 타인의 상품 사용후기를 중시한다

트윈슈머는 다른 사람의 사용후기를 참조하여 상품을 구입하는 소비자를 일컫는다. 동일한 기호, 성향 등을 가지고 있다고 하여 '쌍둥이(twin)'라는 말을 사용하고 있다. 인터넷 쇼핑의 특성상 제품을 직접 만져보고 선택할 수 없기 때문에 사용자의 평가와 가격비교 등은 매우 유용한 정보로 활용되고 있다. 소비자들은 이제 기업이 일방적으로 전달하는 광고 메시지에만 전적으로 의존하지 않는다. 직접 상품 정보를 습득하고 품질을 꼼꼼히 확인하고자 한다. IT 시장조사 업체인 포레스터 리서치에 따르면 유럽 소비자의 50%는 가전제품을 구매할 때 타인의 사용후기를 중요시 여기고, 15%는 자신이 직접 사용후기를 작성해 본 경험이 있다고 한다.

콘크리트 소비자(Concrete Consumer)

콘크리트 소비자는 기업의 브랜드 커뮤니케이션 활동에 무감각해지고 있는 소비자를 의미한다. 콘크리트는 외부 충격에 반응이 없다. 움직이거나 구부릴 수 없다. 현대 소비자도 이와 유사한 성향을 가지고 있다. 상업적 광고 메시지가 범람하고 있으나 갈수록 소비자의 주목을 받지 못하고 있는 상황이다. 소비심리학의 권위자인 데이비드가 미국 소비자들을 대상으로 연구한 결과에 따르면 소비자가 접하는 광고 메시지는 하루에 2,500여 개이고 시청자의 9%만이 방금 TV에서 본 브랜드를 기억한다고 한다.

2) 비합리적인 수요

① 스노브(snob)효과 : 다른 사람들이 어떤 재화를 많이 소비하고 있어 자기 자신은 그 재화의 소비를 줄이거나 하지 않는 경우이다.

② 밴드와곤(bandwagon)효과 : 스노브 효과와는 정반대로 어떤 재화에 대한 한 소비자의 소비가 다른 소비자들의 소비에 편승하여 이루어지는 경우이다. 즉 다른 사람들이 하기 때문에 자기 자신도 하는 식의 의사결정을 내리게 되는 현상이다.

③ 베블렌(veblen)효과 : 소비자들이 남에게 돋보이거나 능력을 과시하고자 할 때 이루어지는 경우이다.

3) 수요법칙

수요곡선은 다른 모든 조건이 일정 불변하다는 가정 하에서 소비자의 가격에 대한 행위곡선으로 재화의 가격이 내리면 그 재화의 수요량이 증가하고, 가격이 오르면 수요량이 감소한다. 이를 수요의 법칙이라 한다.

2 공 급

1) 공급의 결정요인

공급은 생산자가 재화와 용역을 판매하고자 하는 욕구로 다음과 같은 여러 가지 요인에 의하여 결정된다.

① 재화의 가격 : 일반적으로 공급자는 가격이 오르면 공급을 증대시킨다. 예를 들어 연탄값의 상승은 연탄공급을 증대시키며 커피값의 상승은 커피의 공급을 증대시킨다.

② 연관재의 가격 : 어느 한 재화의 가격은 그 재화뿐만 아니라 그 재화를 제외한 다른 모든 재화의 공급에 영향을 받는다. 예를 들어 보완재의 경우 커피 값↑ → 커피 공급↑ → 설탕 공급↑, 반면에 대체재의 경우 돼지 값↑ → 돼지 공급↑ → 소고기 공급↓한다.

보완재(complement goods)는 한 재화를 단독으로 소비할 때보다 다른 재화와 함께 소비할 때 느끼는 만족감과 효용이 더 큰 재화로 한 재화의 가격이 하락(상승)하면 다른 재화의 수요가 증가(감소)한다.

③ 생산요소가격의 변화 : 어떤 상품을 생산하는데 있어서 생산요소의 가격이 상승하면 생산비가 증가하여 그 상품에 대한 공급은 감소하나 생산요

소가격이 하락하면 공급은 증가한다. 예를 들어 환율이 인상되어 어떤 상품에 대한 생산요소의 수입가격이 상승하면 그 상품의 가격이 인상되어 상품의 공급은 감소한다.

④ 기술수준의 변화 : 생산성 향상, 생산 공정 등이 개선되면 기존제품의 생산량이 늘어나게 되므로 기술수준의 변화 역시 재화의 공급에 영향을 미친다. 이처럼 기술수준의 변화로 대량생산이 가능해지면 공급은 증가한다.

이 밖에 기업간의 경쟁, 경기전망, 기업목표, 기후, 조세 등 기타 요인에 의해서도 공급의 증감을 가져올 것이다.

경제와 날씨

1998년 미국 상무부는 약 9조 달러의 GNP중 11%에 달하는 약 1조 달러날씨에 영향을 받으며, 일본의 아사히 은행 연구팀은 1993년 신선한 때문에 일본의 GNP가 0.18% 감소하였고, 1994년 무더위로 GNP가 0.6% 상승하였다는 연구 결과를 발표하였음.

- 황사 : 한국에는 8.6만톤,초정밀산업의 불량률 4배 증가
- 재해 : 10년간 6.8조원

2) 공급법칙

공급곡선은 다른 모든 조건이 일정불변이라면 생산자의 가격에 대한 행위곡선으로 우상향한다. 따라서 재화의 가격이 상승하면 공급량이 증가하고 가격이 하락하면 공급량이 감소한다. 이를 공급의 법칙이라 한다. 그러나 가격이 계속 상승할 것으로 예상하여 공급자들이 시장에 상품을 내어 놓지 않는 매점·매석의 경우 그리고 임금이 어느 수준이상 오르면 오히려 노동 대신 여가를 선호하여 노동력의 공급은 감소하는 경우는 예외이다.

3 균형가격의 결정

가격과 수급량은 시장에서 수요와 공급에 의해 자율적으로 조절된다. 어떤 재화의 수요량이 공급량보다 클 때는 가격은 오르고 반대로 수요량보다 공급량이 클 때는 가격은 떨어진다. 즉 초과수요가 있는 경우 수요자들끼리의 경쟁이 가격을 인상시키고, 반대로 초과공급인 경우 공급자들끼리의 경쟁이 가격을 인하시킨다. 그러므로 생산자와 소비자는 보다 만족에 가까운 균형점을 향해 이동하게 되고, 수요와 공급이 균형점을 유지하게 되며, 여기서 이탈될 때에는 언제든지 균형점으로 돌아가려는 힘이 작용하기 때문에 시장은 언제든지 적정가격을 유지하게 되는 것이다. 이와 같이 수요곡선과 공급곡선이 만나는 점에서 가격이 결정되는데 이를 균형각격이라 한다.

희망소비자 가격

물건을 만든 기업이 그 물건을 소매상에게 넘기기 전에 물건을 살 소비자가 이 가격에 샀으면 좋겠다고 정해 놓은 가격이다. 예를 들어 어떤 제품의 희망소비자가격이 500원이라는 것은 그 제품을 만든 기업이 소매상에게 500원의 가격으로 소비자에게 물건을 팔았으면 좋겠다라는 바람을 적어둔 것이다.

4 옥수수 – 돼지 사이클

현실적으로 가격이 변동하면 수요는 즉각적으로 영향을 받지만 공급은 일정한 생산기간이 경과한 후에 변동하는 경우가 많다. 그러므로 공급자는 전기의 시장에서 성립된 가격을 기준으로 금기의 시장을 위한 생산량을 결정한다. 예를 들어 돼지값↑ → 돼지사육↑ → 돼지사료인 옥수수값↑ → 돼지 값↓ → 돼지사육↓ → 옥수수재배↑ → 옥수수값↓ → 돼지 값↑이라는 옥수수와 돼지간의

가격과 생산량의 변동에서 알 수 있듯이 농산물의 각종 파동의 원인을 설명할 수 있다.

5 수요의 가격탄력성

1) 개 념

탄력성(elasticity)이란 한 변수가 변할 때 다른 변수가 이에 반응하는 정도 즉 민감도를 나타내는 척도로 한 변수가 1% 변할 때 다른 변수가 몇 % 변화하는가를 나타내는 수치이다. 수요의 가격탄력성은 가격이 변할 때 수요량이 얼마만큼 민감하게 변하느냐를 나타내는 것으로 일반적으로 (−)의 값을 갖는다. 이는 한 재화의 가격상승은 그 재화의 수요량 감소를 가져오기 때문이다.

수요의 가격탄력성 = 수요량의 변화율 / 가격의 변화율 = (⊿Q/Q) / (⊿P/P) = P/Q × ⊿Q/⊿P

2) 탄력성과 기업의 수입 관계

탄력성은 "충격에 대해 반응하는 정도"로 어떤 종류의 충격이 왔느냐에 따라 가격탄력성, 소득탄력성 등으로 구분할 수 있다. 또한 반응하는 대상이 무엇인지에 따라 수요탄력성, 공급탄력성 등 여러 가지가 있다. 탄력성 중에서는 가격이 변할 때 수요가 얼마나 민감하게 변동하는지를 나타내는 수요의 가격탄력성이 가장 많이 이용되고 있다.

$$\text{탄력성} = \frac{\text{반응을 하는 쪽의 변화비율(\%)}}{\text{충격을 주는 쪽의 변화비율(\%)}}$$

탄력성은 가격이나 수요량 등의 변화 정도를 비율로 표시하여 측정하기 때문에 반응하는 쪽이 감소하는 경우는 탄력성의 부호가 음(−)으로 나타날 수 있다. 그러나 변화의 방향보다는 크기가 중요하므로 보통 탄력성을 이야기할 때에는 부호를 무시하고 양수(+)로만 나타낸다. 겨울이 되면 즐겨 먹는 호빵의 가격이 5% 오를 때 호빵의 수요량(판매량)이 5% 감소했다면 호빵의 가격탄력성은 1이 된다. 그런데 쌀이나 또는 지하철 요금이 30% 내린다고 쌀 소비나 지하철 이용 횟수가 크게 늘어날까? 이와 같이 가격이 변동하는 정도보다 수요량이 덜 변동하는 경우를 탄력성이 1보다 작다 또는 수요가 비탄력적이라 한다. 반면 고급의류 등 일부 사치품은 가격의 변동에 따라 수요가 더욱 민감하게 변하므로 탄력성이 1보다 크다고 할 수 있다.

수요의 가격탄력성은 동일한 수요곡선상에서 가격의 변화로 기업의 총수입 <=P(가격)×Q(수량)>이 어떻게 변화하는가를 파악하고자 할 때 사용되는 개념으로 기업의 가격정책에서 매우 중요한 판단자료가 된다.

〈표 1〉 **수요의 탄력성과 기업의 수입**

탄 력 성	가　격	기업의 수입
1보다 큰 경우	↑	↓
	↓	↑
1인 경우	↑	일정
	↓	일정
1보다 작은 경우	↑	↑
	↓	↓

6 수요와 공급이론의 응용

1) 최고가격제도

최고가격은 시장에서 스스로 형성되는 균형가격수준이 너무 높다고 판단되어 설정되는 가격이다. 따라서 최고가격수준은 균형가격수준보다 낮게 설정되기 마련이다. 따라서 <그림 1>에서 보는 바와 같이 최고가격(=Pmax)이 설정되면 수요는 증가하고 공급은 감소하는 초과수요(=AB)를 야기시키므로 소비자들은 자기가 원하는 양의 재화를 구입할 수 없게 된다.

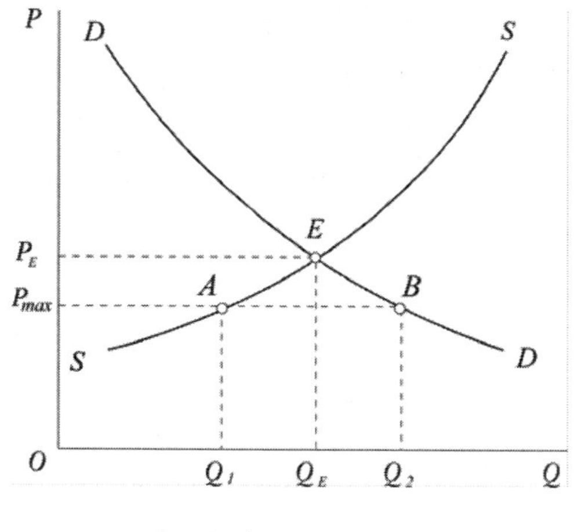

〈그림 1〉 최고가격제도

그러므로 최고가격제도하에서는 소비자들이 최고가격보다 높은 가격을 지불하고서라도 부족한 상품을 구입하고자 하기 때문에 암시장이 발생한다. 예를 들어 정부가 아파트의 분양가를 시장가격보다 낮게 책정한다면 아파트에 대한 초과수요가 발생하여 암시장에서 높은 프리미엄이 붙어 거래되기도 한다. 이를 해결하는 방법으로는 선착순에 따라 재화를 판매하는 방법, 상점주인의 임의대로 판매하는 방법과 배급을 통한 방법 등이 있으나, 상점주인은 상품을 매진된 것처럼 가장하여 부당이득을 본다든가 단골손님에게만 암암리에 판매할지도 모르는 불공정거래가 유발될 위험이 있다. 그리고 정부가 배급표를 발행해서 그 재화를 가장 필요로 하는 계층에게 분배해 주는 방법은 필요한 사람에게 동등한 양의 재화를 분배할 수 있으나 장기적으로 사용할 수 있는 방법은 아니다. 즉 배급량 이상을 구입하고자 하는 사람들이 배급표를 구매함에 따라서 배급표의 가격은 통제가격을 상회하게 되므로 암시장이 형성될 수 있기 때문이다. 이러한 최고가격제도의 실시로 생산자들은 낮은 가격으로 인해 손해를 보나 낮은 가격으로 재화를 구입할 수 있는 소비자들은 이익을 얻을 수 있다.

2) 최저가격제도

최저가격제도는 최고가격제도와는 반대의 경우로 균형가격보다 높게 가격이 설정되는 경우로 <그림 2>에서 보는 바와 같이 최저가격(=Pmin)이 균형가격보다 높게 설정되면 공급량은 균형가격수준에서 보다 늘어나(=PminD)는 반면에 수요량(=PmC)은 줄어들어 초과공급(=CD)이 발생한다. 따라서 공급자는 암암리에 비합법적으로 낮은 가격에서 재화를 팔아버리려고 할 것이다. 이러한 현상은 상품뿐만 아니라 노동에 대해서도 적용되는데 이것이 최저임금제이다.

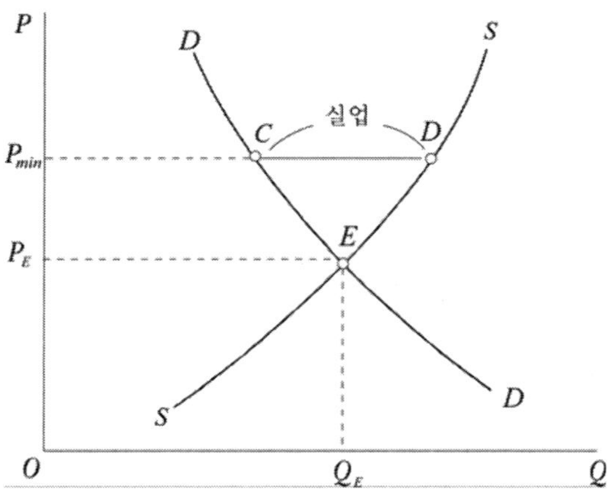

〈그림 2〉 최저임금제도

최저임금제하에서는 노동시장에서 결정된 임금보다 법정최저임금이 높은 수준에서 설정어 노동에 대한 공급이 노동에 대한 수요보다 커 비자발적 실업자(CD)가 발생하게 될 것이다. 만약 최저임금제가 노동조합에 의하여 설정되어 노동조합에 가입한 회원을 기업이 고용해야 한다면, 기업들은 이 노동자들의 고용을 회피하는 비자발적 실업자가 발생한다. 따라서 실업자가 된 조합원은 조합을 탈퇴하여 낮은 임금수준에서 고용기회를 찾으려 할 것이다.

우리나라의 최저임금제

최저임금제란 국가가 노·사간의 임금결정과정에 개입하여 임금의 최저수준을 정하고, 사용자에게 이 수준 이상의 임금을 지급하도록 법으로 강제함으로써 저임금 근로자를 보호하는 제도이다. 우리나라에서는 1953년에 근로기준법을 제정하면서 제34조와 제35조(당시 근로기준법)에 최저임금제의 실시 근거를 두었으나, 이를 시행치 못하였다가 1986년 12월 31일에 최저임금법을 제정, 공포하고 1988년 1월 1일부터 실시하게 되었다.

최저임금제는 근로자에 대하여 임금의 최저수준을 보장하여 근로자의 생활안정과 노동력의 질적향상을 기함으로써 국민경제의 건전한 발전에 이바지하게 함을 목적으로 한다(최저임금법 제1조). 최저임금제는 최저임금액 미만의 임금을 받고 있는 근로자의 임금이 최저임금액 이상 수준으로 인상되면서 임금격차가 완화되고 소득분배 개선에 기여근로자에게 일정한 수준 이상의 생계를 보장해 줌으로써 근로자의 생활을 안정시켜 근로자의 사기를 올려주어 노동생산성이 향상저임금을 바탕으로 한 경쟁방식을 지양하고 적정한 임금을 지급토록 하여 공정한 경쟁을 촉진하고 경영합리화를 기할 수 있다.

〈최저임금위원회 인터넷 자료〉

3) OPEC의 가격전략

석유가격이 증가함에도 불구하고 OPEC의 총수입이 크게 증가하는 이유는 석유에 대한 수요의 가격탄력성이 완전 비탄력성에 가깝기 때문이다. 즉 <그림 3>에서 석유가격이 P1에서 P2로 상승하면 석유의 수요는 Q1에서 Q2로 감소하나 석유가 우리 일상생활에서 차지하는 비중이 매우 커 수요의 감소 폭은 가격 증가폭보다 훨씬 작다. 이처럼 석유가격 상승으로 인해 벌어들인 달러를 오일달러라 하는데 최근 고유가 상승으로 인해 석유생산국들의 수입은 더욱 커지고 있다.

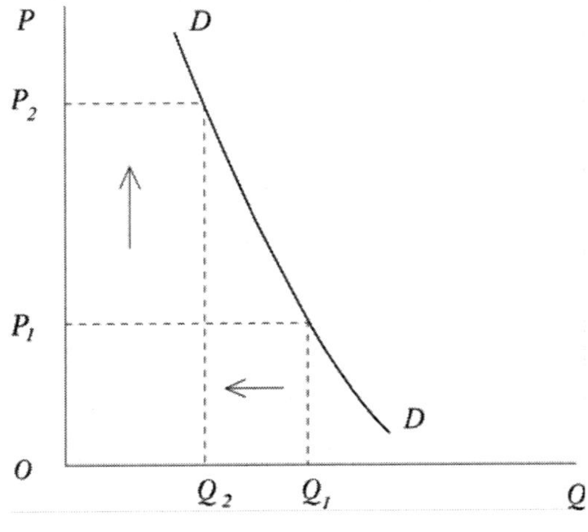

〈그림 3〉 OPEC의 가격전략

버즈 효과(Buzz Effect)

버즈(Buzz)란 원래 벌이나 기계 등에서 나는 웅웅거리는 소리를 뜻한다. 최근에는 고객이 특정 제품이나 서비스에 열광하여 일종의 신드롬이 형성되는 과정을 의미하는 용어로 사용되고 있다. 해리 포터 시리즈, 포켓몬 열풍 등을 대표적인 예로 꼽을 수 있다. 버즈 효과는 일반적으로 기업에 의해서 일방향으로 전달되는 광고나 홍보 등과 달리 고객 상호간에 양방향으로 전파되는 특징이 있으며, 소비자들이 자발적으로 커뮤니케이션을 만들어 낸다는 점이 대단히 매력적이다. 최근 인터넷과 같은 혁신적인 매개체를 통해 소비자간의 의사소통의 속도가 급격히 빨라지고 있는 가운데 버즈 효과 역시 기술 혁신의 속도에 비례하여 급속도로 증가하는 현상을 보여주고 있다.

버즈 효과가 더 잘 유발되기 위해서는 우선 제품의 모양이나 기능, 사용상의 편리성, 독특함 등의 측면에서 특이성을 가지고 있어야 한다. 둘째, 사람들의 눈에 잘 띄어야 한다. 비아그라와 같이 일반 대중에게 쉽게 노출되기 힘든 제약품도 기존에 금기시 되던 발기부전이라는 화제를 보편화 시킨 까닭에 성공할 수 있었던 것이다.

최근 들어 기업이 가장 많이 사용하는 전술은 자사 제품을 확실히 홍보할 수 있는 첨병을 심어놓은 방법이다. 첨병은 말 그대로 남보다 먼저 제품을 사용한다는 사실에 보람을 느끼는 고객이다. 따라서, 이들은 제품 출시 초기에 버즈 효과가 확산되는 데 자발적으로 상당한 공헌을 하게 된다. 또 다른 전술은 우상을 활용하는 방법이다. 영화의 PPL기법, 스타들에게 제품 협찬, 스타를 이용한 광고 등이 모두 버즈 현상을 촉발할 수 있는 방법들이다. 다만, 스타가 제품을 가려버리는 잘못을 범해서는 안 되기 때문에 신중을 기할 필요가 있다. 마지막으로 일정 부분 공급을 제한하는 방법도 고려할 수 있다. 물론 이러한 방법은 명품 시장에서 주로 사용되는 전술이다. 하지만 매스(Mass) 시장에서도 잘 활용하면 충분히 성공을 거둘 수 있다. 월트 디즈니가 일부 비디오들이 곧 시장에서 사라지게 된다고 발표하자, 소비자들은 제한된 시간 내에 비디오를 구매하기 위해 일대 소동을 벌인 일이 있다. 물론 사라졌던 고전들은 몇 년 후 극장을 통해 다시 볼 수 있었다. 이처럼 제품, 고객, 마케팅 전술이 삼위일체가 되어야 버즈 효과를 극대화 시킬 수 있다.

〈이상규, LG주간경제, 747호, 2003.10.1〉

담배와의 전쟁

담뱃값을 올리면 얼마나 많은 사람이 담배를 끊을지를 놓고 보건복지부와 KT&G(옛 담배인삼공사)간 논쟁이 치열하다. 지난 연말 담뱃값을 갑당 500원 인상한 보건복지부는 금연 효과가 상당하다고 주장한다. 인상 이후 성인 남자 1000명 중 56명이 금연했다는 조사 결과를 내놓았다. 반면 KT&G는 효과가 미미하다고 주장한다. 남성 1000명당 14명만 금연하였고, 이 중 담뱃값 인상 때문에 금연한 사람은 불과 3명 정도이다. 건강 등 다른 이유 때문에 금연한 사람이 더 많았다는 얘기이다. 담뱃값이 오르면 담배 소비량이 줄어드는 것은 당연하다. 얼마나 줄어들지를 놓고 다툴 뿐이다. 중독성이 매우 강한 마약도 값을 올리면 소비가 줄어드는데, 중독성이 덜한 담배 소비가 줄어들지 않을 이유는 없다. 게다가 담배는 폐암 등 각종 질병을 유발함으로써 비흡연자들보다는 흡연자들이 의료비를 더 많이 쓸 가능성이 크다. 이 경우 비흡연자들이 건강보험을 통해 흡연자들의 의료비를 대신 납부하는 결과가 초래된다. 또 비흡연자들이 마시는 깨끗한 공기도 흡연자들이 오염시키며, 간접 흡연으로 인해 입는 건강상 피해도 상당하다고 한다. 경제학에선 이를 외부 비(非)경제로 설명한다. 외부 비경제로 사회가 피해를 본다면 이에 상응하는 페널티를 주어야 한다. 담배에 건강증진 부담금 등 각종 세금이 붙은 것은 이 때문이다. 또 담배에 대한 국민들의 거부감도 강해 정부가 담뱃세를 올릴 때 별 부담감을 느끼지 않는다. 그러나 아무리 '담배와의 전쟁'이 정당하다고 해도 세금을 올릴 때는 보다 신중해야 한다. 담뱃값이 오르면 사람들은 담배를 적게 피우겠지만, 대신 니코틴과 타르가 많이 들어 있는 담배를 찾는 경향이 있기 때문이다. 미국에선 담뱃세를 올렸더니 흡연자들이 하루 평균 흡입하는 니코틴 양이 더 늘어남에 따라 담뱃세 인상이 오히려 흡연자들의 건강에 부정적인 영향을 미친다고 지적하였다. 또 담뱃세는 가난한 사람을 더욱 가난하게 만든다. 왜냐하면 담뱃세는 부자든 빈민이든 동일한 세금을 내는 소비세기 때문에 원래부터 소득분배를 악화시키는 세금이기 때문이다. 또한 지나치게 올리면 밀수를 자극할 수 있다는 점도 고려해야 한다. 담배 판매로 거둔 세금과 건강증진 부담금을 허투로 써선 안되는 것은 물론이다.

담배를 불법화한다고 해서 지상에서 사라질 것 같지도 않다.

담배를 못 없애는 현실에서 흡연율을 낮추는 최강의 수단은 담뱃값 인상이다. 세계은행은 담뱃값을 10% 올리면 담배 수요가 선진국에선 4%, 개발도상국

에선 8% 줄어든다고 발표했다. 경고문구 삽입, 광고 제한, 금연구역 강화 등의 비가격 정책으로는 기대하기 힘든 효과다. 담뱃값 인상은 특히 청소년 흡연율을 떨어뜨리는 효과가 크다. 미국의 고교생 흡연율이 1995년 36%에서 2001년 25%로 하락한 주요인도 가격 인상이다.

담뱃값은 2005년 이후 6년째 2500원이다. 선진국의 반값도 안 된다. 담배 한 갑이 햄버거보다 싸다. 보건복지부 장관이 바뀔 때마다 담뱃값 인상이 거론됐지만 비난 여론을 의식해 주저앉았다. 지난달 취임한 임채민 장관은 "담뱃값을 6000원으로 올려야 금연 효과가 있다"고 말했다. 흡연자들은 담뱃값에서 왜 건강보험 부담금까지 거두냐고 항변할지 모르지만 흡연 관련 질병이 늘어나면 건강보험 재정을 축낸다. 담뱃값 인상을 일반 물가 상승처럼 규제할 순 없다.

〈이형삼, 동아일보, 2011.10.21〉, 〈중앙일보, 2005.4.27〉

최저임금 인상 빈곤 노동자에 도움이 될까?

미국 중간선거(11월7일)의 최대 경제이슈는 '최저임금 인상'이다. 낸시 펠로시 민주당 하원 원내대표는 민주당이 다수당을 차지할 경우, 연방 최저임금을 현행 시간당 5달러15센트에서 7달러25센트로 올리는 법안을 상정하겠다고 공언했다. 정치적으로 보면 이 공약은 먹혀들 만하다. 한 여론조사 결과 85%의 미국인이 "최저임금 인상에 찬성한다"고 밝혔다.

최저임금 인상 찬성론자들은 경제적 효과를 긍정 평가한다. 최근 좌파성향 연구기관인 경제정책연구소(EPI)는 최저임금 인상이 고용에 끼치는 악영향은 극히 미미하거나 전무(全無)에 가까운 반면, 빈곤 퇴치에는 중요한 구실을 할 수 있다고 주장했다. 초보 경제학자라면 "최저임금을 올리면 비숙련 노동자의 임금이 증가하므로, 사업주들이 고용을 꺼린다"고 생각할 것이다. 한때 이것이 경제학계의 일치된 견해였다. 그러나 버클리대의 데이비드 카드 교수와 프린스턴대의 앨런 크루거 교수는 뉴저지주와 펜실베이니아주의 패스트푸드점을 대상으로 조사한 결과, 최저임금 상승 후 오히려 고용이 증가했다는 것을 밝혀냈다.

또한 하버드대 경제학과 로렌스 카츠 교수는 최저임금 상승이 10대들의 고용에 끼치는 부정적인 영향은 사소하다고 주장한다. 반면 경제학자들은 최저임금 인상이 노동자들의 빈곤을 완화시키는데 그다지 도움이 되지 않는데 그 이유는 빈민층 상당수가 노동에 종사하지 않아 최저임금이 오르더라도 실익이 없고, 임금인상분이 결국 저소득층 소비자들에게 전가되기 때문이다. 특히 최저임금 인상의 직접적 수혜를 입는 660만 명의 노동자 중 30%가량이 10대들인데, 이중에는 부유한 가정 출신도 많다. 또한 최저임금 상승이 분배에 미치는 영향에 대해서는 어느 정도 개선한다는 연구와 최저임금 수준이 올라가면 빈곤가정이 실제로는 다소 증가한다는 주장이 엇갈린다. 부유한 가정의 10대 노동자들은 최저임금 상승의 수혜를 누리는 데 비해, 가장(家長)인 노동자들은 일자리를 잃게 된다는 것이다.

〈조선일보, 2006.11.4, 이코노미스트, 2006.10.28〉

프랑스대혁명 후 우유값 확 내리자 우유 품귀

시장을 무시한 예는 많다.프랑스 대혁명을 통해 권력을 잡은 로베스 피에르는 뜨거운 가슴의 소유자였다.본격적인 공포정치가 시작되면서 엄청난 권력을 소유하게 된 후 그가 내린 결정 중 하나가 생필품 가격 인하 정책이었다.그 가운데서도 "프랑스의 어린이들은 우유를 지금보다 싼 가격에 먹을 권리가 있다"며 우유 가격을 인하한 부분은 유명하다.가격이 떨어지자 모두들 환호하였다. 물건을 싼 가격에 소비하는 것을 싫어할 사람은 없다.우유를 생산하는 생산자의 숫자와 소비자의 숫자는 비교가 안 된다.당연히 수요자가 다수이고 생산자는 소수다.따라서 '뜨거운 가슴'의 소유자들은 다수의 행복을 추구한다는 미명하에 소수를 무시하려는 경향을 보인다.그러나 이처럼 가격 하락이 단행된 후 시장에서는 과거에 없던 현상이 발생하기 시작하였다.우유가 부족해지기 시작한 것이다.분명히 가격은 떨어졌지만 우유를 사려는 줄은 매일 점점 더 길어지고 물건을 구할 수 있는 사람의 숫자는 줄어들었다.

어제는 1번에서 5번까지 우유를 받았는데 오늘은 1번에서 3번까지만 성공했다.왜 이런가 봤더니 바로 젖소들이 도살당하고 있는 것이었다.

가격의 대폭 인하로 우유 생산의 채산성이 떨어져버리자 낙농업자들은 하나 둘 우유 생산을 포기하기 시작하였다.멀쩡한 젖소를 도살장으로 끌고 가 도축

을 하여 고기와 가죽을 팔아넘기는 것이었다.젖소는 우유를 만드는 공장이다. 결국 가격이 떨어진 기쁨도 잠시,우유공장이 하나둘 폐쇄되면서 물건이 사라져버리기 시작한 것이다.

그리고 정말로 우유가 필요한 사람은 할 수없이 우유가게 주인에게 뒷돈을 지불해야만 하게 되었다.물론 뒷돈은 가격 인하 조치 이전보다 더 높은 가격이었다.

뒤늦게 문제점을 깨달은 정부는 이번에는 젖소의 중요한 사료인 건초의 가격 인하를 시도하였다.그러자 건초업자가 반발하면서 건초 생산을 거부하게 되어 이제 사료까지 부족하게 되었다.국민을 위해 뜨거운 가슴으로 가격 인하를 시도했건만 우유는 부족해지고,젖소들은 도살됐으며,건초 공급은 부족해져버린 것이다.

〈윤창형, 한국경제신문 .2007.5.20〉

분양가 상한제

분양가 상한제란 정부가 일정 기준 이상으론 돈을 더 받지 못하도록 가격을 제한하는 제도이다. 똑같은 아파트라도 어떤 지역에서 짓느냐에 따라 가격이 달라진다. 따라서 건설업체는 인기가 좋을 것으로 예상되는 곳에선 분양가를 높이고, 그렇지 못한 곳에선 가격을 낮춰 전체적으로 일정한 수익을 유지하는 전략을 사용한다. 그런데 한번 높아진 집값은 좀처럼 낮아지지 않고 지속적으로 높아지는 경향이 있다.

분양가 상한제가 시행되면 분양가를 구성하는 땅값·건축비·가산비를 일정 수준 이상은 받지 못하도록 하기 때문에 분양가는 당연히 낮아질 수밖에 없다. 심지어 이미 지어진 주변 아파트보다 새 집이 더 싸질 수도 있다. 이렇게 되면 싸게 분양받은 아파트를 재빨리 비싼 가격에 넘기려는 사람이 생길 수 있다. 이런 이가 많아지면 집값은 계속 올라가 분양가 상한제를 시행한 효과가 적어진다.. 이처럼 분양가 상한제로 인해 집값이 너무 싸지는 것을 막기 위해 정부는 분양자에게 채권을 강제로 팔아 다시 집값을 올리는 효과를 내기 위한 채권입찰제를 시행하고 있다.,

시장경제는 법치주의를 근간으로 신뢰와 예측 가능성이 담보돼야 정상적으로 작동될 수 있다. 이런 맥락에서 조명해 보면 분양가상한제는 시장경제의 본질과 경제적 효율성에 배치되는 정책으로서 정책 실패의 대표적 사례라고 할 수 있다.

주택시장에 대한 정부의 과도한 개입과 규제는 주택시장의 불확실성을 증폭시켜 시장을 왜곡하고 전·월세난을 발생시키는 등 역효과를 양산한다. 주택시장의 예측 가능한 성공을 위한 정부의 역할은 분양가격 규제에 있는 것이 아니라 시장 기능을 신뢰하고 시장이 정상적으로 작동될 수 있도록 불확실성을 제거하는 데 있다.

아무리 주택가격 안정이 중요하더라도 정부의 정책개입은 시장경제적 법치주의라는 헌법의 틀 안에서 이뤄져야 한다. 정부가 시장참여자 간 공정한 경쟁의 틀을 조성하는 데 그치지 않고 개별 사안들을 직접 해결하려고 하는 것은 헌법상 시장경제질서의 기본원리에 반한다.

〈송현담, 한국일보, 2011.12.29〉, 〈김준현, 중앙일보, 2007.5.30〉

대부업법 상한이자 제한의 부작용

최근 대부업체의 대학생 대상 대출이 크게 증가하였다는 언론보도가 있었다. 금융감독원이 총자산 100억원 이상 대형 대부업체 40개사 중 대학생 대출을 취급하는 28개사를 대상으로 조사한 결과, 올해 6월말 현재 대학생 대출건수 및 잔액은 4만8000건, 794억6000만원으로 1년만에 각각 57.2%, 40.4% 증가하였으며, 연체율도 14.9%에 달하였다고 한다. 일정한 소득이 없는 대학생들의 경우 채무 상환능력이 낮아 법정 상한금리가 적용되므로, 연 40%의 고금리에 시달리게 된다. 이처럼 저신용 대출자들의 이자 부담을 줄이기 위해 대부업법에서는 법정 이자상한을 2002년 도입 당시 66%에서 차례로 49%, 44%까지 낮추었고, 지난 7월부터는 다시 39%로 하향조정하였다. 과연 이러한 대부업법의 이자상한 제한 조치는 저신용 대출자들에게 도움이 될까?

대출이자는 본질적으로 자금을 이용하기 위해 지불하는 일종의 '가격'이다. 그러므로 이자율은 원래 대부시장에서 자금에 대한 수요와 공급이 만나는 수준에서 결정되어야 한다. 즉, 자금 공급자들이 조달비용, 수요자의 채무불이행 위험수준, 예상 물가상승률 등을 종합적으로 고려하여 이자율과 자금 공급규모를

설정하고, 이에 자금 수요자들이 필요한 돈의 양과 감내 가능한 이자율 수준을 고려하여 최종 이자율과 거래 규모가 결정하게 된다. 결국 저신용자일수록 적용되는 이자율이 높아지는 이유는 바로 그들의 채무불이행 위험에 대한 수수료가 높아지기 때문인 것이다.

하지만 대부업법의 법정 상한이자는 시장의 균형이자보다 낮은 수준으로 정해지므로, 일반적인 가격상한제와 마찬가지로 시장을 왜곡시켜 초과수요 상황을 초래, 공급자와 수요자 모두에게 피해를 주게 된다. 먼저 기존에 합법적인 등록업체로서 정상적인 시장참가자였던 대부업체 중 낮아진 이자로 영업을 지속하기 어려워진 영세업체들은 폐업하거나 암시장으로 편입될 수 있다. 또한 남은 등록업체들도 부도위험을 최소화하기 위해 저신용 대출자들에게 기존 대출의 상황을 요구하거나 신규 대출 심사를 이전보다 더욱 까다롭게 하게 될 것이다.

결국 저신용 대출자들은 이전보다 자금을 빌리기 더 어려워지게 되고 암시장을 통해서 훨씬 더 높은 이자율로 빌릴 수밖에 없게 된다. 즉 시중은행이나 저축은행에서 자금을 빌리기 어려워 대부업체를 찾게 된 서민들의 부담을 낮추기 위해 실시한 이러한 조치들이, 그들을 더욱 어려운 여건으로 몰아내고 있는 것이다. 결국 대부업법과 관련한 여러 조치들이 진정 서민들에게 도움이 되기 위해서는, 자금 공급자인 대부업체들과 자금 수요자인 저신용 대출자들의 유인을 모두 적절히 고려하여 설계될 필요가 있다.

〈편도훈, 한국은행, 2011.12.7〉

경제주체의 탄력성과 정책효과

경제는 살아 숨 쉬는 유기체와 같아서 어떤 충격을 가하게 되면 일방적으로 수용하지 않고 반드시 그에 상응하는 반응을 보인다. 경제정책의 운용이 어려운 이유도 경제주체들의 반응 양상에 따라서 정책의 효과가 다르게 나타날 뿐만 아니라 때에 따라서는 전혀 예기치 못한 결과가 나타날 수도 있다. 경제학에서는 경제주체들의 반응이 민첩하고 클 경우 '탄력적'이라고 하고 반대로 느리고 작을 경우 '비탄력적'이라고 한다.

탄력성에 따라 달라지는 경제효과의 예를 들어보자. 운전기사들이 많이 이용하는 기사식당은 음식의 맛이 좋을 뿐 아니라 가격도 일반음식점보다 저렴하다. 왜 그럴까? 그것은 운전기사들이 이동성이 높아 언제든지 더 나은 식당으로 향할 수 있기 때문이다. 운전기사들의 수요가 가격에 대해 매우 탄력적이란 말이다. 반대로 놀이공원 안의 음식값은 대체로 외부보다 비싸다. 놀이공원 안의 소비자는 달리 선택의 여지가 없기 때문에 음식점들은 가격을 상대적으로 높게 책정할 수 있는 것이다. 이 경우 놀이공원 내 소비자의 수요는 음식가격에 대해 비탄력적인 것이다.

또한 같은 항공권이라도 가격이 몇 배나 차이가 나는 것을 볼 수 있다. 이는 항공권이 아무리 비싸더라도 오늘 당장 출장을 가야하기 때문에 그냥 살 수밖에 없는 비즈니스맨이 있는 반면, 6개월 전부터 인터넷을 뒤져 가장 싼 항공권을 물색하는 여행객도 있기 때문이다. 전자의 경우 가격에 대해 매우 비탄력적인 사람이고 후자의 경우 가격에 대해 매우 탄력적인 사람이다. 항공사는 고객들의 가격탄력성에 따라 적절한 가격차별을 함으로써 수익을 극대화하게 된다.

경제주체의 탄력성을 적절히 고려하지 않으면 아무리 의도가 좋은 경제정책이라 하더라도 원하는 효과를 거두기 어렵다. 1990년 미국 하원은 부유층으로부터 세금을 더 거두어 복지예산으로 지출하기 위해 요트 등의 고가품에 부유세(luxury tax)를 부과하는 법안을 통과시켰다. 그러나 이 법안을 시행한 결과 부유한 사람들로부터 세금을 더 거두기는커녕 요트를 생산하는 중소기업의 도산과 실업증대만 초래하였다. 왜냐하면 요트에 부유세가 부과되자 돈 많은 사람들은 값이 비싸진 요트를 사는 대신 크루즈여행을 떠나거나 주택을 구입하는 등 신속히 소비행태를 변화시킨 반면, 요트를 생산하는 중소업자는 급작스런 판매 감소에도 불구하고 공장을 즉각 다른 용도로 변경하기 어려웠고 요트 공장 근로자들도 당장 다른 직종으로 전환하기가 쉽지 않았기 때문이다. 경제주체들의 탄력성을 감안하지 않은 부유세는 중소기업들에게 많은 어려움만 안겨주다가 1993년에 폐지되었다.

주택가격의 안정을 꾀하고자 하는 주택보유세도 경제주체의 탄력성에 따라 효과가 달라진다. 세입자가 임대료에 비탄력적인 경우 집주인은 임대료를 인상함으로써 손쉽게 세부담을 세입자에게 전가할 수 있어 목표한 정책효과는 기대할 수 없다. 반면 세입자가 임대료 인상에 탄력적으로 대응(예를 들어 다른 저렴한 주택을 임차)할 경우 집주인이 일방적으로 임대료를 올릴 수 없어 세부담 증대로 주택보유수요를 줄임으로써 정책효과를 기대할 수 있다.

따라서 경제정책 수립시에는 경제주체가 어떤 식으로, 또 어느 정도로 반응

할 것인지를 면밀히 파악해 효과를 극대화할 수 있는 최적의 대안을 찾아내는 것이 매우 중요하다. 부자들의 소비를 유도하기 위해 감세정책을 쓰더라도 정작 부자들이 세금 감소로 인한 여유자금을 소비에 사용하지 않는다면 경기부양 효과는 기대할 수 없다. 반대로 정부가 서민층에 대해 소득을 보전해 주더라도 서민들이 보전금을 소비에 사용하지 않는다면 역시 정책목표를 달성할 수 없다. 1990년대 말 일본 정부는 경기진작을 위하여 서민층에게 소비쿠폰(일종의 상품권)을 지급하였으나 당시 일본 경제의 미래에 불안을 느끼던 수령자들이 쿠폰을 현금화하여 저축함으로써 소비증대의 기대가 물거품이 된 사례가 있다. 외부 자극에 대해 일률적으로 반응하는 자연현상과 달리 경제주체는 외부의 충격에 대해 다양하게 반응하고 또 그 효과도 시점에 따라 변한다. 이 때문에 우주탐사선을 화성에 착륙시키고 우주탄생의 비밀을 밝혀 나가고 있는 현재도 많은 경제전문가들이 코앞에 닥친 경제 위기를 예측하지 못하고 때로는 잘못된 경제정책 운용으로 비난을 받고 있는 것이다.

〈이용호, 한국은행, 2009.11.26〉

기펜 현상과 관련된 일화

일반적으로 대부분의 재화나 서비스는 사람들의 소득이 증가하면 소비도 같이 증가하는데 이런 재화나 서비스를 정상재라고 한다. 반면에 일부 재화나 서비스의 경우에는 사람들의 소득이 증가하면 소비를 줄이려는 속성이 나타나는데 이러한 재화나 서비스를 열등재라고 한다. 예를 들면 가난한 시절에 즐겨 먹던 라면은 소득이 증가하여 그 수요가 감소하게 되는 경우 열등재라고 할 수 있다. 그런데 이러한 열등재중에는 매우 드문 경우지만 가격이 증가하면 수요량이 감소한다는 수요의 법칙에 어긋나는 현상이 나타날 수 있다.

17세기 이후 아일랜드 사회는 소수 대지주와 대다수의 소작농으로 구성되어 있었으며 다수의 빈농들은 다른 식품에 비해 가격이 매우 낮은 감자를 주식으로 생계를 유지하였다. 1840년 아일랜드에 대기근이 덮쳐 수십만에 달하는 사람이 아사하거나 신대륙으로 이민을 떠나게 되었다. 그런데 영국의 로버트 기펜경은 대기근으로 감자가격이 상승하였음에도 오히려 빈농들의 감자소비가 예전보다 더 늘었다는 사실을 발견하였다. 이는 가격이 상승한 재화는 수요가 감소한다는 일반적인 수요법칙에 위반되는 것처럼 보이는 현상이었다. 그러나 실제로는 감자농사의 흉작으로 소득이 크게 줄어든 농민들의 입장에서는 비록 감자가격이 올랐더라도 여전히 다른 식품들보다는 가격이 저렴한 음식이었다. 따라서 식품가격 상승으로 소득이 크게 감소한 농민들은 상대적으로 비싼 다른 식품들에 대한 소비를 줄이고 상대적으로 가격이 저렴한 감자소비를 늘림에 따라 감자가격 상승에도 불구하고 수요가 증가하는 현상이 발생한 것이다.

이러한 현상을 최초로 발견한 로버트 기펜경의 이름을 따서 가격과 수요의 관계가 수요법칙에 반하여 움직이는 것처럼 보이는 현상을 기펜현상이라 부른다. 특히 열등재중에서 기펜현상이 나타나는 재화를 기펜재라고 한다.

〈한국은행, 2006.7.7〉

베블런 효과 및 밴드왜건 효과와 관련된 일화

열등재가 아닌 정상재의 경우에도 가격이 비싸질수록 수요가 증가하여 수요법칙에 위반되는 것처럼 보이는 현상이 나타난다. 이러한 현상은 베블런 효과 및 밴드왜건 효과가 작용하여 나타난 경우에 발생한다.

미국의 사회학자 베블런(Veblen)이 "상층계급의 두드러진 소비는 사회적 지위를 과시하기 위하여 자각 없이 행해진다"고 지적한 데서 유래하여 상류층 소비자들이 단지 자신의 부를 과시하거나 허영심을 채우기 위해 어떤 재화의 가격이 오르는 데도 불구하고 수요가 오히려 증가하는 현상을 베블런 효과라 한다. 이는 이른바 속물효과(Snob effect)로도 이해된다. 예를 들어 최근의 값비싼 명품, 고급 자동차 등이 이러한 현상의 대표적인 경우라 할 수 있다.

퍼레이드 등에서 음악을 연주하며 행렬을 선도하는 악대차를 밴드왜건(band-wagon)이라고 부른다. 밴드왜건이 지나갈 때는 처음 몇몇 사람이 호기심 때문에 모이고 이를 본 주변 사람들은 남들이 퍼레이드로 모이는 것을 보고 무엇인가 있을 것이라는 기대 때문에 더 많이 몰려들게 된다. 이와 같이 어떤 재화나 서비스의 경우 누군가 이에 대한 수요를 늘릴 경우 이전에는 해당 재화나 서비스에 대해 별다른 필요를 느끼지 않던 사람들도 타인의 수요에 편승하여 수요를 늘리는 경우가 있는데 이러한 현상을 퍼레이드의 악대차에 빗대어 밴드

왜건 효과(또는 편승효과)라고 한다. 이러한 재화의 대표적인 예로는 핸드폰, 개인용 PC 등을 예로 들 수 있다. 이러한 재화들에 밴드왜건 효과가 나타나는 이유는 이러한 제품들은 사용자가 소수일 때보다는 다수가 사용하면 할수록 효용성이 높아지는 특징이 있기 때문이다(경제학적 용어로는 연결의 외부성(network externality)이 존재한다고 말한다. 예컨대 우리나라 이동통신 가입자 수의 증가, 주식, 부동산 등의 자산시장의 경우에도 밴드왜건 효과가 나타난다.

〈한국은행, 2006.7.7〉

가격 통제의 일화

1777년 겨울, 미국의 조지 워싱턴(George Washington)은 미국 독립혁명군의 총사령관으로서 펜실베니아주 밸리 포지(Valley Forge)에서 그의 적인 영국군과 독일의 헤시안(Hessian) 용병을 상대로 힘겨운 전투를 치르고 있었다. 살을 에는 추위에다 극심한 식량 부족으로 그의 군대는 거의 아사 상태에 빠져 있었는데 그의 군대를 더 힘들게 만든 것은 의외로 외부의 적이 아닌 바로 워싱턴의 군대를 위해 제정된 '가격통제법'이었다.

현지에 주둔해 있는 워싱턴의 주력부대를 돕기 위해 펜실베니아주는 당시 식량을 포함한 군수물자의 가격을 통제하는 법을 제정하였다. 이 법의 취지는 군수물자로 활용되는 식량, 의류 등이 시가보다 낮은 가격인 고시가격에 거래되도록 규제하여, 부족한 재정을 가지고서도 아군이 필요한 물자를 충분한 양만큼 구입하여 전투력을 향상시키는 데 있었다. 그런데 동 법이 시행된 이후 시장에서는 정부의 낮은 고시가격에 불만을 가진 농부, 상인 등이 물건을 시장에 공급하지 않음으로써 오히려 군수물자를 구하기가 더욱 어려워졌다. 이처럼 고시가격에 물자를 구입하기 어려워짐에 따라 암시장에서 물건을 구입하려는 수요가 늘어 실제로 사람들이 지불해야 하는 비용은 동 법이 제정되기 전보다 큰 폭으로 급등하게 되었다. 심지어 고시가격보다 높은 가격을 지불하는 적군(영국군)에게 더 비싼 값으로 물자를 팔아 이득을 보는 사람도 속출하였다. 이처럼 아군이 식량을 구하기 어려워진 상황에서 대다수 군인들은 굶주림에 시달릴 수 밖에 없었다. 그 결과 밸리 포지의 전투는 미국의 참패로 끝이 났다.

한편 1778년 6월 13개 주가 연합한 대륙회의는 밸리 포지 전투에서 워싱턴의 참패를 교훈삼아 "재화에 대한 가격통제는 유효하지 않을 뿐만 아니라, 공공 서비스를 극도로 악화시키므로 다른 주에서도 유사한 법령을 제정하지 말 것"을 결의했다.

〈한국은행, 2006.7.7〉

네덜란드 경제를 교란시킨 튤립투기

튤립 하면 가장 먼저 떠오르는 나라는 네덜란드다. 네덜란드에 관한 사진을 볼 때면 넓은 들판에 온갖 종류의 튤립이 펼쳐져 있는 광경을 쉽게 볼 수 있다. 사실 튤립의 원산지는 네덜란드가 아닌 터키다. 16세기 후반, 튤립이 터키에서 유럽 전역으로 퍼지면서 튤립의 이색적인 모양이 유럽 귀족과 상인들에게 크게 인기를 끌었다. 당시 1960년대 네덜란드는 유럽국가 중 국민소득이 가장 높았던 나라 중 하나였는데, 국토가 좁다 보니 큰 정원은 만들지 못하고 아담한 정원을 고급스럽게 가꾸어 부와 교양을 과시하는 취미생활이 유행했다. 그런데 튤립이 네덜란드로 넘어오는 과정에서 터키 황제들이 튤립을 비싼 가격에 산다는 소문이 돌았고, 네덜란드 귀족과 부유 상인들에게 튤립은 자신의 기품과 부를 뽐내기에 안성맞춤이었다.

네덜란드에서 튤립의 인기가 상승할수록 튤립을 찾는 수요는 증가했다. 그리고 시중에 공급되는 튤립은 점차 그 수요를 따라가지 못했다. 튤립의 인기가 높아질수록 희소성은 커져갔고, 튤립 가격은 상승했다. 문제는 튤립 가격 상승에 대한 사람들의 기대가 너무 커졌다는 데 있다. 사람들은 튤립 가격이 앞으로 더 많이 오르리라고 예상하며 튤립을 구매하여 되팔아 이익을 얻으려는 목적으로 튤립을 사들이기 시작했다. 역사 속에 길이 남을 엄청난 투기 사건인 '네덜란드 튤립 투기'가 시작된 것이다.

흔히 투기라는 말은 투자라는 말과 혼돈돼 사용되곤 한다. 이 두 용어를 간단히 설명하자면, 투자는 장차 얻을 수 있는 수익을 위해 현재 자금을 지출하는 것을 말한다. 경제 영역에서 투자를 좀 더 구체적으로 얘기하자면, 생산 활동과 관련된 자본재의 총량을 유지하거나 증가시키는 활동을 말한다. 자본재라는 말이 생소할 수 있으나 자본재는 우리가 최종적으로 사용하는 소비재의 생

산과정에서 발생하는 생산수단, 중간생산물 등을 말한다. 공장, 기계, 건물, 원료, 제품의 재고 등을 그 예로 들 수 있다. 투자는 생산 활동을 영속하고 장기적인 경제성장을 가능하게 하는 원동력이 되므로 경제영역에서 매우 중요한 요소다.

이에 반해 투기는 투자라는 단어와 비슷하지만 그 뜻은 묘하게 다른 의미를 지니고 있다. "내가 하면 투자, 남이 하면 투기"라는 우스갯소리를 생각해보면, 투기라는 말은 투자에 비해 어딘가 부정적인 느낌을 담고 있는 듯하다. 사실 투자와 투기를 명확하게 구분 짓는 것은 쉽지 않다. 투자와 투기를 구분하기 위해서는 그 행위의 동기 및 목적 등을 생각해봐야 한다. 투자와 투기 모두 이익을 추구한다는 점은 같지만, 투자는 생산 활동을 통한 이익을 추구하는 반면, 투기는 생산 활동과는 관계없는 이익을 추구한다. 흔히 투기는 단기간에 대폭적인 가격변동이 있을 것을 예상하고 매매를 하는 행위를 말한다. 즉 어떤 대상의 가치변화에 주목하고 생산 활동 내에서의 수익창출을 예상하여 현재 자산을 사용한다면 투자라고 할 수 있고, 어떤 대상의 가격 등락 차이에 주목하고 여기서 발생하는 수익을 예상하여 현재 자산을 사용한다면 투기에 해당한다고 볼 수 있다. 예를 들어 현재 자산으로 미래 수익을 예상하며 주식을 구매할 경우, 해당 기업의 내재된 가치를 판단하여 주식을 구매한다면 투자라고 볼 수 있지만, 주식의 단기적인 수요와 공급을 판단하여 매수 가격보다 주가가 올랐을 때 주식을 되팔아 수익을 얻는 것을 목적으로 한다면 투기라 볼 수 있는 것이다.

그런 의미에서 16세기 네덜란드 사람들이 튤립의 구매 차익을 얻기 위해 너도나도 튤립을 사들인 현상은 엄연한 투기현상이었다. 투기는 거래 대상의 본질적 가치에 기준을 두는 것이 아니라 표면적인 가격의 단기적 변화만 보고 거래하기 때문에 상품에 대한 가치를 왜곡하는 경우가 많다. 이렇게 시장 내에서 형성된 심리적 영향으로 어떤 상품의 시장가격이 실질적인 가치보다 높게 평가되는 현상을 거품현상이라고 하는데, 사회적으로 투기가 심화되면 거품현상이 발생하곤 한다. 이로 인해 상품의 시장가치가 왜곡되고 시장경제는 균형을 잃게 되기에 경제적으로 매우 큰 위험 요소가 된다.

실제로 네덜란드 튤립투기로 인한 거품 현상은 엄청났다. 당시 가장 희귀하고 비싼 튤립이었던 '셈페르 아우구스투스'라는 줄무늬 튤립은 알뿌리 하나가 황소 46마리 혹은 돼지 183마리의 가격으로 거래되었다고 한다. 이는 서민 1년 생활비, 암스테르담의 집 한채 값보다도 훨씬 비싼 가격이었다. 그런데 거품현상의 가장 무서운 점 중 하나는 부풀었던 거품이 한순간에 붕괴될 때에 있다. 이처럼 시장을 교란시킨 튤립시장의 거품은 단어의 본래 뜻처럼 한순간에 사라지는 시기를 맞이했다. 1963년 2월, 사람들이 튤립을 팔기 위해 시장에 내놓았으나 가격이 너무 오른 탓에 이를 사려는 사람이 나타나지 않는 상황에 이르렀다. 그러자 이미 높은 가격을 주고 튤립을 구매해 놨던 사람들은 불안을 느끼고 낮은 가격으로라도 튤립을 팔려고 시도했다. 이런 심리현상으로 인해 시장은 또다시 흔들리기 시작했고, 튤립 가격은 순식간에 무려 95%나 폭락했다.

거품이 붕괴되었을 때 가장 큰 타격을 입는 계층은 자신의 구입가능 수준보다 무리해서 투기를 한 사람들이다. 단기적으로 떼돈을 벌기 위해 욕심을 부린 사람들은 빚을 져서라도 투기에 참여하곤 하는데, 이는 거품현상이 붕괴됐을 때 사회적, 경제적으로 큰 위험이 된다. 당시 네덜란드에서는 귀족, 부유층뿐만 아니라 일확천금을 노리는 일반 서민도 튤립투기에 참여했고, 그중 많은 이가 땅이나 집을 저당 잡아 빚을 져서 튤립을 구매했다. 그런데 튤립시장의 거품이 붕괴되자 사람들은 튤립을 구매한 비용을 회수하기는커녕 빚더미에 앉게 됐다. 이들은 하룻밤 사이에 빈털터리가 되었고, 튤립 거래소도 막대한 타격을 입었으며 사람들이 빚을 졌던 부동산 시장에도 악영향을 미쳤다. 이로 인해 야기된 네덜란드 경제의 공황상태는 회복하는 데 적지 않은 시간이 걸렸다고 한다.

어떤 상품이나 자산이든 인기가 많다고 해서, 가격이 많이 올랐다고 해서 따라 사는 것은 어리석은 일이다. 세상엔 갖고 싶은 것, 사고 싶은 것도 참 많고, 손쉽게 많은 돈을 벌고 싶은 욕심도 난다. 하지만 합리적인 소비자라면 현재 욕심을 충족하기 위해 자신의 소유 자산보다 무리해서 돈을 지출하지는 않는다. 자신의 미래 소득 수준과 지출 정도를 고려해 허황된 표면적인 가치가 아닌, 대상의 본질적인 가치를 꿰뚫어보는 현명한 투자자가 돼야 할 것이다.

〈한국경제신문. 2016.7.1〉

비가치재 술 금지에 대한 반발심리

1930년대 대공황 당시 발효된 금주법은 미국인들의 삶을 옥죈다. 돈 없는 서커스단 단원들이 기대는 것은 '가짜술'이었다. 마시고 탈이 나지만 밀주조차 없다면 단 한순간도 견디기 어려웠을 것이다.

미국의 금주법은 1920년부터 1933년까지 계속됐다. 금주법은 세계1차대전의 산물이다. 전쟁이 터지자 식량을 절약하고 노동자의 작업능률을 올려야 한다는 사회적 여론이 거세게 일었다. 독일에 대한 반감은 맥주로 이어졌다. 청교도 전통의 미국인들에게 술은 해악으로 보였다. 술은 만들지도, 운반하지도 못하게 됐다. 하지만 효과는 없었다. 13년간 술 마시는 사람은 더 늘었고, 술로 인한 범죄도 늘어났다. '광란의 20년대'가 시작됐다. 술을 원하는 강력한 수요를 정부 규제로 막을 수 없었다. 밀주와 밀매가 성행했다. 공급은 없는데 수요가 폭등하자 술가격이 치솟았다. 막대한 이익은 마피아의 지하경제를 만들어냈다. 무허가 술집이 대도시를 중심으로 퍼져나갔다. 여기서 흑인 음악가들이 재즈를 연주했다. '재즈의 시대'는 이렇게 열렸다.

경제학에서 술은 비가치재다. 비가치재란 소비를 하면서 생기는 만족감(효용)은 과대평가되는 반면 소비하지 않을 때 생기는 폐해는 과소평가되는 상품을 말한다. 술 이외에도 성매매, 마약, 담배 등이 있다. 비가치재는 국가가 규제를 가해 소비를 줄이려 한다. 담뱃값을 올려 소비를 줄이려는 것도 같은 논리다. 하지만 만만히 봐서는 안 된다. 소비에 따른 만족감을 박탈당한 사람들의 반발이 심하기 때문이다. 어떻게든 밀주를 만들어 먹으려 했던 것은 이 때문이다. 반대로 소비에 따른 효용은 과소평가된 반면 폐해는 과대평가된 상품도 있다. 이른바 가치재다. 가치재는 시장이 이윤이 적다는 이유로 충분한 공급을 하지 않는다. 부족분을 메워주는 것은 정부의 역할이다. 교육, 의료, 저가주택 공급 등이 있다. 가치재는 무상급식 논란 와중에 유명해졌다. 이준구 서울대 교수는 "무상급식은 가치재로, 가치재는 무상배분이 원칙"이라며 "부유층 자제에게도 무상급식을 해줘야 한다"고 주장했다.

〈경향신문, 2011. 05.24〉

시간강사 보호하려다 대량 해고 부른 강사법의 역설

내년 강사법(고등교육법 개정안) 시행을 앞두고 대학들이 재정 부담을 줄이기 위해 시간강사 인원 감축을 시도하고 있다고 한다. 시간강사의 정규직화 추진으로 연간 30억~80억원의 추가 비용이 발생할 것으로 추산되면서 대학들이 서둘러 구조조정에 나서고 있는 것이다. 대학들이 소수 강사에게 강의를 몰아주고 강의 통폐합 등을 추진하면서 교육의 질 저하를 불러올 것이라는 지적도 나오고 있다. 시간강사의 처우를 개선하기 위해 마련한 법이 오히려 이들의 일자리를 뺏는 역설적인 결과를 낳게 되는 셈이다.

이는 최저임금 인상, 비정규직의 정규직 전환 같은 선의의 정책이 일자리 감소라는 재앙을 초래하는 것과 비슷하다. 시간강사 문제가 이슈화한 것은 2010년 한 대학의 시간강사가 처지를 비관해 목숨을 끊은 것이 시발점이었다. 정부와 국회는 시간강사의 고용안정성을 높이기 위해 2011년 고등교육법을 개정했다. 하지만 대학과 시간강사들 간 이견이 좁혀지지 않아 2013년 1월 시행 예정이었던 강사법은 4차례나 유예됐다. 국회와 정부는 지난해 12월 2019년으로 시행을 유예하는 대신 각계 여론을 수렴해 대체입법을 하기로 하고 대학강사제도 개선협의회를 꾸렸다. 양측이 지난 9월 시간강사 교원지위 부여, 재임용 3년 보장, 방학기간 임금 지급 등의 합의안을 도출했지만 문제는 예산이다. 교육부는 내년 예산 수립 때 국립대와 사립대 시간강사 처우개선비를 모두 반영했지만 기획재정부가 사립대 지원에 난색을 표하면서 사립대 몫은 편성에서 제외된 상태다. 강사법 시행 시 사립대에 가중되는 재정부담은 최소 600억원에서 최대 3000억원으로 추정되고 있다. 사립대들이 재정난을 호소하고 있어 이대로 강사법이 시행되면 대량 해고 등 현장 혼란이 불가피할 것이다.

일각에서는 수천억 원에 달하는 사립대 예산을 고려하면 정규직 전환비용은 큰 비중을 차지하지 않는 만큼 적립금, 예비비 등에서 자체 충당해야 한다는 지적도 적지 않다. 시간강사의 열악한 상황을 고려할 때 강사법이 또 유예되어선 안 된다. 대학들의 부담을 고려해 강사들의 처우 개선을 단계적으로 실시하거나 대학 정규직들이 고통 분담으로 충격을 줄이면서 교수 임용제도의 근본적인 개혁을 추진할 필요가 있다. 교육부도 7년을 끌어온 만큼 탁상공론에서 벗어나 적극적인 해법을 찾아야 한다.

〈매일경제, 2018.11.03〉

최저임금 인상의 역설

문재인 정부는 소득 주도 성장이라는 정책 슬로건 아래 2020년까지 최저임금 1만원 달성을 공약으로 내세웠다. 이에 따라 올해 최저임금은 지난해보다 16.4% 오른 시간당 7530원이 됐다.

이런 상황에서 국제통화기금(IMF)은 지난 13일 발표한 보고서에서 한국 정부에 정책 제언을 했다. IMF 보고서에서 주목할 점은 한국 경제의 기초 체력인 잠재 성장률의 급격한 하락과 최저임금의 급격한 인상에 대한 우려다. 현재 2%대 후반인 한국의 잠재성장률이 2030년 무렵 1%대로 추락할 것이라고 경고했다. 그 원인으로는 급속한 고령화로 인한 생산인구 감소, 낮은 생산성, 왜곡된 노동시장 구조를 꼽았다.

IMF는 또 올해 최저임금 인상은 소비성향이 높은 저임금 근로자의 소득을 증가시켜 소비를 진작시키는 긍정적인 효과가 있겠지만, 추가 인상은 저임금 근로자의 일자리를 파괴하고 한국의 국가 경쟁력을 상실하게 할 것이라고 지적했다. 추가 인상보다는 현 최저임금 인상에 대한 객관적 평가를 해볼 것을 한국 정부에 권고하고 있다.

IMF는 급격한 최저임금 인상으로 인해 낭패를 본 프랑스의 사례를 자세히 설명하고 있다. 최저임금을 평균 임금의 35%에서 50%까지 급격히 올린 프랑스에서 저임금 근로자와 청년 근로자는 노동시장에서 퇴출당했다. 이런 부작용을 차단하기 위해 프랑스 정부는 2007년까지 국내총생산(GDP)의 1%를 사용자 지원과 세금공제 혜택에 쏟아부어야 했다. 그나마도 지원 정책의 한계에 직면해 2008년 이후 최저임금 인상 때부터는 경제 상황에 맞게 최저임금의 급격한 인상을 자제하도록 독립적인 전문가 자문위원회를 둔 바 있다.

한국은 IMF가 지적한 프랑스의 실패 사례를 그대로 답습해 가고 있다. 정치 슬로건으로 아무 과학적 근거 없이 '2020년까지 최저임금 1만원'을 설정하고, 과도한 인상이 저임금 근로자와 자영업의 일자리를 파괴한다는 학자들의 직언을 정치 공세로 치부했다. '대선 때 모든 후보가 1만원으로 주장했는데 왜 문제가 되냐'는 식으로 귀를 닫는다.

공익 전문가들이 노사단체 대표와 협치로 매년 최저임금 수준을 결정하는 최저임금위원회에서도 과학적 분석에 기반을 둔 최저임금 결정 노력은 부족했다. 이미 노동시장에서는 저임금 근로자의 고용 불안 시름이 고조되고 있다. 지방에는 불법적이라도 생계만은 유지하자는 분위기가 팽배한 데도 "최저임금의

효과는 아직 잘 모르니 4월 이후 고용 통계가 나올 때까지 지켜봐야 한다"고 안일한 답변만 한다. 다만 여당에서 오는 6월 지자체 선거를 우려해 최저임금 인상의 속도를 조절할 필요가 있다는 볼멘소리가 나오는 정도다.

최저 최저임금 인상으로 대기업 근로자와 중소기업 근로자의 임금 격차가 더 확대돼 양극화가 심화하는 등 최저임금법의 목적인 '국민경제의 건전한 발전'이 오히려 저해되는 측면이 있다. 올해 1분기 대기업 임금인상률이 중소기업의 3배 이상이었다.

최저임금이 오르면 일단은 높아진 노동비용으로 고용이 줄어든다. 높아진 임금 수준 때문에 실업자가 늘어난다. 3조원의 고용안정자금과 우호적인 대외 여건 덕분에 올해 최저임금을 급격하게 올렸지만, 고용에 미친 부정적인 영향은 상당 부분 완화됐다고 볼 수 있다.

기업은 기존 근로자의 근로시간을 줄이거나 신규 채용을 하지 않는 방법으로 최저임금 인상에 대응한다. 무인점포, 고객 직접 주문 기계가 늘어나고 있다. 최저임금 인상과 직·간접적으로 관련이 있는 도소매·음식업의 취업자는 작년 12월 이후 감소세이고, 4월에는 9만 명 가까이 줄었다. 많은 아파트 단지들이 경비원의 휴게 시간을 줄였고, 몇 년째 등록금이 동결된 대학에서는 조교나 근로학생들의 근무시간을 최저임금 인상 폭만큼 줄였다. 최저임금이 높아졌지만, 일자리가 없거나 임금수준이 올라가지 않는다면 소득주도 성장은 실현될 수 없다

한국을 100회 이상 방문한 세계적 석학인 기 소르망은 최저 임금 인상과 근로시간 단축으로 한국은 국제경쟁력을 잃고 한국제품은 세계시장에서 쫓겨날 것이라고 우려했다. 어수봉 전임 최저임금위원회 위원장은 "주휴수당 등을 포함하면 풀타임 근로자의 시급은 이미 1만원을 넘었다"고 말했다. 이런 상황에서 내년도 최저임금은 합리적인 수준에서 결정하고 최저임금제도의 구조적 문제를 개선할 방안도 지속해서 찾아야 한다.

〈중앙일보, 2018.06.07., 2018.02.26. 재정리〉

상품권의 경제학

국내에서 상품권이 처음으로 등장한 것은 1930년 일제강점기다. 오늘날 신세계 백화점의 서울 충무로 본점 자리에 있던 미쓰코시백화점 경성점이 처음으로 상품권을 발행해 유통시킨 것이다. 해방 후 자취를 감췄던 상품권은 1961년 5·16 군사정변 후 다시 등장했다. 먹거리가 귀한 시절에는 설탕·조미료 교환권이 큰 호응을 얻었고 1990년대에는 구두상품권, 1997년 외환위기 이후에는 백화점 상품권이 인기를 끌었다. 시대에 따라 인기 품목도 달라진 것이다. 어느덧 80년 역사를 지닌 상품권은 연간 발행 규모가 10조원에 달하고 그 종류도 200여종이 넘는다. 시장 규모는 매년 30% 성장하는 추세다. 상품권은 소비를 활성화시키는 긍정적 효과가 있지만 일부에서는 급격히 증가하는 상품권 시장이 과소비를 조장하고 물가를 자극하지 않을까 우려한다.

상품권이란 상품과 교환할 수 있는 금액이 정해진 일종의 채권이다. 이 증서를 발행점이 취급하는 모든 상품을 구입할 수 있어 선물용으로 많이 쓰인다. 주로 백화점·유명 제화점에서 발행되고 최근에는 주유·도서·인터넷을 통한 온라인 상품권 등 다양하게 발행되고 있다.

상품권이 백화점처럼 수많은 상품을 판매하는 곳에서 주로 발행되는 이유는 상품권을 받는 사람이 자기 마음에 드는 상품을 고를 수 있고 편리한 시기에 구입할 수 있기 때문이다. 발행한 회사 입장에서는 상품권 발행금액만큼 무이자 차입자본 구실을 하기에 경영에 유리하고 발행자로서의 명성과 신용도 중요한 자산이 될 수 있다.

국내 상품권 연간 발행금액은 10조원에 이르는 것으로 업계는 추산한다. 지난해 롯데 현대 신세계 등 주요 백화점 3사와 홈플러스가 5조1000억원어치, SK GS 현대오일뱅크 에쓰오일 등 정유 4사가 8000억원 가량을 발행했다. 문화상품권 6000억원, 전통시장에서 쓰는 온누리상품권은 3200억원어치가 발행됐다. 이 밖에 구두상품권, 의류상품권 각종 음식점과 제과점이 발행하는 상품권, 지방자치단체 상품권 등이 3조원에 이를 것으로 추정된다.

1980년대 후반 서울 세종로 사거리의 금강제화 매장. 추석 연휴 직후 문을 연 상점 안은 순식간에 고객들로 가득찼고 몰려든 인파의 압력을 이기지 못하고 매장 전면 유리창이 와르르 무너지기도 했다. 예나 지금이나 설 추석 명절과 연말연시는 상품권 판매의 최고 대목이다. 상품권은 몇 해째 명절 때 받고 싶은 선물 설문조사에서 1위로 꼽힌다. 꾸준하게 명절 선물로 사랑받아온 상품권은 그 인기 품목이 세월 따라 변해왔다.

1960년대 먹을 것이 귀하던 당시에는 설탕과 조미료 교환권이 큰 인기를 끌었다. 상품권이 과소비를 조장하고 물가 상승을 유발한다는 이유로 1975년 발행이 전면 금지됐다가 1994년 상품권법이 제정되면서 다시 발행이 허용됐다. 1990년대 중반까지 상품권의 대표주자는 구두상품권이었고 1997년 외환위기 이후부터는 백화점 상품권이 가장 인기다. 롯데 현대 신세계 등 백화점 3사의 상품권 발행금액은 1994년 1000억원이 채 안 됐지만 지난해 4조원을 넘었다. 발행 규모가 20년 만에 40배 커졌고 전체 상품권 시장의 40% 정도를 차지한다. 최근엔 모바일 상품권이 활성화되면서 지난해 백화점 상품권 중 25%인 1조원 정도가 모바일로 판매됐다.

백화점·주유·외식·구두·문화 등 상품권의 종류는 200여종에 달한다. 국내 상품권 시장은 지난해 사상 최초로 8조원을 넘어 올해는 10조원으로 예상된다. 유통업계는 음성적으로 거래되는 상품권, 대형마트, 소규모 시장, 동네 가게에서 사용되는 것까지 합치면 상품권 시장 규모는 수십조원에 달할 것이라고 지적한다. 대한민국이 가히 '상품권 공화국'이라는 말까지 나올 정도로 각종 상품권의 범람을 우려하는 이유다.

경제 전문가들은 상품권 발행 규모가 커지면 통화량과 물가를 걱정한다. 상품권의 경우 액면가 그대로 현금의 가치를 지니고 있지만 한국은행이 집계하는 화폐 규모인 통화량 부문에는 제외돼 있다.

막대한 규모의 자금이 실제 화폐처럼 거래되면서도 정작 실상을 파악할 수는 없는 '유령통화'가 된 셈이다. 한국은행 관계자는 "상품권 발행이 과다해질 경우 과소비 조장으로 인해 물가를 자극할 수 있다"고 강조했다. 상품권은 구입 물품과 구매 시기를 선택할 수 있는 가능성을 넓혀주는 긍정적인 측면이 있지만 과소비 조장, 세금 포탈 등과 같은 부작용이 발생할 수 있다. 특히 구입자가 돈을 먼저 내고 상품권을 사고 그 상품권으로 물건은 나중에 구매하는 특징 때문에 상품권 발행자가 부도가 나거나 잔액 환불 거부, 세일 기간 중 사용 거부 등의 소비자 문제가 생길 수 있다.

지난 설 명절에 청소년들은 세뱃돈으로 무엇을 가장 많이 받았을까?세뱃돈의 유래는 정확히 알려지지 않았지만 문헌으로 보면 약 100년 전으로 올라간다. 당시 세배의 답례로는 음식을 내놓는 게 관례였다. 1920년대쯤 되서야 세뱃돈, 세백삯, 절값 등의 이름으로 돈을 주기 시작했다. 한국전쟁의 상처가 아물기 시작한 1960~70년대는 경제 사정이 빠듯해 음식을 배불리만 먹어도 만족

하던 때였지만 세뱃돈 풍습이 자리잡은 시기이기도 하다. 1960년대 초 붕어빵 1개 가격이 10환 정도인 시절에 설날 세뱃돈은 보통 30~80환을 받았다. 1980년대 초 지폐의 최소 단위로 1000원이 발행되면서부터는 아이들 세뱃돈도 1000원으로 뛰었다.

90년대 경제 성장이 본격화하면서 세뱃돈은 만원 단위로 껑충 뛰었지만 IMF 외환위기를 겪으면서 다시 천원짜리가 등장하는 등 세뱃돈도 경기를 탔다. 이후 5만원권이 등장하면서 세뱃돈에도 인플레이션(?)이 발생했다.

최근 세뱃돈으로 현금 대신 문화상품권이나 카드 형식으로 된 전자 상품권을 주기도 한다. 문화상품권은 5000원 단위로 2만~3만원어치 세뱃돈으로 주면 책을 사거나 영화를 볼 수 있어 설 전에 문화상품권 매출이 급증한다.

최근 스마트폰 보급이 확산되면서 종이 상품권 대신 모바일 상품권이 인기를 끈다.오픈마켓 옥션이 지난해 1월과 올해 1월의 모바일 상품권 판매 현황을 비교한 결과 15배 증가했다. 모바일 상품권은 인터넷이나 스마트폰에서 구매할 수 있는데 종이 상품권보다 5%가량 저렴해 부모가 인터넷에서 구입해 자녀의 스마트폰으로 직접 전송해줄 수 있다.

〈한국경제신문, 2014.2.10〉

소비자 선택

제 3 장
소비자 선택

제한된 소득으로 소비자는 어떤 재화를 구입할 것인가? 소비자들은 자신의 만족을 극대화시켜주는 재화를 구입하기 위해 여러 가지 재화들의 배합 중 하나를 선택하게 된다.

비소비자
– 충분한 자금을 갖고 있으나 제품이 가지고 있는 한계로 인해 소비하지 않는 소비자 – 제품에 대한 불만족 고객 – 상품 선택에 대한 여지가 없는 것으로 생각하는 소비자

1 총효용과 한계효용

1) 총효용

효용이란 소비자가 합리적으로 행동할 때에 재화와 용역을 소비함으로써 얻는 만족도이며, 총효용(TU: Total Utility)은 소비자가 일정기간 동안 재화의 소비에서 느끼는 주관적 만족의 총계이다. 따라서 <그림 4>에서 보는 바와 같이 총효용은 재화의 소비량이 증가됨에 따라 증가하나 소비량의 증가가 어느 한계점에 도달하면 극대점(C점)이 되며, 그 이상의 소비량 증가는 오히려 총효용을 감소시킨다.

2) 한계효용

재화의 소비량이 변하면 총효용도 변하는데 총효용의 변화분(⊿TU)을 소비량의 변화분(⊿Q)으로 나눈 값을 한계효용(MU: Marginal Utility)이라 한다. 즉, 한계효용이란 재화 한 단위의 추가적 소비로부터 얻어지는 효용의 증가분으로, 소비량이 점점 많아질수록 작아진다. 예를 들어 배가 고플 때 라면 1개의 식사는 만족감이 매우 크나 추가로 라면을 더 먹으면 먹을수록 한계효용은 0이 되거나 (−)가 될 것이다.

3) 총효용과 한계효용의 관계

총효용은 극대점으로 기점으로 점차 감소하게 되어 그 이상의 수량을 소비자가 소비하면 오히려 총효용이 감소한다. 반면에 한계효용은 총효용곡선상 한 점의 기울기로 점점 증가하다가 총효용이 극대가 되는 점에서 0이 되고 그 이후부터는 (−)값을 갖는다. 이와 같이 한 재화의 소비량이 증가할수록 한계효용이 감소하는 것을 한계효용체감의 법칙 또는 고센(Gossen)의 제1법칙이라 한다.

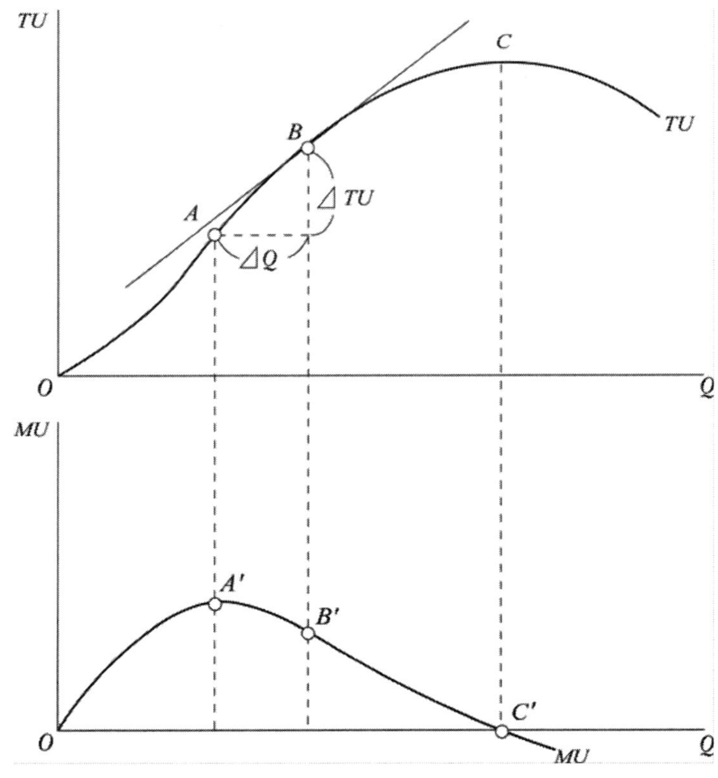

〈그림 4〉 **총효용곡선과 한계효용곡선**

2 효용극대화 원리

소비자는 재화에 대한 욕망은 무한하지만 제한된 소득 하에서 가능한 한 최대의 만족을 얻고자 한다. 그러므로 이를 위해서는 먼저 소비자가 일정 소득을 각 재화의 구입에 적절하게 배분 · 지출하여서 그로부터 극대의 효용을 얻는다.

기부도 남을 위한 합리적인 소비

사람들은 자신의 유익과 만족을 위해 소비를 한다. 이와 같은 이기적인 동기에 의한 소비는 다른 사람의 소득으로 연결되어 사회 전체적으로 선을 이루면서 조화를 이룬다. 그러나 사람 마음 속에는 이기적인 마음 외에도 남을 생각하고 배려하는 마음도 함께 있어 자발적으로 남을 위해 소비를 한다면 나를 위해 소비할 때보다 오히려 더 큰 만족을 얻을 수 있다. 또한 같은 금액(예를 들어 10만원)이라도 돈이 많은 사람에게는 큰 소용이 없지만 당장 먹을 것이 없는 사람에게는 매우 소중하게 사용될 수 있다. 따라서 기부는 개인적인 면에서나 사회 적체적인 면에서나 돈의 효용가치를 더욱 놓일 수 있게 된다.

〈매일경제, 2006.12.19〉

3 스미스의 역설

스미스의 역설이란 일상생활에 있어서 매우 중요한 재화의 가격이 덜 중요한 재화의 가격보다 낮은 현상으로 사용가치와 교환가치가 다르다는 데서 비롯된다. 예를 들어 물과 다이아몬드의 가격을 비교해 보면, 우리 생활에서 없어서는 안될 물은 가격이 매우 저렴하지만(사용가치는 매우 큼) 우리 생활에서 별로 필요하지 않은 다이아몬드는 매우 비싸다(교환가치는 매우 큼). 이것은 희소성의 원리에 따라 재화의 가격은 총효용에 비례하는 것이 아니라 한계효용에 비례하기 때문이다. 따라서 물은 한계효용이 아주 낮아 가격이 낮으나 다이아몬드는 부존량이 극히 적기 때문에 한계효용이 물보다 훨씬 높으며 가격도 높다.

4 소비자 잉여

수요곡선은 소비자 개인의 효용을 나타내는 것으로 대부분의 사람들은 가격이 하락해야 많이 구입하려고 하기 때문에 가격의 하락에 따라 수요는 증가한다. 그러나 재화에 대해 어떤 소비자는 그 재화를 절실하게 필요로 하는가 하면, 어떤 소비자는 거의 필요로 하지 않을 수 있다. 이처럼 같은 재화일지라도 소비자의 평가는 다를 수 있다. 이들 각 소비자 개인의 수요곡선을 종합하면 총수요곡선이 결정되고, 시장가격은 이러한 사회적인 총수요곡선과 총공급곡선에 의해서 결정되는 것이다.

예를 들어, 안경의 가격이 만원이라고 하자. 그러면 이 때 안경이 절실히 필요한 사람은 안경 값이 3만원이라도 살 생각이나 안경의 시장가격이 1만원이므로 2만원의 소비자 잉여를 얻는 셈이다. 따라서 안경을 구입한 사람은 아무에게도 피해를 주지 않고 추가적인 효용을 얻었다고 볼 수 있다. 이처럼 소비자 잉여[1]란 더 높은 가격을 지불하고서라도 구매하고자 하는 재화를 보다 낮은 가격을 지불하고서 구매한 경우에 그것으로부터 얻어지는 잉여의 만족이다. 즉 아무에게도 피해를 주지 않고 추가적인 효용을 획득한 경우이다.

티저 효과(Teaser Effect)

핵심 메시지를 감추고 소비자에게 궁금증을 유발한 뒤 점차 본 모습을 나타냄으로써 '도대체 저게 뭐지?' 하는 호기심과 함께 주목도를 최대한 높이는 것을 티저 효과라 한다. 티저 효과(Teaser Effect)는 감질나게 하다, 살살 약을 올리다의 'tease'라는 단어에서 유래된 용어로, 소비자들의 호기심을 유발하기 위해 제품의 이름이나 형태, 회사 이름 등 핵심적인 내용을 숨기고 조금씩 실체를 드러내는 광고 기법을 일컫는다.

화면의 한쪽을 여백으로 남기고 정체를 알 수 없는 누군가를 만나 반가운 표정을 짓고 대화를 나눈다. 무엇을 광고하고 있는지, 무슨 제품인지 도대체 알

1) 일정한 상품에 대해 소비자가 실제로 치른 댓가와 구매자가 주관적으로 평가한 댓가 간 차이

수 없는 상황이 계속된다. 핵심 메시지를 감추고 소비자에게 궁금증을 유발한 뒤 점차 본 모습을 나타냄으로써 '도대체 저게 뭐지?' 하는 호기심과 함께 주목도를 최대한 높이는 효과를 얻는다. 영화포스터에도 이러한 티저 효과를 노리는 홍보 방법이 일반화되고 있다. 아직 미완성인 영화를 소개하는 포스터를 미리 제작함으로써 관객의 영화에 대한 호기심과 인지도를 높이는 방법으로 활용하고 있다. 얼굴 없는 가수를 통한 가요계의 신비주의 마케팅도 이러한 티저 효과의 일종이다.

정치 홍보에서도 티저 효과는 예외가 아니다. 1981년 프랑스 아브니어 정당은 비키니 차림의 젊은 여성 포스터를 통해 '9월 2일 윗부분을 벗겠다'는 글귀로 대중들의 호기심을 자극하였다. 이는 국내 모 회사에서도 비슷한 유형의 광고로 재창조되어 히트를 하였다.

사람들에게 잠시 뒤에 어떠한 제품이 나타날 것이라는 호기심과 주목을 끌기 위한 도구로 티저효과를 활용하기 위해서는 신선한 아이디어는 물론 티저 이후의 유지를 어떻게 하는가도 중요하다. 너무 오랫동안 자신을 드러내지 않는 광고는 소비자를 곧 싫증을 내게 함으로 실패하기 마련이다.

이러한 티저 효과를 최대한 활용하기 위해서는 광고도 중요하나 상품이 뒷받침되어야 하며, 엄청난 예산이 투입되어야 한다. 소비자에게 자주, 그리고 하나의 스토리를 통해 계속적인 호기심을 추구하는 단계에서 이미 많은 예산이 투입됨으로써 정작 본 광고 단계까지를 고려할 경우 엄청난 자금이 투입되어야 하는 것이다. 티저 광고가 성공하기 위해서는 보안 또한 중요하다. 어떠한 제품인지를 마지막까지 드러내지 않음으로써 극대의 효과를 기대할 수 있다. 내부적으로도 비밀이 철저히 유지되어야 하는 것이다.

티저 광고는 대중들로 하여금 '유쾌한 호기심'을 일으킨다는 점에서 매우 긍정적인 홍보 기법이나 이것이 지속되기 위해서는 제공되는 서비스나 제품이 유쾌함을 주어야 함은 물론이다.

〈이창엽, LG주간경제, 제708호, 2003.1.1〉

합리적인 소비란 무엇인가

경제주체의 하나인 가계는 효용을 크게 하는 방향으로 소비한다. 효용이란 상품 소비에 따라 얻어지는 만족으로 소비량이 많을수록 전체효용은 커지게 된다. 그러나, 소비하는 데는 돈이 들기 때문에 소비할 수 있는 상품의 양은 소득의 범위를 넘을 수가 없다. 따라서 소비자들은 이러한 예산제약 범위내에서 최대의 효용을 얻기 위해 여러 가지 중에서 선택하여 소비하여야 한다.

합리적인 소비란 개인이 자신의 효용이 무엇인지를 정확히 알고 그에 맞추어 예산 범위내에서 일관성있게 효용을 극대화하는 소비를 말한다. 이런 합리적인 소비방법의 하나로 계획적인 소비활동을 들 수 있다. 반드시 구매계획을 세운 후에 구매함으로써 충동구매와 시간낭비를 줄이도록 해야 하며, 장기 생활설계를 통해 미래의 지출과 저축 등을 감안하여 소비를 해야 한다. 다음으로는 가격과 품질에 근거하여 선택하여야 한다.

무조건 대형이나 외제를 선호하기 보다는 각 개인의 생활여건과 편리성을 따져 물건을 고르고 가격과 품질, 실용성 등을 고루 비교한 후 구매하여야 한다. 그러기 위해서는 소비자단체나 신문, 잡지 등의 상품에 관한 다양한 정보들을 적극적으로 활용하는 것이 좋다.

끝으로 생산적인 소비활동을 하여야 한다. 같은 지출을 하더라도 미래의 삶에 도움이 되는 소비를 함으로써 더 나은 미래를 위한 수단이 되도록 하는 것이다. 즉, 유흥비 지출과 같은 일회성 소비를 자제하고 미래의 삶의 질을 높이는 데 보탬이 되는 소비를 하도록 노력해야 하는 것이다.

〈김영진, 한국은행〉

반려동물이 주는 효용과 가치의 변화

반려동물이라는 용어는 1983년에 동물학자인 콘라트 로렌츠(Konrad Lorenz)가 처음으로 제안하였고, 우리나라에서는 2007년 동물보호법이 개정된 이후부터 공식적으로 사용되어 왔다. 반려동물이라는 개념의 통용화는 그리 오래되지 않았지만 사실 인간은 아주 오래전부터 동물과 함께 생활해오면서 감정적, 경제적으로 많은 부분을 의지해 왔다.

수렵사회에서는 사냥에 도움을 얻고자 개를 길들여 키운 것으로 추정되고 있으며 농경사회에 이르러서는 재배하는 곡식을 야생동물로부터 보호하기 위해 동물을 키우거나, 식용으로 이용되는 동물을 관리하기 위한 목적으로 동물들과 생활을 함께 했다. 즉 과거에 인간들과 함께 생활하던 동물들은 주로 식량 혹은 노동력을 제공하기 위한 수단으로 사용되었다고 볼 수 있다. 고대 이집트의 경우에는 고양이의 인기가 매우 컸는데 고양이를 신성하게 여겨 종교적인 이유로 귀하게 다뤘던 이유도 있지만, 고양이를 키움으로써 식량 창고에 모여드는 쥐나 여러 해충들을 방지할 수 있었다. 신성하게 여겼던 고양이도 나름의 경제적인 일거리가 있었던 것이다.

하지만 그렇다고 해서 현시대의 반려동물처럼, 경제적 목적을 제외하고 순수하게 감정적 교감을 목적으로 동물을 키웠던 역사가 없었던 것은 아니다. 고대 이집트 무덤을 보면 파라오가 고양이 등의 동물을 애완용으로 돌보았음을 유추할 수 있는 기록이 있고, 중국의 왕족들은 애완견을 많이 길러왔다. 그리스 로마시대의 귀족들 역시 애완동물에 대한 소유욕이 강했다고 한다.

다만 동서양을 막론하고 동물을 애완용으로 기른다는 것은 통치계급이나 귀족들에 국한되어 있었다. 먹고사는 것이 급선무인 일반 서민들에게는 일하지 않는 동물을 키울만한 여력이 없었을 것이다. 오직 부유한 통치계급이나 귀족의 경우에만 애완용 동물을 키울만한 재력과 여유가 있었고, 그들은 부와 신분 정도가 높을수록 애완동물에 대한 소유가 더욱 활발했다.

그러나 시대가 변하고, 많은 사람들이 먹고사는 것에 대한 부담에서 벗어나면서, 반려동물을 키우는 것은 점차 보편화되었다. 반려동물을 키우는 사람들이 많아지다 보니 반려동물의 종류 또한 다양해 졌다. 일반적인 강아지, 고양이뿐만 아니라, 족제비, 쥐, 거미, 뱀, 이구아나에 이르기까지 함께 생활하는 동물로서는 상상해보지 못했던 종류의 반려동물도 참 많다. 이러한 현상을 보면, 사람들이 추구하는 반려동물에 대한 가치가 많이 변화되고 있음을 알 수 있다. 이전에는 반려동물을 통해 단순히 정서적 교감을 원했더라면, 지금은 자신을 표현하는 일부분으로서 개성 표출이나 지위를 나타내는 매개가 되기도 한다.

게다가 최근에는 급격한 고령화, 1인 가구의 증가 등 외로운 가구가 늘어나는 사회적 흐름에 따라 반려동물을 찾는 사람들이 많아졌다. 우리나라의 경우 통계청의 '2015년 한국의 사회지표'에 따르면, 전체 가구 중 1인 가구는 2000년 15.5%에서 2010년 23.9%로 늘어났다. 심지어 자녀를 낳아 양육하는 대신 반려동물을 키우며 행복을 추구하려는 사람들도 있으며, 현시대의 외로운 사람들은 반려동물을 돌봄으로써 심리적 육체적 건강과 위안을 얻고자 한다.

지난해 농림축산검역본부가 발표한 '2015년도 동물보호에 대한 국민의식조사 결과'에 따르면 우리나라 전체 가구의 21.8%가 반려동물을 키우고 있다. 우리나라에서는 다섯 가구 중 한 가구 이상이 반려동물과 함께 생활하고 있는 것이다. 반려동물 사육비중이 2010년 17.4%, 2012년 17.9%, 2015년 21.8%로 점차 증가하고 있다고 하니 그만큼 반려동물의 수요가 많아졌음을 알 수 있다.

이렇게 반려동물을 찾는 사람과 반려동물에게 관심과 애정을 쏟는 사람들이 많아짐으로써 생겨난 또 다른 사회적 변화 중 하나는, 반려동물시장의 급격한 성장이다. 현시대에 반려동물을 사랑하는 사람들이 그들의 반려동물을 통해 얻는 효용은 이미 경제적 금전적 가치의 차원이 아니다. 그들은 경제적 부담이 생겨남에도 불구하고 기꺼이 반려동물을 돌보고 투자할 준비가 되어있기에 이들의 수요를 충족시키기 위한 시장이 매우 커지고 있다. 반려동물을 위한 전용 미용실과 병원뿐만 아니라 반려동물이 시간을 보내며 놀 수 있는 유치원과 학교도 있으며, 최신식 시설을 갖춘 반려동물 스파나 호텔 등도 이제는 더 이상 낯설지 않다.

반려동물시장은 앞으로 더욱 커질 것으로 예상된다. 이에 따라 반려동물 관련 용품 및 서비스 시장이 성장할 뿐만 아니라 관련 직종들 또한 유망직종으로 떠오르고 있다. 반려동물관리사 및 행동교정사부터 반려동물교감사, 반려동물매개심리상담사, 펫케어상담사, 반려동물장례지도사 등 반려동물과 관련된 다양한 직종들이 생겨나고 있다.

이제는 반려동물이 인간과 생활을 공유하고 감정적 즐거움 나누는 것을 넘어 새로운 가치를 만들어 내고 있는 듯하다.반려동물에 대한 선호는 모두 다르겠지만 이들이 새로운 생활 소비 문화 트렌드를 주도하고 있는 시대의 흐름에 맞추어, 반려동물들과 현명하게 공존할 수는 자세 또한 준비되어야 할 것이다.

〈김민정, 역사 속 숨은 경제이야기, 2016.7.15〉

소비는 과연 나쁜 것인가

지난 4월16일 버지니아공대에서 교포 학생이 벌인 사건은 우리에게 충격을 주었다. 범행동기를 둘러싸고 이민 1.5세대로서 받은 문화적 부적응을 지적하는 경우가 많았다. 특히 '벤츠와 금목걸이'로 표상되는 미국 기성층 소비문화에 대한 범인의 반감은 상당했다.

부유층의 소비문화는 경제학자들도 관심을 가졌던 주제다. 대표적 경제학자는 미국의 제도학파였던 베블런(Veblen · 1857~1929)으로, 그는 문화적 갈등에 초점을 맞추어 경제적 변화과정을 분석했다. 1899년 발간한 '유한계급론'에서 베블런은 사회를 노동계급과 유한계급으로 나눈 후 유한계급의 소비행태를 풍자적으로 묘사했다.

"가치 있는 재화들을 과시적으로 소비하는 것은 유한계급 남성이 명성을 얻기 위한 하나의 방편이다. (유한계급 남성은) 값비싼 선물을 제공하거나 화려한 축제 · 연회를 열어 친구들이나 경쟁자들의 호응을 이끌어낸다. 선물과 잔치는 아마도 그런 유치한 과시욕과는 또 다른 기원을 가지고 있겠지만, 하여간 아주 오래 전부터 이러한 의도에 부응하는 효용을 획득하여 오늘까지 그 성격을 유지하고 있다."

베블런이 이렇게 기성층 문화를 비꼬게 된 것은 자신의 개인적 경험과 관련 있는 것으로 보인다. 그는 위스콘신주에서 농사를 지으며 근근이 살던 노르웨이 이민가정에서 태어났다. 그는 미네소타주의 조그만 대학에 입학했다가 다시 명문 존스홉킨스대학으로 장학금을 받고 옮겼다. 미국 부자들이 많이 다니는 존스홉킨스대에서 시골 출신의 베블런은 학교생활에 잘 적응하지 못했다. 그는 친구들과 어울리는 대신 인류학 · 심리학 · 역사학 등 다방면의 독서를 통해 기존의 경제이론을 비판하는 시각을 키우게 된다.

베블런은 인간의 본성이 경제활동에 주는 영향을 진화론적 관점에서 분석했다. 그는 인간의 본성이 원래 생산적 활동을 하는 '제작본능'과 소비활동에 주력하는 '낭비본능'으로 구성돼 있다고 보고, 경제가 성장하면서 낭비본능이 점점 득세한 결과 과시적 소비가 발생했다고 생각했다. 특히 노동을 천시하는 유한계급의 출현은 고대의 약탈문화와 관련이 있는 것으로 보았다. 즉 원시공동체에서는 누구나 일을 하고 노동을 중시했지만, 전쟁을 통해 노예를 확보하게 되면서 남성들은 노동보다는 전쟁 · 스포츠 등 명예로운 일을 하는 것을 숭상하게 됐다는 것이다.

이러한 약탈문화는 결국 여가와 소비생활을 과시하는 문화를 만들었으며, 여기에서 발생한 것이 허례허식에 다름없는 각종 관습이나 종교의식이었다고 분석했다. 예를 들어 술과 담배와 같은 것도 사실 소비수준을 과시하기 위해 나왔으며, 남성의 우월성을 강조하기 위해 여성들에게는 금기시됐다는 것이다. 또 생활수준이 나아지면서 이제는 여성들을 대리 소비자로 내세워 화려한 의복이나 장신구들을 착용하게 됐다고 분석했다.

베블런은 한발 더 나아가 미적(美的) 감각도 과시적 소비에 따라 발달했고, 자연적인 아름다움이 아니라 희소하고 값이 비싸야 아름다운 것으로 평가받게 됐다고 풍자했다. 예컨대 "한창 유행하는 애완견들이 자랑하는 기형성과 기괴함의 상업적 가치는 그 애완견의 가격이 높다는 데 있다"는 것이다.

베블런은 약탈적 문화가 과시적 소비를 통해 결국 사회발전을 가로막는 요인으로 작용한다고 주장했다. 생산적 노동에 종사하는 사람들도 각종 허례허식에 빠져들게 되어 본래의 제작본능이 쇠퇴하고, 기업조직도 기업가들이 산업적 활동과 거리가 멀어지면서 금전적 문화에 젖어 유한계급화하는 형태로 바뀌게 된다는 것이다. 생산과 소비, 산업 활동과 금전적 영업활동, 기술과 제도 등을 상호 대립적 관점에서 보는 그의 시각은 분명했다. 하나는 제작본능의 소산으로 사회를 발전시키지만, 다른 하나는 낭비본능의 소산으로 사회를 퇴락시킨다는 주장이다.

베블런의 주장은 옳은 것인가. 이 문제에 대해서는 명확히 대답하기 곤란하다. 왜냐하면 이처럼 거대한 가설의 타당성을 자료로 검증하는 것이 어렵기 때문이다. 하지만 대체로 학계에서 베블런의 의견을 지지하는 의견은 소수였다고 생각된다. 베블런과 동시대인이면서 대표적인 미국 제도학파 학자였던 코먼스(Commons · 1862~1945)조차도 베블런의 이분법적 견해를 지지하지 않았다. 코먼스는 문화 · 제도와 같은 요인들이 허례허식이라고 생각하지 않았다. 제도는 '집단적 행동규칙'을 지칭하며, 다양한 이해관계를 조정하는 기능을 가지고 있다고 보았다. 따라서 각종 제도들이 기득권층에게 일방적으로 유리하게 작용하는 것도, 경제발전을 가로막는 것도 아니라고 보았다.

2차대전 이후 미국 제도학파의 전통을 이은 갤브레이드(Galbraith · 1908~2006)도 현대 대량소비사회에서 하층계급은 상층계급을, 후진국은 선진국의 생활을 모방하고 있다고 비판적으로 분석한 바 있다. 하지만 그는 기술적 전문가 집단을 통해 다양한 이해관계가 조정되므로 공공의 이익이 보존될 수 있다고 생각했다. 지금까지의 이론적 논의는 제쳐두고라도, 여가활동을 통해 창의성이

고양되고 스포츠를 통해 사회통합을 이룰 수 있는 여지가 있다면 여가와 소비를 굳이 백안시할 필요는 없어 보인다.

〈홍기현, 2007.05.04.〉

작심삼일의 효용

영어로 1월(January)은 '야누스의 달'이다. 두 얼굴을 가진 야누스(Janus)처럼 지난해의 잘잘못을 돌아보고 새로운 각오로 한 해를 시작한다는 뜻이 담겼다. 문제는 단단히 마음먹어도 며칠 못 가서 결심이 흐트러진다는 것이다. 한 리서치업체가 직장인 1300여명에게 새해계획 실천 여부를 물었더니 40.7%가 한 달을 못채웠다고 대답했을 정도다. 하루 만에 포기한 경우도 9.3%나 됐고 평균은 11일이었다.

미국 스크랜턴대 연구 결과에서도 새해결심의 목표달성률은 8%에 불과했다. 영국 정치가 체스터필드는 하도 답답하니까 "새해 초는 악의없는 거짓말이 용인되는 시즌"이라고 한탄했다. 그나마 위안이 되는 건 결심을 실천하지 못하는 게 의지박약 탓만은 아니라는 거다. 미국 심리전문가 조나 레허는 작심삼일(作心三日)은 의지력의 문제가 아니라 뇌의 인지능력 한계 때문이라고 주장했다. 뇌가 한 번에 다룰 수 있는 정보량에 한계가 있어 새해결심처럼 복잡한 정보를 계속 관리할 수 없다는 얘기다.

그렇다면 새해 결심은 하는 게 좋을까 안 하는 게 좋을까. 괜히 뭔가 시작했다가 자신에게 실망하느니 차라리 안 하는 게 나을 것도 같지만, 게임이론 분석으로 노벨 경제학상을 탄 토머스 셸링의 생각은 다르다. 비록 실패해도 결심을 어겼을 때의 '심리적 비용'이 커짐으로써 실천에 한 걸음 다가간다고 했다. 싸움이 붙은 두 나라 중 퇴로를 끊고 배수진을 친 쪽이 유리한 것과 비슷한 이치다. 프랑스 시인 폴 발레리는 이를 '생각하는 대로 살지 않으면 사는 대로 생각하게 된다'고 간단하게 요약했다. 작심삼일도 나름대로 효용이 있는 셈이다.

그 성공사례가 한국인 첫 메이저리거 박찬호다. "저는 작심삼일과 라이벌이었어요. 못해도 사흘은 견뎌냈죠. 그러면 다시 날짜가 늘었고 마침내 목표를 이룰 수 있었습니다." 성군으로 꼽히는 중국 상나라 탕왕이 청동 세숫대야에 '구일신 일일신 우일신(苟日新 日日新 又日新 · 정말 새로워지려면 하루하루를 새

롭게 하라)'이란 글귀를 새겨놓았던 것도 같은 맥락이다.

금연, 금주, 규칙적 운동까지 저마다 의욕적으로 새해를 시작했겠지만 벌써 느슨해진 이들이 한둘이 아닐 게다. 그렇다고 결심을 포기하면 자신만 손해다. 사람이란 원래 결심을 실천하기 어렵게 생겨먹었다는 걸 인정하고, 거듭 새로운 각오를 다지다보면 조금씩 나아질 테니까. 물러터진 성격이라도 걱정할 건 없다. 사흘마다 새로 작심을 하면 될 게 아닌가.

〈한국경제신문, 2013.1.2〉

생산 및 생산비

제 4 장
생산 및 생산비

1 생산이란?

생산이란 투입물을 산출물로 변형시키는 과정으로 어느 특정제품을 생산하기 위해서는 노동, 자본, 토지, 경영력 등의 여러 가지 생산요소가 필요하다. 그리고 생산함수란 생산요소들의 특정배합에 의하여 생산될 수 있는 생산물의 최대산출량을 나타내며 매기당 생산물과 투입물 사이의 관계이다. 이때 다른 요소의 투입량은 일정불변이고 두 가지의 생산요소, 즉 노동과 자본만이 있는 경제를 가정하면 생산량(Q)은 노동(L)과 자본(K)의 함수만으로 표시되는데, 자본을 고정투입 생산요소, 노동을 가변투입 생산요소라 한다. 고정생산요소란 생산량의 증감에 따라서 단기에 투입물의 양을 변화할 수 없는 요소로서 공장건물, 기계장치, 토지 등과 같은 요소이다. 가변생산요소는 생산량의 증감에 따라 사용량을 변화할 수 있는 생산요소로서 원재료, 노동 등을 들 수 있다.

2 한계생산물 및 평균생산물

한계생산물(MP)은 생산요소서 1단위의 투입 증가에 따른 총생산물(TP)의 증가분을 나타내며 총효용곡선상에서 한 점의 기울기이다. 한계생산물은 처음에는 증가하다가 점차 감소하는데 이러 현상을 수확체감의 법칙이라 한다. 반면에 평균생산물(AP)은 단순히 총생산물을 생산요소의 양으로 나눈 비율로 각 노동량에 대응하는 총생산물곡선상의 한 점과 원점을 연결하는 직선의 기울기이다. 따라서 노동의 평균생산물을 노동자 한 사람이 평균적으로 얼마나 많은 생산량을 생산하는 가를 측정하는 것으로 노동자들의 생산성을 측정하는 척도이다. 평균생산물도 한계생산물과 마찬가지로 노동량을 일정수준 이상으로 증가시키면 감소하는 현상을 보인다.

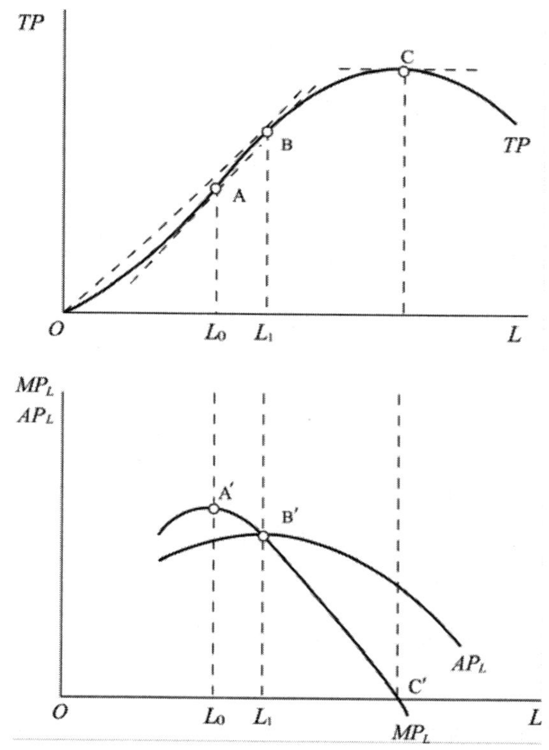

〈그림 5〉 **총생산물, 한계생산물곡선 및 평균생산물곡선**

노동의 한계생산=총생산물의 증가분/노동투입량
노동의 평균생산=총생산물/노동투입량

3 한계수확체감의 법칙

한계수확체감의 법칙이란 다른 생산요소의 투입량을 고정시킨 상태하에서 한 생산요소의 투입량을 증가시킬 때 추가적으로 증가되는 생산량은 점차 감소한다는 것이다. 그러나 시간이 지남에 따라서 기술이 발전하면 생산요소의 투입량이 같더라도 더 많은 양의 생산물을 생산할 수 있으므로 생산성은 증가한다.

규모에 대한 수확

일반적으로 생산요소들의 투입량을 동일한 비율로 증가시킬때 생산량의 규모는 변하는데 다음 3가지의 경우가 있다.

- 규모에 대한 수확 증가 : 생산요소 투입량 < 생산량
- 규모에 대한 수확 불변 : 생산요소 투입량 = 생산량
- 규모에 대한 수확 감소 : 생산요소 투입량 > 생산량

범위의 경제는 기업이 여러 재화나 서비스를 함께 생산할 때 발생하는 총비용이 그런 재화나 서비스를 별도의 기업이 생산했을 때 발생하는 총비용보다 작아지는 경우를 의미한다. 즉 두 개의 제품을 한 기업이 생산할 때의 총비용이 두 개의 제품을 각각 다른 기업이 생산할 때의 총비용의 합계보다 작을 때를 말한다. 반면에 규모의 경제는 기업이 생산량을 늘림에 따라 제품하나를 만드는 단위당 비용이 하락하는 현상을 의미한다. 규모의 경제가 특정 재화나 서비스의 생산량이 증가함에 따라 유발되는 비용 절감효과와 관련된 내용이라면, 범위의 경제는 두 개 이상의 재화를 생산할 때 얻는 비용 절감효과와 관련된 내용이라 할 수 있다.

4 생산비란?

생산비는 회계적 비용과 경제적 비용으로 나눌 수 있는데 회계적 비용이란 화폐의 지출이 실제적으로 일어나는 실질비용으로서, 여기에는 임금, 지대, 이자, 감가상각, 원료비, 특허권사용료, 조세, 보험료 등의 기타비용이 가산된다. 반면에 경제적 비용이란 경제현상을 분석하는 데 사용되는 비용으로서 회계적 비용에 잠재비용을 포함시킨 개념이다. 잠재비용은 생산에 투입된 기업가 소유의 생산요소에 대한 기회비용으로 귀속임금, 귀속이자, 귀속지대, 정상이윤으로 구성된다. 그리고 기회비용은 대체비용으로 어느 한 기업에서 어느 한 재화를 생산하는 데 드는 기회비용은 그 재화를 생산하기 위하여 포기해야 하는 다른 재화의 수량이다. 이와 같이 기업의 기회비용에는 기업의 자기자본에 대한 이자와 기업가 자신의 노동에 대한 보수가 포함된다.

대학교 진학의 기회비용은 대학교를 4년 동안 다니기 위해서는 우선 등록금과 교재값이 필요하다. 등록금을 내거나 교재를 구입하면 그 돈을 다른 곳에 사용할 수 없기 때문에 등록금이나 교재값은 대학교를 다니는 기회비용이다. 이것이 대학교에 다니는 기회비용의 전부가 아니다. 이 사람이 대학교에 다니면서 4년 동안 직장에 다니면서 돈을 벌 수 있는 기회를 포기하는 셈이다. 만약 직장에서 일을 한다면, 벌 수 있는 소득 역시 대학교를 다니는 시간에서 발생하는 기회비용이다. 대학교에 다니면서 지출하는 기숙사비와 식비는 기회비용에 포함되지 않을까? 대학교에 진학하지 않더라도 어차피 잠을 자고 식사를 하는 비용을 지출해야 한다는 점에서 이것들은 기회비용에 포함시킬 필요가 없다. 그렇지만 만약 대학교 주변의 식비가 다른 곳보다 비싸다면, 그 차이만큼은 대학교에 다니는 기회비용으로 포함시켜야 한다. 이와 반대로 대학교 주변의 식비가 다른 곳보다 싸다면, 그 차이만큼 이번에는 대학교에 다니는 이득에 포함시켜야 한다.

매몰비용(Sunk cost)
기회비용과는 반대로 이미 지불되어 다시 회수 할 수 없는 비용

5 총비용, 한계비용 및 평균비용

총비용(TC)은 일반적으로 고정비용(FC)과 가변비용(VC)으로 나눌 수 있는데, 고정비용은 기업이 얼마를 생산하든 간에 즉, 생산을 하고 안하고에 관계없이 일정하게 지출되는 비용이다. 그러나 이는 단기적인 경우이며, 장기적으로 볼 때는 고정비용 역시 변동한다. 가변비용이란 생산을 증가하는 데 따라 추가적으로 들어가는 비용으로서 원자재비, 연료비, 노동에 대한 임금 등과 같은 변동적인 비용이다.

한계비용(MC)은 생산량을 한 단위 증감할 때 추가적으로 증감하는 총비용의 변화 분으로 총비용곡선에서 도출할 수 있다. 반면에 평균비용(AC)이란 총비용을 생산량으로 나눈 것이다.

$$TC = TFC + TVC$$
$$MC = \Delta TC / \Delta Q$$
$$AC = TC/Q$$

6 외부경제와 외부불경제

생산비는 기업의 외부적 요인에 의해서 증가하거나 감소될 수 있다. 외부경제는 일반적으로 사회간접자본의 축적을 통해 생산비를 절감시킬 수 있고 생활조건을 개선시킬 수 있는 경우이다. 반대로 외부불경제는 사회적 비용으로서 공기오염, 수질오염, 토지오염, 소음공해 등 사회적으로 보이지 않는 불이익이다. 이는 개인과 기업으로 인해서 발생하나 사회전체의 비용이다.

반짝성공으로 끝나는 기업의 공통점

파이낸셜타임스(FT)는 위대한 기업 가운데는 과거의 성공비결에만 안주한 나머 지 시대 변화에 민감하지 못해 시대에 뒤떨어진 기업의 공통점으로 7가지를 지적하였다. 먼저, 기업 최고경영자(CEO)가 경영잡지 표지에 자주 등장한다. 언론이 특정 기업에 칭찬을 늘어놓을 때 그 기업은 성공을 일궈낸 기존 경영전략에 집착하게 된다. 그 기업이 외부에서 찬사를 받을 때 경영진은 과연 기존의 경영전략이 변화를 수용할 만한 내용을 담고 있는지 고민해야 한다. 둘째, 경영학자들이 특정기업을 칭찬한다. 경영학자의 찬사 속에서 오랜 세월 동안 성공기업의 간판을 달고 있는 기업은 별로 없는 게 현실이다. 이는 과거 세계적 초우량기업으로 알려진 업체 가운데 지금까지 그 지위를 누리는 기업이 극소수인 점만 봐도 쉽게 알 수 있다.외부 학자들이 특정기업의 본질적인 문제점을 파헤치지 않고 장점만 지적할 경우 그 기업 CEO는 자신의 경영방식을 맹신하게 되기 때문이다. 셋째, 기업 CEO가 경영성공 사례에 대해 저술한다.CEO가 자신의 경영방침을 성공작이 라고 판단하고 저술할 경우 차후 예기치 못한 위기상황을 맞을 때 자신의 '성 공 공식'을 좀처럼 바꾸려 하지 않아 결국 기업경영을 실패로 이끌게 된다. 넷째, 기업이 사옥을 신축한다. 기업 경영인들은 자신들의 경영 성공을 과시하기 위해 신사옥을 짓는 등 '기념비' 설립에 집착하는 경우가 있다. 그러나 이들은 기업 성공을 이끈 요인을 분석하는 데에는 등한시하는 경향이 있다. 다섯째, 경영방식이 같은 CEO가 취임한다. 전 CEO와 경영방식이 같은 이른바 '붕어빵 CEO'는 기존 기업의 경영전략을 단순히 승계하는 데 불과하다. 이들 붕어빵 CE O는 불행히도 이미 다져진 경영 로드맵 외에는 참신한 내용을 제시하지 못한다. 여섯째, 회사 이름을 딴 경기장이 등장한다. 일부 기업 중에는 회사 이름을 딴 경기장을 선보여 자사 영향력을 과시하는 경우가 있다. 이미 파산한 미국 기업 엔론을 비롯해 미국 벤처캐피털업체 CMGI, 항공사 아메리칸 에어라인, 인터넷서비스 제공업체 PSI넷, HP에 인수된 컴퓨터업체 컴팩 등이 그 대표적 사례다. 회사 이름을 딴 경기장을 둔 모든 업체가 모두 경영실패로 이어지는 것은 아니 지만 이들 업체는 기업 경쟁력 향상보다는 외형 이미지에만 지나치게 주력한 것이 기업 경영실패로 이어진 것이다. 마지막으로, 경쟁업체가 회사 근처로 진입한다. 미국 3대 자동차업체 GM, 크라이슬러, 포드가 본사를 둔 미시간주 디트로이트, 영국 철강업체들이 몰려 있는 셰필드, 미 동부판 실리콘밸리인 '루트(Route) 128'이 들어선 보스턴

등은 당초 같은 지역 에 업체가 자리잡아 상호 경쟁을 통해 기업 생산성 향상을 기대했지만 경쟁업 체의 장점만 벤치마킹한 채 업종의 문제점 해결에는 등한시했다.

〈매일경제, 2005.10.5〉

물 산업

물은 이제 경제재이다. 오늘날 물 관련 비즈니스는 석유보다 부가가치가 더 큰 유망 사업으로 화려하게 변신하고 있다. 물을 다스리는 사업이 그야말로 '황금알을 낳는 거위'로 떠오르고 있다. 세계의 물 부족 현상은 유엔에 따르면 2025년에 전 세계 인구 중 27억 명이 식수 부족 상황을 맞이 하게 되며, 전 세계에서 다섯 나라 중 하나꼴로 심각한 물 부족 사태를 겪게 될 것이라는 암울한 전망도 있다. 수질 오염도 이미 위험 수위를 넘어서 전 세계 11억 명이 안전한 물을 마시지 못하는 실정이다.

이런 이유로 '물 쓰듯' 물을 사용하는 시대는 이제 끝났다. 20세기 전쟁의 대부분이 석유를 얻기 위한 것이었다면 21세기 전쟁은 물을 얻기 위한 게 될 것이다. 물 산업은 말 그대로 물을 찾거나 공급하고 또 사용한 물을 처리하는 것까지를 통틀어 일컫는다. 나아가 물 사업에 필요한 각종 설비 생산과 약품 제조, 기술 개발도 광의의 물 산업으로 분류한다. 따라서 전 세계 물 관련 산업 규모는 연간 약 5~6% 증가하고 있다. LG경제연구원에 따르면 2005년 2500억 달러인 전 세계 물 비즈니스 규모는 올해 3650억 달러, 2012년엔 4950억 달러에 이를 전망이다.

세계 10대 물 기업 가운데 프랑스 베올리아와 독일의 알베에(RWE), 스페인의 아그바(Agbar) 등 9개사가 유럽 국적이다. 가장 큰 베올리아는 우리나라를 비롯해 세계 100개국에 진출해 1억 명 이상에게 '물 서비스'를 펼친 결과 연 15조원 이상의 매출을 올리고 있다. 우리나라은 두산중공업은 바닷물을 민물로 만드는 담수화 플랜트 부문에서 세계 1위 업체로 자리 잡았으나 기술과 시장 점유율 면에서 국내 물 관련 업체들이 갈 길은 멀다.

정부는 2015년까지 물산업 5개년 정책의 실시로 국내 기업 두 곳을 세계 10

대 물 기업으로 육성하여 수출 전략 산업으로 발전시킬 방침이다.

이처럼 기업과 정부가 물 산업에 관심을 기울이는 데는 이유는 기업이 투자를 해 이런 시설을 지어줄 경우 30~50년 동안 수도요금을 걷을 수 있는 권리를 주고 그 기간이 지나면 그 시설을 정부에 맡기지만 그때까지는 경쟁자 없이 돈을 벌 수 있다. 실제로 프랑스의 베올리아라는 회사는 중국 상하이 푸둥 지구의 상수도 시설을 짓고 50년 동안 사업을 할 수 있는 권리를 얻었다.

〈하현옥, 표재용, 중앙일보, 2007.10.31〉

기업 흥망의 법칙

기업은 언제 일어서고 언제 사라지는 걸까. 국세청 자료를 보면, 2017년 개인사업자의 신규 사업자 대비 폐업자 비율은 72.2%. 가게 10곳이 새로 생길 때마다 기존 가게를 포함해 7곳은 문을 닫는다. 2015년 기준 신규 기업의 1년 생존율은 62.7%, 5년 생존율은 27.5%. 창업한 10곳 중 4곳은 1년 안에 창업자금을 소진한 채 없어지고, 5년 후엔 3곳도 남지 않는다.

특별한 일은 아니다. 복잡계 과학의 대부 제프리 웨스트의 '스케일'(김영사)에 따르면, 기업은 '규모의 법칙'에 따라 생장하고 쇠멸한다.

생명과 똑같이 언젠간 성장을 멈추고 죽는다는 말이다. 오래가는 기업은 '원리상' 극히 드물다. "어느 부문이든, 사업목적이 무엇이든 10년 넘게 살아남는 기업은 절반에 불과하다." 미국 상장기업의 반감기는 10.5년. 10년 남짓 만에 절반은 파산, 청산, 인수, 합병 등으로 사라진다. 100년 동안 존속하는 경우는 100만곳 중 45곳이고, 200년 동안 존속할 확률은 10억분의 1 정도다. S&P500 지수에 든 초우량기업도 똑같다. 한 기업이 이 목록에서 사라질 때까지의 예상 기간은 18년이다. 왜 그럴까.

놀랍게도 시장의 역동성에 비해 기업이 혁신적이지 않아서다. 기업은 대부분 정체상태에 머무른다. 막 등장한 청년 시절을 제외하면 '혁신과 착상'보다 '규모'로 승리한다. 기업 수백만 곳을 분석한 결과, 웨스트는 "기업의 크기가 커지면 연구개발에 할당되는 예산비율이 체계적으로 줄어든다"는 사실을 밝혀낸다. 성공이 보장되지 않는 모험엔 투자하지 않고 잘 팔린다고 검증된 제품을 고수하고 관리하는 데 돈을 더 쓰는 것이다. 관료적 계획주의가 도전을 억누르고 시도를 목 졸라 비용과 수익의 임계점에서 수지가 늘 균형을 이룬다. 이유는 생존, 즉 규모를 유지하기 위해서다. 최초로 디지털카메라를 개발하고도 당장의 수익 감소를 우려해 필름 판매를 고집한 코닥이 좋은 예다.

여기까지 이른 기업은 대부분 구할 수 없다. 이미 늦었다. '창조적 파괴' 대신 '잔혹한 갑질'이나 '정부 지원' 등으로 버텨도 소용없다. 시장의 창발성은 관리되지 않는다. 변화에 맞추어 혁신의 심장을 돌리지 못하는 기업은 결국 '죽음의 입맞춤'을 받는다.

소멸 자체를 슬퍼할 필요도 없다. 혁신 없는 기업의 쇠망이 경제의 중요 본질인 까닭이다. 변화는 늙은 기업을 파괴하는 쪽으로 반드시 일어난다. 그저 우리가 할 일은 '회사가 사라질 때 고통을 겪는 사람들'이 인간다운 삶을 잃지 않도록 사회안전망을 갖추는 일뿐이다.

〈장은수, 매일경제, 2018.09.01〉

기업 U턴 대책이 공허하게 들리는 이유

해외에 진출한 기업을 국내로 다시 불러들이기 위해 정부가 29일 '유턴기업 종합지원대책'을 발표했지만 효과는 의문이다. 세금 감면이나 보조금 지급 등 다양한 혜택을 나열했지만 정부의 친노동 정책과 노동계의 불법·폭력 투쟁이 계속되는 한 기업들이 돌아오려 하지 않을 것이기 때문이다.

정부는 이날 국정현안점검조정회의에서 외국에 진출한 기업이 국내로 돌아올 때 법인·소득세 감면, 고용보조금 지원, 산업단지 입주 우선 등의 혜택을 주는 대상 기업을 크게 늘리기로 했다. 예를 들어 그동안에는 해외 사업장을 50% 이상 축소하고 돌아와야 했으나 앞으로는 25%만 축소해도 유턴기업으로 인정해 지원하고 대기업 또는 지식서비스 업종으로도 지원 대상을 넓히기로 했다.

국내에 심각한 고용 한파가 몰아치고 있는 가운데 우리 기업들이 외국에 나가 채용한 직원은 2015년 160만명으로 10년 사이 100만명 이상 늘어났다. 정부가 이들 기업을 다시 불러들이기 위해 지원을 확대하고 절차를 간소화하는 것은 환영할 만한 일이지만 문제의 본질은 그대로 놔둔 채 변죽만 울려선 효과

를 거두기 힘들다. 정부가 2013년 '해외 진출 기업 국내 복귀 지원법'을 제정하고 여러 가지 지원 대책을 내놓았음에도 유턴기업이 아직까지 51개에 불과한 근본 이유를 직시해야 한다. 이낙연 국무총리는 이날 "기업들이 국내로 돌아오게 하려면 해외를 능가할 매력을 드려야 한다"고 했는데 바로 그것이다. 미국이 2010년 '제조업 증강법'을 제정하고 시행 중인 리쇼어링(Re-shoring)은 성공적인 기업 유턴 정책으로 평가받는다. 공장 이전 비용 지원과 같은 요인도 있지만 근본적으로는 해외 완제품에 관세를 높여 자국 내 제조업의 경쟁력을 높이고 법인세율을 35%에서 21%까지 파격적으로 낮춰 기업하기 좋은 환경을 만든 결과다.

민간 주도 산업 생태계를 만드는 것이 무엇보다 중요하다는 뜻이다. 해외에 사업장을 둔 제조업체 150곳을 한국경제연구원이 조사해보니 국내 복귀를 고려 중인 기업은 2곳에 불과했다고 한다. 시장 개척을 위해 해외에 남으려는 기업이 다수를 차지하지만 고임금과 노동 시장 경직성 탓에 국내 복귀를 꺼리는 기업도 적지 않다. 일자리를 되살리려면 노동 시장 개혁과 규제 혁파는 비켜갈 수 없는 길이란 사실을 직시해야 한다.

〈매일경제, 2018.11.30〉

'1+1' 금지

편의점이나 마트에 가면 1개를 사면 1개는 덤으로 주는 원플러스원(1+1) 상품을 흔히 접한다. 미국에서는 이를 'Buy one, Get one free'라고 한다. 전혀 구매 욕구가 없던 상품이라도 '1+1' 할인 행사 앞에서는 어느새 마음이 흔들리기 시작한다.

'1+1'의 강렬한 유혹에 못 이겨 충동 구매한 상품 중 상당수는 처치 곤란으로 남기 일쑤다. 무엇보다 식품류는 냉장고에 자리만 차지하고 있다가 상해서 버리는 경우가 종종 생긴다. 한 개 가격에 두 개를 샀으니 얼핏 이익 같지만 불요불급한 물건을 사들이면 개인은 물론이고 사회적으로도 낭비가 된다. 최근 프랑스 정부에서 '1+1' 마케팅에 규제의 칼을 겨눈 까닭이다.

그 계기는 이른바 '누텔라 폭동'에서 촉발됐다. 누텔라는 버터처럼 빵에 발라 먹는 초코 헤이즐넛 잼의 유명 상표. 달콤하고 중독성이 강해 '악마의 잼'으로 불린다. 얼마 전 프랑스의 대형 슈퍼마켓 체인 앵테르마르셰에서 이 제품에 대해 기존 가격(4.50유로)의 70%를 깎아주는 특별 할인 판매를 실시했다. 그 소식에 흥분한 소비자들이 전국 매장에 구름 떼처럼 들이닥쳤다. 한 병이라도 더 사기 위한 쟁탈전 와중에 머리끄덩이를 잡히는 것은 물론이고 주먹다짐과 몸싸움이 벌어졌다. 재무부는 화들짝 놀라며 공정거래법 위배 여부를 따지겠다고 나섰고, 농업식품부는 '1+1' 금지 카드를 꺼내들었다.

지난달 31일 프랑스 정부가 제출한 법안에는 식료품의 경우 최대 34% 이상 할인 판매를 할 수 없도록 하는 규정이 담겼다. 50%가 할인되는 '1+1'을 원천적으로 봉쇄한 것. 가격 할인 경쟁에서 농가 수입도 보호하고, 음식물 쓰레기를 줄이는 데도 도움이 될 것이란 판단에서다. 지난해 '대세 방송인'으로 등극한 김생민은 어리석은 소비를 꾸짖을 때 '스튜핏'을, 올바른 소비에 대해서는 '그뤠잇'을 외치며 합리적 소비 습관을 강조하는 새 트렌드를 만들어냈다. 쓸모와 상관없이 '1+1'이니까 '안 사면 손해'란 생각이 든다면 김생민 어록 중 하나를 떠올려 봐도 좋겠다. "안 사면 100% 할인."

〈동아일보, 2018.02.02.〉

시애틀 경제 기적의 교훈

'시애틀을 떠나는 마지막 사람은 전등을 꺼주세요.'

1971년 4월 미국 시애틀의 시택국제공항 부근에 세워진 옥외광고판 내용이다. 지역 경제 기반이 무너지고 주민들이 일자리를 찾아 다른 지역으로 떠나는 상황을 과장한 광고다. 시애틀이 유령도시로 전락하는 모습을 떠올리게 한다. 두 명의 부동산 중개인이 아이디어를 내고 광고비를 댔다. 방문객들이 광고를 보고 시애틀이 텅 비어간다고 생각했다가 시내에 들어가서는 "멀쩡하네"라며 깜짝 놀라는 반응을 보일 것을 기대하고 만들었다. 극단적인 과장을 통한 반전 효과를 노렸다. 그러나 이런 의도를 이해하지 못한 지역 사회의 거센 반발 때문에 보름만에 광고를 내려야 했다.당시 시애틀 분위기는 매우 암울했다. 이 지역 최대 기업인 보잉의 잇단 감원 조치로 직원수가 10만6000명에서 4만명으로 2년만에 6만여명이나 줄어든 타격이 컸다. 더욱이 1만명 이상 추가 감원이 예고돼 있었다. 또 다른 주력 산업인 목재산업도 사양화 추세가 뚜렷했다. 상당한

진실을 담고 있기에 광고를 보는 주민들 마음이 더 불편했을 것이다.

영국 이코노미스트지(誌)는 시애틀을 가리켜 '절망의 도시'라고 했다. 미국에서 중고차나 중고 가전제품 등을 가장 싸게 살 수 있는 곳이라고 했다. 주민들이 식품을 구입하고 월세를 내기 위해 팔 수 있는 모든 것을 팔고 있다고 했다. 도시 전체를 거대한 전당포에 비유했다.하지만 시애틀은 오늘날 미국에서 가장 잘나가는 도시중 하나다. 실리콘밸리와 함께 미국을 대표하는 혁신 거점으로 탈바꿈했다. 1970년대엔 상상할 수도 없었던 기적 같은 변화다. 그 출발점은 1979년 1월1일이었다. '마이크로소프트(MS)'라는 이름의 작은 기업이 이날 시애틀로 이전했다. 그 때는 아무도 인식하지 못했지만 거대한 도약의 첫걸음이었다.

빌 게이츠와 폴 앨런이 1975년 MS를 창업한 곳은 뉴멕시코주의 앨버커키였다. MS의 첫 고객인 MITS가 그곳에 있었기 때문이다. 전자계산기 제조업체였던 MITS는 인텔 8080칩을 채택한 세계 최초의 PC '알테어 8800'을 개발했다. 게이츠와 앨런은 이 컴퓨터를 쉽게 사용할 수 있도록 하는 프로그래밍 언어 '알테어 베이식'을 개발하고 MS를 창업했다.

MS는 순탄하게 성장해 1978년 매출 100만 달러를 넘어섰다. 직원은 13명으로 늘었다. 그런데 갑자기 회사를 이전하기로 했다. MITS에 대한 종속에서 벗어나 고객 기반을 넓히기 위해서였다. 하지만 굳이 앨버커키를 떠나야 할 이유는 없었다. 단지 두 창업자가 고향으로 돌아가고 싶었기 때문에 시애틀에 새 둥지를 틀었다.

이후 IBM이 PC 기본 운영체제로 MS-DOS를 채택하면서 MS는 폭발적인 성장을 했다. 한때 전세계 PC 운영체제의 90% 이상을 차지할 정도로 독보적 지위를 구축했다. 그 영향으로 시애틀에 실력있는 인재들이 모여 들었고, 벤처 투자를 비롯한 창업 지원 서비스가 발달했다. 세계 최고 수준의 소프트웨어 산업 생태계가 형성됐다.

1994년에는 시애틀 역사에서 또 하나의 기념비적인 사건이 일어났다. 제프 베이조스의 아마존 창업이다. 공교롭게도 베이조스는 앨버커키에서 태어났다. 그가 고향이 아닌 시애틀을 선택한 이유는 자금·기술·인재 등 전자상거래 사업을 시작하는 데 필요한 인프라가 잘 조성돼 있었기 때문이다. 결국 MS가 아마존이라는 또 다른 IT공룡의 탄생을 이끌어낸 것이다.

MS와 아마존의 시애틀 본사에서 일하는 직원은 합쳐서 6만명 정도 된다. 대부분 고임금을 받는 첨단기술 인력이다. 여기에 더해 두 회사는 시애틀 지역에서 30만개 가까운 서비스 일자리를 추가로 창출했다.

MS와 시애틀은 기업이 도시의 운명을 얼마나 크게 바꿔놓을 수 있는지를 보여주는 가장 극적인 사례다. 이 정도는 아니더라도 도시 재생에서 기업이 핵심적인 역할을 한 경우가 적지 않다. 미국 최대 모기지 대출업체인 퀴큰 론스(Quicken Loans)와 디트로이트도 그런 케이스다.

퀴큰 론스 창업자인 댄 길버트 회장은 지난 2010년 고향을 살리기 위해 본사를 디트로이트 시청 부근으로 옮겼다. 당시 디트로이트 도심 지역은 슬럼가에 가까웠다. 낡고 텅 빈 건물이 즐비했고, 각종 범죄가 기승을 부렸다. 대낮에도 음습하고 위험한 분위기가 감돌았다. 이런 곳으로 본사를 옮기는 것은 큰 모험이었다.

길버트 회장은 여기서 더 나가 부동산 개발회사인 베드록을 설립해, 도심 빌딩에 투자했다. 수십억 달러를 들여 100개 이상의 빈 건물을 인수하고 개발했다. 도심 본사 직원수는 당초 1700명에서 1만7000명으로 늘어났다. 여기에 자극받아 다른 기업들의 투자도 살아났다. 범죄도시, 파산도시였던 디트로이트가 이제는 도심 재생의 성공사례로 꼽히고 있다.

시애틀과 디트로이트는 특정 기업의 선도적 역할과 함께 기업 생태계 조성의 중요성을 보여준다. 한국의 혁신도시 정책이 기대에 미치지 못하는 이유가 여기에 있다. 민간 기업의 역할이 없다는 것이다. 공공기관과 공기업 이전을 통한 관(官) 주도 개발의 한계라고 할 수 있다.

정부는 공공기관 이전이 민간 기업을 끌어들이는 '마중물' 역할을 할 수 있다고 주장한다. 하지만 10년 넘도록 마중물 효과가 나타나지 않는 상황에서 무엇을 더 기대할 수 있을지 의문이다. 이런 상황에서 정부는 또다시 '혁신도시 시즌 2'를 추진하고 있다. 공공기관 이전을 더 확대하겠다고 했다.

근본적인 정책 재검토가 없이는 '혁신도시 시즌 1'의 실패와 낭비를 되풀이할 위험이 크다. 무엇보다 경제를 살리고 혁신하는 주체가 누구인지를 분명히 인식할 필요가 있다. 거기에 맞춰 혁신도시에 대한 접근법을 완전히 바꿔야 한다. 시애틀의 경제 기적에서 지역 경제 활성화와 도시 재생의 교훈을 배워야 한다.

〈조선비즈, 2018.10.23.〉

"인력 부족" 일본 중소기업 올 400곳 폐업 전망

돈이 없어서가 아니라, 일할 사람이 없어 폐업하는 기업이 일본에서 속출하고 있다. 저출산·고령화가 심화한 일본 산업계의 새로운 풍속도다. 아베노믹스에 따른 호황에도 불구, 인력 부족에 따른 인건비 상승이 영세·중소기업들이 발목을 잡고 있는 것이다.

15일 산케이(産經)신문에 따르면 올해 1~9월 인력 부족을 이유로 도산한 일본 기업은 299곳에 달했다. 이러한 추세라면 이달 중 지난해 수준(317곳)을 넘어설 것으로 보인다. 2013년부터 시작한 이 조사는 2015년 340곳으로 최대치를 기록했으나 올해 400곳 안팎에 이를 것으로 전망되면서 기록을 경신할 전망이다. 도산에 따른 기업의 부채총액도 이미 9월 현재 417억엔(약 4,228억원)에 달해 연말에는 550억엔(약 5,576억원) 수준을 넘어설 것으로 추산됐다.

도산 이유로는 "종업원을 구할 수 없다", "인건비가 급등해 감당하기 어렵다"는 게 대다수였다. 태양광 발전시스템을 설계하는 진테크니컬은 "공사 수요는 증가했지만 인력 부족으로 더 이상 대응할 수 없어 포기했다"고 밝혔고, 세이콘포운수는 "운전기사 부족을 배경으로 한 인건비 상승 부담이 컸다"고 밝혔다.

도산한 기업은 자본금 1,000만엔(약 1억134만원) 미만의 영세기업이 55.8%, 자본금 1,000만엔~1억엔(약 10억1,391만원) 미만 중소기업이 43.8%를 차지했다. 부족한 인력을 대체할 자동화 설비투자가 어려운 영세 기업들이 직격탄을 맞은 것이다. 이들 기업 중 일부는 종업원을 붙잡아 두려고 무리하게 임금을 인상하다가 운전자금 융통에 어려움도 겪은 것으로 알려졌다.

지난달 일본 총무성 통계에 따르면 일본의 총 인구는 1억2,642만명으로 이 중 생산가능인구(15~64세)는 7,543명(59.7%)이었다. 이는 해당 조사 이후 처음으로 60% 아래로 떨어진 것이다. 생산가능인구는 1994년 총 인구의 64.95%를 기록한 이후 계속 감소하면서 사회문제화하고 있다. 반면 일본 내 외국인 근로자는 지난해 약 128만명으로 국내 노동력 인구 감소와 맞물려 최근 5년간 거의 두 배 증가했다.

일본 정부는 내년 봄 외국인 노동자에 대한 새로운 체류자격을 도입, 숙련기능인력에 대해선 가족을 포함한 영주를 허용할 방침이다. 인력 부족에 허덕이는 기업 입장에선 한숨을 돌릴 수 있지만 외국인 근로자 증가는 비정규직 등 국내 근로자에 대한 임금상승 억제요인으로 작용할 수 있다는 지적이 나온다.

또 노동집약형 영세기업이 외국인 노동력에 의존해 생존할 경우 생산성 향상이나 장기적인 일본 경제에 활력이 되기도 어렵다는 우려가 적지 않다.

〈한국일보, 2018.10.17〉

시 장

제 5 장
시　장

모든 경제활동은 시장을 통하여 이루어진다. 시장이란 생산물과 생산요소가 교환되고 거래되는 곳으로 구매자와 판매자들의 집합체이며 재화에 대한 가격이 정해진다.

1 완전경쟁시장

1) 완전경쟁시장이란?

완전경쟁 시장이란 현실에서 찾아보기 힘든 비현실적인 시장유형이지만, 기업행동을 연구하는 가장 중요한 시장모형의 기초로 다음과 같은 조건에 부합되어야 한다.

첫째, 동질적인 생산물이어야 한다. 경쟁적 시장에서 한 판매자의 생산물이 다른 모든 판매자의 생산물과 동일해야 하며, 구매자가 어떤 기업에서 구입하든

상품간에 차별이 없어야 한다.

둘째, 무수의 판매자와 구매자가 존재해야 한다. 따라서 어느 한 기업이나 구매자는 전체시장에 영향을 줄 수 없다.

셋째, 자원의 완전이동이다. 신기업 혹은 신자본이 자유롭게 특정산업에 진입하거나 탈퇴할 수 있어야 한다. 따라서 어떤 산업부문에서 특히 이윤이 많이 난다고 하면 그 산업부문으로 노동과 자본은 몰려들어 이윤이 평준화 될 때까지 공급은 증대될 것이다.

마지막으로 시장에 대한 완전한 정보가 있어야 한다. 일물일가의 법칙에 따라 일부 판매자가 다른 판매자보다 높은 가격을 호가하면 그것을 아는 구매자들은 보다 싸게 가격을 부르는 판매자에게로 갈 것이므로 판매자들이 자신의 상품을 팔려면 부득이 가격을 내려야 할 것이다. 그러므로 시장에서 같은 상품에 대하여 성립하는 가격은 하나의 수준으로 수렴되게 마련이다.

이러한 완전경쟁시장은 농업시장을 예로 들 수 있는데, 농업시장은 수많은 농부들이 농산물을 생산하며 이를 무수히 많은 소비자들이 구매하므로 어떤 한 농부나 소비자가 농산물의 가격에 커다란 영향을 미칠 수 없다.

2 독점적 경쟁

독점적 경쟁은 독점적 요소와 경쟁적 요소가 동시에 존재하는 시장으로 시장에 다수의 소비자와 판매자가 존재한다. 따라서 시장에서 기업들의 진입과 퇴출이 자유롭고, 기업들이 공급하는 재화는 대체재이나 차별화되어 있다. 그리고 기업들간에 다소의 상호의존성이 존재하며, 광고활동이 행해진다. 예를 들면 레스토랑, 학교 앞의 분식점과 같은 것을 들 수 있다.

3 과 점

1) 복 · 과점

현실 세계에서 과점은 가장 흔히 볼 수 있는 시장 형태로서, 주로 제조업분야의 시멘트산업, 가전제품과 자동차산업 등을 들 수 있다. 복점이나 과점은 기업들간의 상호의존성이 커서 경쟁기업들이 자신의 가격과 매출량의 변화에 대한 여타 기업들의 반응을 항상 염두에 두고 있다. 특히 과점은 반드시 소수의 기업이 존재할 필요는 없으며, 많은 기업들이 존재하되 그 중에서 2~3개의 기업들의 시장점유율이 산업전체의 수요를 지배하고 있는 시장이다. 현실 세계에서 소수의 기업들이 시장전체의 수요를 충당하고 있는 과점은 높은 고정비용, 높은 위험과 불확실성, 기술장벽 및 정부의 제약(정부에 의해 발생된 특허권, 규제 및 법률 등과 같은 요인) 등에 의해 타기업의 시장진입이 어렵다.

메기효과

미꾸라지 양식업자들이 건강하고 싱싱한 미꾸라지를 얻기 위해 즐겨 사용하는 방법중 하나가 양식장에 메기 몇 마리를 풀어놓는 것이라 한다. 미꾸라지의 천적인 메기 몇마리를 양식장에 넣어놓으면 일부 부실한 녀석은 잡아먹히겠지만 대부분 미꾸라지들이 살아남기 위해 열심히 움직이게 돼 메기가 없는 양식장보다 훨씬 크고 튼튼한 미꾸라지를 얻을 수 있다는 것이다. 중국산 미꾸라지를 수입해올 때 역시 수조에 메기를 한 마리 넣어두면 도착할 때까지 미꾸라지가 생기를 잃지 않는다고 하니, '천적'메기가 역설적으로 '보약'으로 작용하는 셈이다. 외환위기 이후 국내 자본시장 개방이 확대되면서 외국자본이 국내에 많이 들어오면 외국인 손에 넘어가는 일부 기업도 있겠지만 전체적으로 국내 기업들의 경영 효율성과 투명성 등을 높이는 효과를 가져오리라는 것이다. 그런데 최근 KT&G에 대한 칼아이칸의 적대적 인수합병(M&A) 위협을 계기로 '역(逆) 메기효과'를 우려하는 목소리가 높아지는 것같다. '메기효과'를 기대하고 유유자적하다가, 나중에 미꾸라지를 비싼 값에 내다팔려고 살펴보니 쓸만한 미꾸라지는 죄다 잡아먹히고 메기들만 우글거리는 결과가 되는 게 아니냐는 걱

정인 셈이다.

〈김병직, 문화일보, 2006.3.9〉

2) 순수과점

순수과점시장은 시장수요의 대부분을 몇 개 기업이 공급하는 시장으로 가격결정은 기업들간에 가격인하 경쟁이 없다는 묵시적인 전제하에 독자적으로 설정하거나 시장을 지배하는 특정과점기업이 독자적으로 자신의 가격수준을 다른 과점기업들에게 공표하고 다른 과점기업들이 이를 추종하는 형태를 지닌다. 반면에 공식적으로 또는 비공식적으로 기업들이 높은 가격을 매기는 담합은 대부분의 국가에서 불법으로 간주된다. 담합이 공식적으로 행해질 때 카르텔이라 하며, 기업들간 갈등의 소지가 많아 와해되기가 쉽다.

3) 제품차별 과점

차별화된 과점시장은 소수의 시장점유율이 높은 기업들, 높은 진입 장벽, 기업상호간에 강력한 상호의존성, 차별화된 제품, 치열한 광고전쟁 등이 이루어지는 시장이다. 따라서 차별화된 과점시장에서는 소비자들이 거의 무관심할 수 없는 정도의 가격 차이를 두기도 하며, 주로 비가격경쟁을 사용한다. 또한 타기업의 진입에 대한 인위적인 장벽을 설치한다. 그러므로 차별화된 과점시장에서 기업들은 시장점유율을 높이기 위해 다음과 같은 전략을 활용한다. 첫째, 판매촉진 전략이다. 판매촉진 전략이란 비가격경쟁의 대표적인 예로서 과점기업들이 경쟁기업의 시장점유율을 잠식하기 위하여 소비자들에게 각종 경품을 증정한다든가 상품의 디자인을 변경한다든지 하여 소비자들의 수요를 자신의 기업의 제품으로 유도하는 것이다. 둘째, 광고이다. 광고는 비가격경쟁의 또 다른 유형으로서 막대한 광고를 하여 기업의 이미지를 부각시키거나 제품의 구매욕을 창출한다. 동시에 막대한 광고비용의 존재로 인하여 자신의 산업에 진출할 잠재 가능성이 있는 잠재기업으로 하여금 진입의 장벽을 갖게 하기 위하여 흔히 사용된다. 그러므로 광고는 소비자들에게는 구매욕구의 창출이라는 효과를 갖지만 잠재적으로 진입 가능성이 있는 기업들에 대한 인위적인 장벽의 역할을 한다. 끝으로 가격제한이다. 가격제한이란 잠재적으로 진입가능성이 있는 잠재기업들의 진입 가능성을 저지하기 위하여 자신의 제품의 가격을 이윤극대화 수준에 놓는 것이 아니라 초과이윤을 부분적으로 희생하는 수준에서 결정하는 것이다.

넛지

사소해 보이거나 별 것 아닌 것처럼 보이지만, 단순한 선택 하나로 판이하게 상황을 변화시키는 것을 '넛지(Nudge)'라고 한다. 넛지(Nudge)의 예는 우리의 생활 속에 조용히 그리고 무수히 침투해 있다. 한 공항 화장실 소변기의 파리 스티커가 변기를 청결하게 유지하는 데 지대한 공헌을 한다거나, 여론 조사 시에 질문을 어떻게 구성하느냐에 따라 결과가 판이하게 달라질 수도 있고, 편의점의 상품 배열에 따라 매출이 크게 달라지기도 한다.

4 독 점

독점이란 특정 산업내에서 상품을 공급하는 기업이 하나밖에 없는 경우로 다음 같이 몇 가지 특징을 갖는다. 첫째, 재화의 유일한 판매자이다. 둘째, 밀접한 대체재가 없다. 셋째, 산업내로의 기업의 진입을 불허한다. 독점은 원재료의 공급원을 지배함으로써 경쟁자의 출현을 막기도 하고 특허권을 이용하여 유사품의 출현을 규제하기도 한다. 독점은 자원의 배분의 왜곡으로 사회전체의 효율성을 감소시킴에도 불구하고 규모의 경제 때문에 자연적으로 발생한다. 또한 특허권이나 운송비 때문에 독점이 발생하는 경우도 마찬가지이다. 타지역의 생산자가 이러한 독점시장에 침투하고자 하더라도 수송비가 많이 들어서 충분히 경쟁할 수 없기 때문에 독점이 자연적으로 발생할 수 있다.

가격차별의 경우 기업이 동일한 제품에 대하여 지역적으로 또는 부분적으로 상이한 가격탄력성을 갖는 시장에 상이한 가격으로 공급하는 것으로, 예를 들면

전력, 가스, 수돗물 등의 경우 사용량에 따라 가격이 차별화되어 있으며 서로 다른 수요를 갖고 있는 각 그룹의 소비자에게 다른 가격을 책정하는 경우인 항공요금, 학생할인요금, 냉동식품과 냉장식품차이 등이다.

레몬 시장(Market For Lemon)

레몬 시장은 비대칭 정보로 인해 역선택이 일어나는 시장이다. gms히 회를 먹을 때, 레몬(Lemon)을 준비한다. 레몬 조각을 짜서 회에 넣거나, 간장 그리고 와사비와 함께 버무리면 상큼한 맛을 낼 수 있기 때문이다. 그런데 서양에서는 레몬이 인기가 별로 없다고 한다. 그것은 생선회라는 음식문화가 발달되지 못했으며, 오렌지라는 걸출한 과일이 있었기 때문이다. 또한 가시가 있고 열매의 모양도 예쁘지 않다. 오로지 독특한 향, 그것이 레몬의 존재 이유였다. 그래서 서구에서 레몬이란 주로 '저질 상품'을 의미하는 것으로 쓰인다고 한다.

레몬 시장이란 무엇일까? 흔히 중고차를 팔려는 사람은 높은 가격을 받길 원한다. 그래서 가격을 떨어뜨릴 만한 정보를 숨기고 싶어한다. 그리고 좋은 차는 중고차 시장에서 매매하기 보다는 계속 더 타거나, 주위의 사람들에게 팔려고 한다. 그러나 중고차를 사려는 사람은 종종 결함이 있는 차를 모르고 사게 되는 낭패를 겪게 된다. 그 결과 중고차 가격이 적정 가격보다 거품이 있다고 느끼게 되고 항상 가격을 절충하려는 노력을 하게 된다. 그러나 판매자는 차에 대한 정확한 정보를 알려 주지 않기 때문에 항상 구매자는 정보에 허덕이게 되고, 그 결과 손해를 보는 일이 다반사가 된다. 단기적으로는 정보면에서 우위에 있는 판매자가 이익을 누리게 되나, 중장기적으로는 구매자가 판매자의 기회주의적 행동을 간파함으로써 매매에 응하지 않게 만든다. 그 결과 중고차 가격이 적정 수준을 찾기 보다는 좋은 차가 매물에서 사라지게 된다. 즉 맛있는 '오렌지'는 자취를 감추고, 시고 모양도 덜 예쁜 '레몬'만이 진열장을 가득 메우게 되는 "레몬 시장화"가 진행되는 것이다. 이런 경우 시장의 기능은 마비되고, 심지어는 사기 사건까지 일어날 수 있다.

정보 비대칭성과 도덕적 해이(Moral Hazard)로 인해 레몬 시장화가 진행되고 있는 보험 시장에서는 대개 건강한 사람은 보험에 들려 하지 않고 아픈 사람은 보험에 가입하려 한다. 그러나 보험 회사는 그 반대로 영업을 한다. 그 결과 아픈 사람들만이 보험 시장에서 존재하는 레몬 시장이 되는 것이다. 레몬 시장은 단기적으로 일부 거래 당사자가 이익을 취할 수 있게 만들지만 중장기적으로는 서로의 신뢰를 붕괴시킴으로써 시장 기능을 마비시키기 때문에 큰 문제가 된다. 그러므로 레몬 시장화를 방지하기 위해 다양한 정보 채널의 확대를 통해 정보의 불균형을 해소해야 한다. 또한 거래 참여자 서로가 윈윈(Win-Win)할 수 있도록 신뢰를 회복할 수 있는 제도적 장치가 필요하다.

*** 레몬법**

조지 애컬로프 미국 버클리 캘리포니아대 교수는 1970년 '레몬 시장' 논문에서 중고차 시장에 나온 불량차를 레몬에 비유했다. 겉보기엔 번지르르하지만 맛은 시큼하다는 의미에서다. 상품 정보를 많이 가진 판매자가 정비는 대충 하고 광택만 잔뜩 내서 내놔도 소비자는 잘 모르고 사기 일쑤다. 이런 '정보의 비대칭' 탓에 나쁜 차만 비싸게 팔리면 결국 중고차 시장은 축소될 수밖에 없다. 정보가 경제적 선택에 끼치는 영향을 규명한 그는 2001년 노벨경제학상을 받으며 정보경제학이라는 새로운 분야를 개척했다.

미국에선 새 차도 고장이 잦으면 레몬카라고 한다. 1975년 제정된 레몬법(매그너슨-모스 보증법)은 전자제품은 물론이고 자동차가 동일한 하자로 두 번 이상 수리하는 결함이 발생하면 교환 및 환불하게 강제했다. 업계는 반발했지만 자동차 업체 간의 경쟁을 촉진해 성능이 향상됐다는 평가를 받았다. 유럽연합은 1999년, 중국에서도 2013년 삼포(三包)법이라는 이름으로 도입돼 소비자 권익을 향상시켰다.

수입차 점유율 20%를 눈앞에 둔 한국은 전 세계 브랜드의 치열한 격전장. 하지만 소비자는 그만큼 대우받지 못했다. 오죽하면 품질에 불만을 품은 소비자가 2억 원이 넘는 벤츠 자동차를 골프채로 부순 동영상을 올리며 업체 망신 주기에 나섰을까. 2011년부터 '한국판 레몬법'의 필요성은 제기됐지만 자동차 업계의 반대로 무산되다 지난해 9월 간신히 국회를 통과했다. 시행령을 확정한 국토교통부는 내년 1월부터 한국에서도 결함이 있는 신차의 교환·환불이 가능하다고 지난달 말 입법예고했다.

경제학자들은 정보 격차가 나는 상황에서 올바른 선택을 하려면 '시장 신호'를 제대로 읽어야 한다고 조언한다. 하지만 최근 유독 한국에서 잇따라 화재가 발생하는 BMW 자동차를 보면 이런 조언이 항상 통하는 것 같지 않다. 독일 명차(名車) 브랜드라는 시장 신호에 끌려 구매한 자동차가 알고 보니 레몬이라니. 레몬법이 내년에야 도입되는 바람에 한국 소비자를 유독 '봉'으로 보는 수

입차 업체에 대응할 방법이 많지 않다는 것이 안타깝다.

〈허원무, LG주간경제, 678호, 2002.6. 5.. 동아일보, 2018.08.02.〉

애프터 마켓(Aftermarket)

제품이 판매된 후에 발생하는 여러 가지 수요를 충족시키기 위해 형성된 2차 시장을 총칭하여 애프터 마켓(After－market)이라 부른다. 가전제품의 애프터서비스, 자동차의 정비, 수리, 가옥의 보수 관리, 디지털 인화 서비스 등이 이에 해당된다. 미국에서는 이미 70년대 이후부터 하나의 산업 분야로 자리잡았지만, 한국에서는 최근 대기업들이 온라인 중고차 시장, 텔레메틱스 시장 등 자동차 관련 애프터 마켓에 진출하면서 주목을 받고 있다.

첫째, 막대한 시장규모 때문이다. 차량을 한 대 파는 것보다 이를 관리하는 애프터 마켓의 수익 규모가 2.5~5배에 이른다. 대표적인 자동차 관련 애프터 마켓인 텔레메틱스 시장은 2003년 약 1,300억원 규모로 추정되며, 2010년에는 7조원의 시장을 형성할 것으로 예상되고 있다. 이러한 사실은 왜 국내 대기업이 자동차 애프터 마켓에 경쟁적으로 진출하는 지 설명해 준다. LG정유와 야후가 공동으로 설립한 온라인 중고차 시장인 '얄개닷컴', SK의 자동차 정비사업인 '스피드 메이트' 등이 그 대표적인 예이다.

둘째, 브랜드에 대한 로열티를 높일 수 있다. 최근 한 시장조사기관의 조사에 의하면 중국 소비자들이 가전제품을 선택할 때, 가장 먼저 고려하는 기준은 애프터 서비스를 제대로 받을 수 있는지의 여부이다. 1차 제품과 밀접한 관련성을 가지면서 고객과의 접점에 있는 애프터 서비스의 특성상, 서비스에 대한 만족은 1차 제품에 대한 브랜드 로열티까지도 증가시킬 수 있다. 가전업체들이 서비스 가맹점의 교육을 철저히 시키고 있는 것도 바로 이런 이유이다.

셋째, 상대적으로 시장 개척이 용이하다. 애프터 마켓은 대개 1차 제품시장과 유사한 성장 곡선을 그리게 된다. 이는 1차 제품의 시장이 어느 정도 형성되었다면 애프터 마켓 역시 유사한 규모로 빠르게 성장할 수 있다는 것을 의미한다. 게다가 1차 제품시장에서 시장 점유율을 충분히 확보한 기업이라면 애프터 마켓 진출 시, 2차 제품을 자사의 브랜드에 특화시킴으로써 1차 제품의 시장점유율을 고스란히 이어 받을 수도 있다. 프린터 제조업체들이 잉크 카트리지 시장으로 다각화하는 것이 바로 그러한 예이다.

그런데 이러한 애프터 마켓의 매력도는 동시에 위험 요소로 작용할 수 있다. 예를 들어, 애프터 서비스의 불만은 그대로 제품에 대한 신뢰도를 추락시키면서 브랜드 로열티를 약화시킬 수 있다. 또한 1차 제품과 동반 성장할 수 있다는 것은 동반 하락할 수 있다는 위험 또한 높다는 것을 의미한다. 만약 2차 제품이 자사 1차 제품에만 특화되어 있다면 그 위험은 더더욱 커진다.

〈형민우, LG주간경제, 761호, 2004.1.7〉

초인종 효과

기업들의 고객 만족 경영은 초인종을 누르고 나서 문이 열릴 때까지 그 짧은 기다림의 시간까지도 주목하고 고객들을 보살피려는 조그마한 노력으로부터 출발한다.

매일 타고 내리는 엘리베이터 안에 현재 자신이 몇 층에 있는지를 알려주는 숫자계기판이 없다면 사람들은 기다림에 매우 초조해할 것이다. 고객 서비스 센터에 전화를 했을 때, 문의한 사항에 대해 몇 분 안에 답변해 줄 것이라는 멘트 한마디 유무에 따라서도 고객들의 느낌은 확연히 달라질 것이다. 이처럼, 기다리는 시간은 제아무리 짧더라도 사람들의 심리 상황에 큰 영향을 미칠 수 있다. 기업 경영에서도 마찬가지다. 기다리는 시간을 어떻게 관리하느냐가 기업의 인지도 및 고객 만족도에 영향을 미치게 된다. 하지만, 놀랍게도 대부분의 기업들은 이 기다림의 시간 동안 고객을 그냥 방치해두곤 한다. 세계 최고의 디자인 기업인 IDEO의 최고경영자이자, 「유쾌한 이노베이션」의 저자인 톰 켈리는 이를 두고 '초인종 효과(Doorbell Effect)'라 일컫는다. 마치 초인종을 누르고 나서 문이 열릴 때까지 혹은 열리지 않을 때까지 기다리는 시간과 비슷하기 때문이다. 문 앞에서 기다리고 있는 사람은 향후 어떤 행동을 취해야 할지 결정이 나지 않은 상태로 불편하게 기다린다. 초인종 효과와 같은 상황은 아무런 정보도 주지 않은 채 고객들을 불편한 상태로 기다리게 하는 서비스 회사에서 많이 발생하곤 한다.

그러나 뱅크오브아메리카(BOA)는 이 초인종 효과에 주목하여 고객 만족도를 끌어올릴 수 있었다. 새로운 고객 서비스 컨셉을 찾아내기 위해 여러 실험

과 탐색을 하던 중에, 기다리는 시간의 관리에 대한 중요한 사실을 발견했다. 은행에서 줄서서 기다리는 시간의 임계치가 3분이며, 그 시간이 지나가면, 고객은 실제 기다린 시간보다 더 오래 기다렸다고 생각하면서 기다림의 수고를 과대평가하게 된다는 것이다. 여기에 고객들이 기다리는 시간에 재미있는 비디오를 틀어주는 등의 노력으로 초인종 효과를 완화할 수 있고, 실제로 고객 만족도 지수에서 단 한가지 사항만 개선해도 고객 1인당 1.4달러의 매출 증가 효과가 있음도 알아냈다.

〈김국태, 주간경제, LG경제연구원, 2007.8.24〉

정보의 비대칭성과 승자의 저주(Winner's Curse)

프로스포츠에서 자유계약선수(Free Agent) 제도란 특정 팀과의 계약이 만료되는 선수가 자신에게 최선의 조건을 제시하는 팀을 선택하여 계약을 체결할 수 있는 제도를 말한다. 이러한 계약방식은 경쟁적 입찰이 가능한 경매시장에서 물건을 거래하는 것과 유사한 방식이다. 즉, FA선수는 자신(능력)을 경매시장에 올려놓고 가장 높은 가격을 제시하는 입찰자(구단)와 계약을 체결하는 것이다.

한편 우리나라의 경우 1999년 프로야구 FA제도가 도입된 이후 동 제도가 활성화되면서 가끔 미디어 등을 통해 "아무개 선수가 거액으로 모 팀과 3년 계약을 체결하여 FA대박을 터뜨렸다"라는 뉴스를 들을 수 있게 되었다. 그런데 아이러니는 이런 거액의 계약을 맺은 선수중 이듬해 리그 시작 후에 자신의 몸값에 걸맞은 활약을 펼친 선수가 많지 않다는 사실이다. 실제로 1999년 FA제도가 시행된 이후 2003년까지 FA 시장에서 34명의 선수에게 지불된 금액은 516억원(1인당 평균 15억원)에 이르고 있으나 이들중 FA 계약후 실질적으로 선수의 성적이 개선된 사람은 단지 2명(5.9%)에 불과한 것으로 나타났다. 다시 말해서 거액의 금액으로 선수와 계약을 체결한 구단일수록 경기력 향상은 기대하지 못하면서 금전적 지출규모만 컸을 뿐임을 의미한다.

이처럼 경매시장에서 승리한 구단이 오히려 실질적으로는 손실을 입게 되는 상황을 "승자의 저주"라고 한다. 이는 물건(또는 서비스)을 팔려는 사람과 구매하려는 사람간에 정보가 비대칭적으로 존재하기 때문에 나타난 문제이다. 예컨대 프로야구 FA를 선언한 선수가 치명적인 부상이나 결함을 가지고 있는 경우 이러한 정보는 입찰에 응한 구단은 알기 어려운 경우가 대부분이다. 따라서 입찰에 응한 구단중 최고가액을 제시하는 구단은 FA선수의 가치를 과대평가할 개연성이 높으며 이로 인해 입찰경쟁에서 승리하였으나 실질적으로는 손실을 보게되는 상황이 발생하는 것이다. 한편 세계적인 뉴욕 소더비 경매장, 런던 크리스티 경매장 등에서 거래되는 유명작가의 그림, 조각 등의 경우에는 해당 물건의 가치에 대해 입찰자도 충분히 정보를 공유하고 있는 경우가 대부분이어서 FA시장에서 나타나는 승자의 저주가 발생할 가능성은 상대적으로 낮다고 할 수 있다.

〈한국은행, 2006.7.7〉

강소기업

독일의 히든챔피언 기업들은 과거 10년간 매출이 4배 늘었고 그 과정에서 100만개 일자리를 만들었다고 한다. '히든챔피언'의 기준은 대중에게 잘 알려지지 않은 기업 중 세계 시장점유율 3위 이내 또는 소속대륙 시장점유율 1위, 매출액 규모 40억달러 이하 등의 요건을 충족하는 글로벌 강소기업이다.

일본의 경우 창업 이래 100여 년간 창의적 기술개발에만 매진한 중소기업 시마즈제작소의 평범한 학사 출신 직원이 2002년 노벨화학상을 수상하는 등 세계적인 강소기업이 많다. 이처럼 세계 톱클래스 강소기업의 끊임 없는 등장과 이들의 지속적 성장은 독일과 일본의 경제발전을 견인한 일등공신이 됐다.

지식경제부에 따르면 우리나라 기업의 세계시장 점유율 1위 품목은 119개라고 한다(2010년 기준). 이 중 대기업 제품은 63개, 중소기업 제품은 56개로 그 숫자가 비슷하다. 이렇게 세계 초일류상품을 개발하는 경쟁력 있는 중소기업을 세계적인 강소기업이라고 할 수 있을 것이다. 정부 수립 이후 우리나라는 빠른 성장을 위해 대기업 위주 경제성장 정책을 펴 왔기 때문에 대기업 경쟁력은 일정 부분 확보됐고 삼성전자, 현대자동차 등은 초일류기업으로 성장했다. 하지만 국내 총생산액의 절반, 고용의 90%를 창출하는 중소기업 대부분은 자금난과 인력부족, 매출부진 등으로 경영난에 시달리고 있다. 이런 가운데 최근 월드클래스의 강소기업이 출현하게 된 것은 다행스러운 일이다.

〈진수형, 매일경제, 2011.11.7〉

왜 소개팅만 나가면 실패할까

왜 소개팅에 성공하지 못하는 것일까? '과일 시장에 살구 장수가 여러 명 있다. 어떤 상인은 맛 좋고 당도도 높은 '참살구'를 파는 반면 또 어떤 상인은 빛만 좋은 '개살구'를 판다. 참살구 장수는 개당 1000원은 받아야 수지가 맞는데 개살구 장수는 500원만 받아도 충분하다. 겉만 봐서 맛을 알 수 없는 손님들은 어떤 살구를 살까. 요즘 들어 물가도 무섭게 오른다는데 값싼 살구에 손이 가는 것은 당연지사. 집에 돌아가 살구맛을 본 사람들은 이내 쓰라린 후회만 곱씹고 만다.'

이 같은 선택을 하게 된 것은 무엇 때문일까? 당연히 살구 맛에 대한 정보가 부족했기 때문이다. 살구 맛이 어떤지 알았더라면 대부분 값을 더 주고라도 참살구를 선택했을 것이다. 이처럼 정보가 부족해 바람직하지 않은 선택을 해야 하는 것을 두고 경제학은 '역선택'에 빠졌다고 말한다.

소개팅은 역선택이 작동하는 대표적인 사례이다. 소개팅에 나오는 상대방은 대개 누군가에게 구애를 덜 받는 덜 매력적인 사람들일 가능성이 크다. 괜찮은 사람들은 벌써 제짝을 찾았거나 주변에서 구애하는 사람이 많아 소개팅을 할 필요성을 못 느끼기 때문이다.

이 같은 상황에서 사전에 맘에 안 드는 상대방이 나올 것이란 사실을 알게 되면 소개팅을 거부하고 실패를 줄일 수 있다. 하지만 이 같은 사실은 알기 어렵고 맘에 안 드는 사람과 소개팅을 하는 역선택에 빠지고 만다. 결국 이 같은 실패의 근본 원인은 정보가 부족한 '불완전 정보'에 있다. 따라서 역선택에서 벗어나기 위해서는 정보 부족을 해소해야 한다. 자신에 대한 정보는 끊임없이 홍보하고(신호 발송), 소개팅 제의가 들어오면 가능한 한 많은 정보를 수집(선별)해 불완전 정보 상태에서 벗어나야 한다.

물론 상대방이 사진을 조작하는 등으로 인해 완전한 실패 방지가 안 될 때도 많다. 이래저래 소개팅에서 역선택을 줄이는 것은 무척 어려운 일이다.

〈박유연, 매일경제, 제이야기.〉

깨진 유리창의 법칙

사회무질서와 관련된 이론 가운데 깨진 유리창 이론(Broken Windows Theory)이 있다. 이 이론은 깨진 유리창 하나를 방치해 두면 그 지점을 중심으로 범죄가 확산되기 시작한다는 이론으로, 사소한 무질서를 방치하면 큰 문제로 이어질 가능성이 높다는 의미를 담고 있다.

이 이론은 1969년 스탠포드 대학의 심리학자 필립 짐바르도 교수에 의해 실행된 매우 흥미 있는 실험을 기반으로 한 이론이다. 짐바르도 교수는 치안이 허술한 골목에 두 대의 자동차를 보닛을 열어놓은 채로 1주일간을 방치해 두었다. 하나는 단지 보닛만 열어 놓고, 다른 하나는 창문을 조금 깬 상태로 놓았다. 두 대의 일주일 동안의 변화를 보면 보닛만 열어둔 자동차는 특별한 변화가 없이 그대로 있었다. 그러나 창문을 조금 깬 자동차는 실험을 시작한지 겨우 10분 만에 배터리가 없어지고 연이어 타이어도 전부 없어졌다. 그리고 계속해서 낙서나 투기, 파괴가 일어났고 1주일 후에는 완전히 고철 상태가 될 정도로 파손되고 말았던 것이다.

이 깨진 유리창의 법칙은 뒤에 뉴욕 시의 치안 대책에도 사용되었다. 라토가스 대학의 겔링 교수는 이 깨진 유리창 이론을 근거로 연간 60만 건 이상의 중범죄가 발생하는 뉴욕의 치안 문제를 해결하기 위하여 뉴욕 지하철에 방치되어 있는 낙서를 지울 것을 제안하였다. 낙서가 방치되어 있는 상황을 창문이 깨져 있는 자동차와 같은 상태라고 생각했기 때문이다.

뉴욕 경찰은 겔링 교수의 제안을 받아들여서 교통업무를 담당하여야 할 경찰이 중심이 되어 낙서지우기를 실시하였다. 처음에는 많은 반발이 있었지만 낙서를 지우기 시작하자 믿기 어려울 정도로 뉴욕 지하철의 범죄가 75%까지 감소하였다고 한다.

거리를 걷다가 쓰레기를 버리려고 주위를 돌아볼 때, 근사한 장식이 위엄을 자랑하는 호텔 정문에는 버릴 엄두가 나지 않는다. 모퉁이를 돌아 어두컴컴하고 후미진 곳에, 그것도 이미 불특정 다수인들이 각종 쓰레기를 버린 곳을 발견하면 그곳에 쓰레기를 미련없이 던져 넣게 된다. 또 방치된 건물에 유리창이 한 장 깨진 채 시간이 지나면 누군가에 의해 나머지 유리창도 모두 깨지는 사건이 발생하기도 한다. 이러한 정황을 범죄심리학에 도입한 것이 소위 '깨진 유리창 이론'이다. 지난 1982년 제임스 윌슨과 조지 켈링은 이같은 이론을 월간지 '아틀란타'에 발표했고 이후 '깨진 유리창 이론'은 범죄심리학 뿐 아니라 사

회학, 정치학, 경영학, 조직학 등에 폭넓게 인용되는 유명세를 타고 있다.

마이클 레빈 교수는 이 깨진 유리창의 법칙을 기업경영과 조직관리에 적용하고 있다. 그는 한명의 불친절한 직원, 진열대에 아무렇게 놓인 하나의 상품, 기업이 지키지 않은 작은 약속이 깨진 작은 유리창처럼 기업의 앞날을 결정할 수 있다고 한다. 식당의 70%가 망하는 이유는 아주 사소한 깨진 유리창과 같은 것에서 발생한다고 한다. 컵에 작은 고춧가루가 붙어있으면 아무리 좋은 요리라도 맛이 없어지기 마련이고, 그 고객은 단골이 되지 않는다.

'깨진 유리창 이론'은 깨진 유리창과 같이 사소한 것을 방치했다가 엄청난 피해로 이어지는 생활 속 경험을 바탕으로 하고 있어 '작은 것의 중요성'에 대한 경각심을 심어주고 있다. 이같은 이론을 기업경영과 조직관리에 접목하면 성공할 수밖에 없는 기업과 실패할 수밖에 없는 기업간 간극이 뚜렷하게 드러난다.

외부 고객을 대하는 직원이 전문성이 떨어지거나 불친절한 언어, 말뿐 아니 약속 등 사소한 실수를 거듭하면 기업은 망하는 길을 걷게 된다. 반면 조직의 정확한 비전과 친절, 능력으로 무장된 직원은 조직을 흥하는 길로 당연히 인도하고 있음을 깨닫게 한다. 특히 조직의 성패는 엄청난 물량이 필요한 마케팅이나 생사를 건 경쟁이 아니라 조직원 한명, 한명이 현재 하고 있는 작은 부분의 차이에서 발생하고 있음을 거듭 강조한다.

이러한 생각은 작은 조직, 그리고 위기의 조직이 바로서기 위한 기초단계로 인식된다. 관련 저서 중에서 가장 널리 알려진 마이클 레빈의 '깨진 유리창 법칙'을 보면 깨진 유리창을 치유할 방법이 제시돼 있다.

〈박홍윤, 충청매일, 2011.3.21〉, 〈김진호, 경기신문, 2011.11.18〉

마트휴무의 승자는 '전통시장 · 영세상인'이 아니었다

대형마트에 이어 복합쇼핑몰 규제법 33건이 무더기 발의됐지만, 규제에 대한 정확한 효과분석 조차 하지 않아 실효성에 의문이 일고 있고 소비자 선택권을 제한한다는 비판론이 고개를 들고 있다. 대형마트 처럼 쇼핑몰이 쉴 경우 그 고객들이 주변 영세상가로 발길을 돌릴 것이란 검증되지 않은 추측에 근거해 입법을 추진하고 있다는 것이다.지난 2013년부터 대형마트 출점과 휴무 규제가 시작되면서 나타나기 시작한 현상 가운데 하나는 소비자들이 '마트 문닫는 날'

을 따져보기 시작했다는 것. 1주일 단위로 이뤄지는 소비와 생산 사이클 속에서 쇼핑의 대안을 찾지 않으면 간혹 쇼핑처를 찾아 헤매기 때문이다. 지역에 따라 다르지만 서울 양천구의 경우 매월 둘째,네째주 일요일이 휴무여서 이날은 이마트와 롯데마트, 홈플러스는 물론이고 SSM과 이웃 영등포구의 외국계 할인점 코스트코까지 한꺼번에 문을 닫는다. 이 경우 소비자 선택은 2가지, 쇼핑을 다음주로 미루거나 대안 쇼핑장소를 물색하는 일이다.

◇규제의 승자는 '전통시장 영세상인'이 아니었다

대안쇼핑 장소는 대형마트 주변 영세상가나 전통시장이 아니라 마트 주변의 새로운 강자로 떠오른 '대형슈퍼나 식자재 마트'다. 이를 입증하는 복수의 조사결과도 나와 있다.처음에는 지역상권을 살리는 일이라고 생각하고 그럭저럭 불편을 감수했지만 제도시행 후 잇따라 나온 연구나 설문조사에서 '강제휴무가 골목상권에 별 도움이 안된다'는 근거가 나오자 '휴무정책에 과연 실효성이 있느냐'는 논란이 일고 있다. 경기 과기대 조춘한 교수가 지난 9월 발표한 '상권내 공생을 통한 골목상권 활성화방안' 연구에 따르면, 대형마트 반경 3km이내 상가들의 매출동향조사에서 의무휴업을 하지 않은 날의 매출을 100으로 했을 때 의무휴업일 매출은 91로 나타났다. 오히려 감소했다.특이한 것은 대형마트와 매출 5억원이하 소규모 점포매출은 감소한 반면 50억원 이상의 슈퍼마켓 매출액비중이 7.07%늘어났다. 조 교수는 '시간이 지속될수록 50억이상의 대형슈퍼마켓의 매출액은 지속적으로 증가하지만 5억미만의 소형슈퍼마켓의 매출액은 감소하는 것으로 나타났다'고 분석했다.규제의 목적이 대형마트를 쉬게함으로써 소상공인 가게를 돕겠다는 것이었지만 엉뚱한 대형슈퍼마켓이 혜택을 누리고 있는 것. 조 교수 조사는 한국중소기업학회 의뢰로 2013년~2018년6월 카드거래 빅데이터 전체를 분석하는 방법으로 진행됐다. 조사대상지역은 24개 대형마트 상권이었고, 상권내 모든 상가와 A사(社) 카드(점유율 24%) 소지자가 조사대상이었다.유사한 조사도 있다. 2014년 실시된 한 소비자조사(출처=전경련)에서 대형마트 의무휴업 이후, 조사응답 소비자의 38%는 중대형 슈퍼마켓을 이용했고 24%는 다른 요일에 대형마트를 이용한 것으로 나타났다.

◇ "피해가 있을 거란 가정하에 이뤄진 규제는 의미없어"

일요일에 대형마트를 이용하는 소비자가 동시에 주변점포를 더 이용함에 따라 일요일 집객효과가 더 높음을 보여준다. 조춘한 교수는 "규제를 가해도 고객이 주변점포로 가지 않고 상권내 새로운 강자에게로 몰려 정책목표가 달성되

지 않는다는 점이 확인됐다"며 "규제의 효과를 측정도 안 해보고 막연히 피해가 있을 것이라는 가정하에 이뤄지는 규제정책은 의미가 없다"고 지적했다. 그는 대형마트 규제의 반사이익을 대형슈퍼마켓이나 식자재마트가 본 것처럼 "쇼핑몰 규제의 반사이익은 가까운 해외여행 급증으로 나타날 것"이라고 예견했다. 쇼핑몰 영업규제가 추진되자 해당업계에서도 쇼핑몰의 문화공간으로서의 역할을 강조한다. A유통업체 관계자는 "주말에 재래시장을 갈 것인지, 대형마트를 갈 것인지, 복합쇼핑몰을 갈 것인지는 소비자의 선택권이며 골목상권 보호와 동등하게 보호돼야 할 권리"라고 주장했다. 역대급 폭염이 기승을 부린 지난 7월 주말 하루동안 강남의 롯데월드몰을 찾은 방문객 숫자는 21만명이었고 하남 스타필드 방문객은 12만명으로 20%가량 증가했다. 이에 대해 롯데몰 관계자는 "하루 방문객은 21만명으로 폭증했지만 매출증가는 0.2%에 그쳐 쇼핑몰이 여가생활에서 차지하는 의미를 나타내준다"는 주장을 폈다.주 5일제 정착과 52시간제 시행으로 여가를 즐기려는 트렌드가 강해지고 자연스럽게 문화.외식, 엔터테인먼트를 한 공간에서 즐길 수 있는 '몰링' 선호도가 높아진다는 것이다.

◇실타래 이해관계에 멈춰선 쇼핑몰 규제 논의

정치권은 대형마트처럼 복합쇼핑몰에 대해서도 출점과 영업시간을 일률적으로 규제하는 방안을 논의중이지만 재래상권이 있는 지역과 그렇지 않은 지역, 도시와 농촌지역간 이해관계가 달라 이견조정은 산넘어 산인 상황이다. 대도시의 구도심지역은 신규출점이 하늘의 별따기 만큼 어렵지만 쇼핑시설이 없어 어려움을 겪는 지역이나 신도시지역에서는 복합쇼핑몰이나 대형마트 유치를 위해 팔을 걷고 나서는 상황이다. 경남 창원시에서는 특정 복합쇼핑몰 입점을 추진하는 시민들이 서명운동을 전개한 바 있고 서울 마포.은평구에서도 상암동에 복합쇼핑몰을 유치하기 위해 '서부지역발전협의회'란 카페를 만들어 서명운동을 벌였다.이해관계가 복잡하게 얽혀 국회의 입법은 장기화할 조짐이다.

복합쇼핑몰 영업규제는 2013년 대형마트 영업규제의 후속조치로 더불어민주당이 지난 1월 유통산업발전법 개정안을 발의하면서 본격화됐다. 법안의 핵심내용은 대규모 유통점의 출점제한, 복합쇼핑몰 의무휴업일 지정 등 대기업 유통자본에 대한 규제강화다.더불어민주당 홍익표 의원은 "대형 유통기업들의 복합쇼핑몰 진출 확대로 지역상권 붕괴가 가속화되고 갈등이 심화되고 있다"는 법안발의 이유를 밝혔다. 자유한국당은 조경태 의원의 '대형마트 신규출점 허가제'안과 정유섭 의원의 '3km이내 신규출점 협의의무화'안을 거론하며 국회에 계류중인 30여개 법개정안 가운데 가장 강력한 내용을 담은 법안이 야당에서 나온 것이라며 야당의 반대로 법안심사가 지연된다는 주장은 사실과 다르다고 밝혔다. 유통산업발전법은 국회 산업위 법안소위에 넘어가 있지만 여야간, 의원간 이견이 첨예해 법안심사를 시작조차 하지 못한 상황이다. 국회 관계자는 "복합쇼핑몰 규제는 여야간, 지역간 입장차가 복잡하게 얽혀 연내법안처리가 불가능하다"고 전망했다. 전문가들은 상권규제정책이 시행된지 5년이 지난 만큼 정책효과를 꼼꼼히 따져보고 보완할 필요가 있고 새로운 규제에도 신중히 접근해야 한다는 의견을 제시하고 있다.

◇선진국은 상권규제 완환 추세

선진국에도 중소상공인을 보호하기 위한 유통업 규제는 있지만 점차 규제를 완화하는 추세다. 미국은 도시계획과 토지이용에 대한 규제가 유지되고 있고, 과거 종교활동 보장을 위해 일요일 영업규제를 했지만 폐지됐다. 영국은 중소상공인 보호를 위한 규제가 없고 미국처럼 종교활동 장려와 근로자 휴식권 보호차원에서 280제곱미터 이상 점포에 대해 일요일 영업을 금지했지만 1994년 대형소매점에 대해 일요일 6시간 영업을 허용했다.이웃 일본은 중소소매점 보호 목적의 대규모 점포 규제가 있었지만, 2000년 철폐했다. 영업시간과 의무휴업일도 지정했지만 현재는 폐지됐다.프랑스, 독일은 중소소매점 보호를 위한 규제가 존재하지만 우리나라보다 약하고 완화하는 추세다. 프랑스는 중소소매점 보호를 목적으로 대형소매점 사전허가제를 시행했지만 2008년 대형소매점 사전허가 면적을 3백 제곱미터에서 1천 제곱미터로 상향해 규제를 완화했다.독일도 중소소매점 보호를 목적으로 1200㎡ 이상 점포의 출점 가능 지역을 제한하고 있다. 대형소매점 출점으로 기존 상권의 매출액이 10~20% 감소가 예상될 때 출점을 제한하고 있다.

외국의 상권규제 현황

중소상인보호규제 국가	규제유무	규제내용
미국	없음	도시계획규제
영국	없음	근로자 휴식권보호 규제
일본	폐지	2000년 중소소매점 보호규제 폐지
독일	있음	대형점포 상권출점규제
프랑스	있음	대형소매점 사전허가제 시행

〈CBS노컷뉴스, 2018.12.03〉

가격은 그대론데 양 줄이는 '슈링크플레이션' 눈속임하는 기업들

'당신이 산 식품은 실제로 (양이) 줄었다.'

BBC는 이 같은 제목으로 최근 영국과 미국을 중심으로 만연한 '슈링크플레이션(shrinkflation)' 현상을 집중적으로 다뤘다. 기업들이 가격은 그대로 두면서 크기나 중량을 줄여 사실상 가격인상 효과를 노리는 슈링크플레이션 전략을 너도나도 사용하고 있기 때문이다.

영국 통계청에 따르면 2012~2017년 영국의 슈퍼마켓에서 2,529개의 제품의 용량이 줄어들었다. 또 BBC가 올해초 인기 있는 초콜릿 바를 조사한 결과, 트윅스는 2014년 이후 용량을 13.8% 줄였고, 키캣 크런키는 16.7%를 줄인 것으로 나타났다. 이 밖에도 미국 애리조나주립대와 뉴욕 코넬대 연구진들이 최근 3년 간 아침 식사 대용으로 먹는 시리얼을 분석한 결과, 제품 15개가 포장을 축소한 것으로 조사됐다.

기업들이 소량화를 시도하는 이유는 원자재 비용이 상승하는 상황에서 소비자들의 저항을 최소화시키면서 이윤을 극대화할 수 있기 때문이다. BBC는 "비용 상승 시 기업이 선택할 수 있는 전략은 가격을 올리거나 성분을 바꾸거나 포장을 작게 하는 것 세 가지"라며 "이 가운데 가장 덜 위험한 것인 양을 줄이는 일"이라고 설명했다. 비용을 줄이기 위해 인공 감미료를 첨가하는 등 성분을 바꿀 경우 제품 선택에 있어서 가장 중요한 비중을 차지하는 맛이 바뀔 수 있는 위험이 있고, 가격 인상은 가격에 민감한 고객층의 대거 이탈을 불러올 수 있기 때문이다. 탄산음료 아이언브루는 지난달 영국에 설탕세가 도입되자 인공 감미료를 넣는 방식으로 성분을 바꿨다가 소비자들의 거센 반발에 직면하기도 했다. 반면 소량화의 경우 소비자가 눈치채지 못할 경우 고객 이탈 없이 계속 판매가 가능하다. 실제 소비자는 지각 오류로 용량이 줄어든 것을 쉽게 인지하지 못한다는 게 전문가들의 견해다. 용량을 줄이는 방법도 소비자가 인식할 경우 반발을 피할 순 없다. 지난 2016년 삼각형 모양으로 유명한 스위스 초콜릿 토블론은 용량을 줄였다 비판에 직면했다.

하지만 소량화가 '소비자 기만'이라는 비판도 나온다. 미국 보스턴 지역에서 수십 년 간 오래된 병과 포장을 수집하며 기업이 용량을 줄여온 사례를 추적해 온 에드거 드왈스키는 BBC에 "용량을 수 년에 걸쳐 줄이다가 과거 용량의 절반 정도까지 줄었을 때 갑자기 큰 사이즈 제품이라며 처음 나왔던 용량의 제품을 선보이는 패턴을 발견했는데, 이 때의 제품 가격은 과거보다 훨씬 높게 책정됐다"며 "차라리 가격을 바로 올린다면 최소 내가 돈을 더 내게 된 부분을 인지할 수 있으니 속는 기분은 들지 않을 것"이라고 지적했다.

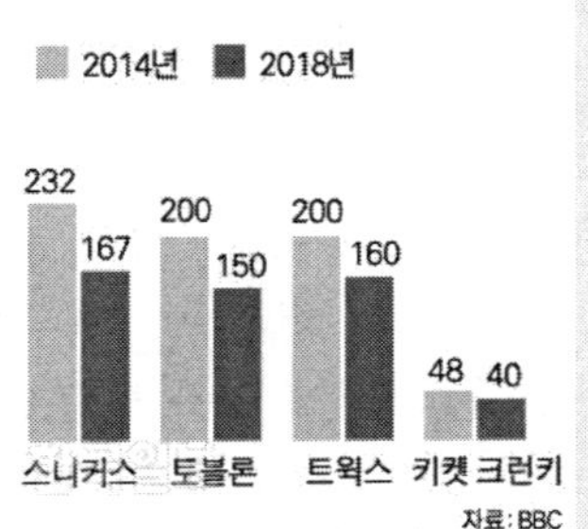

〈한국일보, 2018.6.6〉

임금과 계층별 소득분배

제 6 장

임금과 계층별 소득분배

1 임 금

1) 임금이란?

임금이란 노동에 대한 가격이다. 실제로 임금은 다양한 형태로 지급되고 있지만 단위시간당 지불되는 임금률을 의미하며 실질임금과 명목임금으로 구별되기도 한다. 명목임금은 화폐임금인데 반해서 실질임금은 명목임금으로 얻는 구매력이다. 그러나 실질임금과 명목임금이 반드시 같은 방향으로 변화한다는 보장은 없다. 왜냐하면 명목임금이 상승한다 하더라도 재화가격의 상승폭이 더 크면 실질임금은 오히려 감소하기 때문이다.

2) 임금의 결정

임금의 결정은 다른 재화의 가격이 결정되는 것과 같이 노동의 수요와 공급에 의해서 결정된다. 노동에 대한 수요는 그 국가의 기술수준, 경영실력, 자본축적,

규모 등의 요인에 의해서 결정되어 우하향 형태를 띠나, 노동의 공급은 임금이 일정수준에 도달한 이후에는 임금의 상승에도 불구하고 공급이 감소하는 후방굴절형을 이루고 있다. 임금은 경제의 주체인 노동자의 소득이기 때문에 다른 생산요소에 지급되는 비용과는 다른 성격을 갖는다. 다른 생산요소는 가격의 인상에 따라 공급이 거의 무제한 증대하지만, 노동의 경우에는 임금을 올려준다고 해도 노동시간이 계속 늘어나는 것은 아니다. 왜냐하면 인간은 시간의 제약 속에서 살고 있기 때문이다.

<그림 6>에서 노동의 대가인 임금(W)을 종축에 표시하고 노동량(L)을 횡축에 표시하면 공급곡선과 수요곡선이 교차하는 점 E에서 균형임금이 결정되며, 그 이상이나 이하의 임금은 오래 지속될 수가 없다. 왜냐하면 균형임금 이상으로 임금수준을 억지로 올리면 실업이 발생할 것이며, 그 이하로 내리면 초과수요로 노동력이 부족하여 노동시장이 과열되기 때문이다.

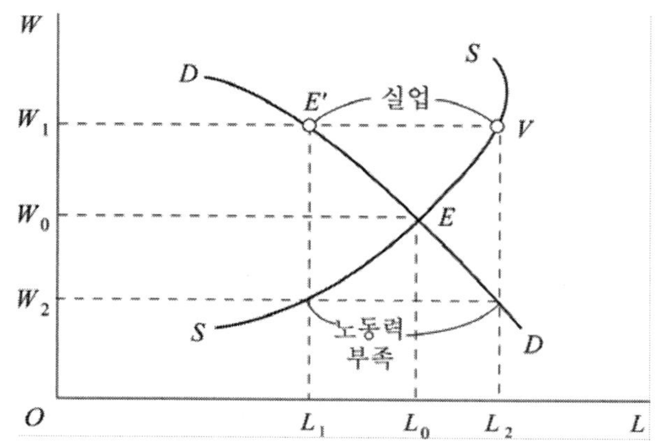

〈그림 6〉 노동의 수요와 공급

2 계층별 소득분배

고도의 자본축적으로 건설된 산업사회에 있어서 계층간 소득 분배 문제는 끊임없이 논란이 되고 성장이익이 불평등하게 분배되어질 때 계층간의 소득불평

등은 심화되어, 가진 자와 못가진 자간의 대립과 충돌은 경제 뿐만 아니라 사회 전체의 위기를 조장할 가능성이 있다. 따라서 최근 들어 국민의 부가 평등하게 분배되느냐 하는 구조적인 문제가 날로 중요시되고 있다.

3 10분위분배율

10분위분배율은 측정하기가 간단하여 모든 가구를 소득의 크기에 따라 배열하여 10등분한 소득분포 자료를 가지고 추계하는 것으로, 하위 40%의 계층소득과 상위 20%의 계층소득의 비율을 나타내는 것이다. 10분위분배율은 그 값이 클수록 소득분배가 균등하며 반대로 그 값이 작을수록 소득분배가 불균등함을 의미한다. 일반적으로 10분위분배율이 45%이상이면 고균등분배, 35%이상이면 저균등분배, 그리고 35%이하이면 불균등분배라고 분류한다.

4 로렌츠곡선

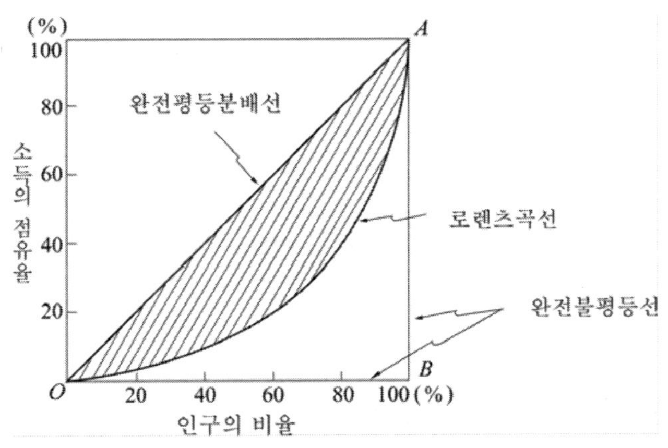

〈그림 7〉 로렌츠 곡선

로렌츠곡선은 인구의 누적비율과 소득의 누적점유율 사이의 대응관계를 나타내는 곡선으로 사회전체의 총소득이 어떤 소득계층에서 얼마나 분배되어 있는가를 보여준다. 즉, 로렌츠곡선이 완전평등 분배선에 가까울수록 소득분배가 평등함을 나타내고 멀어질수록 불평등함을 나타낸다. 따라서 소득분배의 불평등도가 높을수록 로렌츠곡선은 아래로 더 떨어진다.

5 지니집중계수

소득분배의 불균등 정도가 클수록 소득의 완전균등 분배를 나타내는 대각선과 로렌츠곡선 사이의 빗금친 부분의 면적이 넓어지는데, 이 빗금친 부분의 면적을 직각삼각형의 면적(<그림 18>의 OAB)으로 나눈 값을 지니집중계수 또는 지니계수라고 한다. 지니계수의 값이 0이면 완전평등 분배를 나타내고, 1이면 완전불평등 분배를 나타낸다. 그러므로 지니계수의 값이 낮을수록 소득분배가 평등함을 나타낸다.

$$\text{지니계수} = \frac{\text{빗금친 면적}}{\triangle OAB}$$

6 소득의 양극화

경제 양극화란 서로 다른 집단이나 계층의 형편이 갈수록 벌어지는 현상이다. 즉 잘사는 사람은 더 잘살게 되고, 못사는 사람은 더 못살게 되는 것이다.우리 경제의 양극화 현상은 여러 측면에서 볼 수 있다. 수출은 잘 되는데 내수는 잘 안 풀리는 현상, 대기업은 잘 나가는데 중소기업은 갈수록 어려워지는 현상, IT(정보통신)기업은 재미를 보고 있지만 비IT기업 사정은 그렇지 못한 현상, 정규직과 비정규직의 격차가 자꾸만 커지는 현상, 고소득층과 저소득층의 소득 차이가 커지는 현상 등이다.

외환위기 이후 많은 사람들은 경기회복을 체감하지 못하고 있다. 그 이유 중 하나는 바로 벌어진 소득격차가 좀처럼 개선되지 않고 있기 때문이다. 2003년 3/4분기도시근로자 가구 평균 소득은 5.4% 증가한 반면 근로자 가구중 하위 20%의 소득은 2.1% 증가에 그쳤다. 그리고 소득 5분위 배율은 5.16(최상위 20%인 계층의 평균소득이 최하위 20% 계층 평균소득의 5.16배)으로 2002년 3/4분기의 5.12배 보다 높아져 계층별 소득격차가 늘어났음을 알 수 있다.

이처럼 소득불균형이 개선되지 않고 있는 것은 임금 양극화와 고용 양극화가 복합적으로 작용하고 있기 때문이다. 80년대 우리나라의 임금계층별 분포는 절대 저임금층이 빠르게 줄면서 중간임금계층이 두터워지는 항아리형의 정규분포 형태를 갖추고 있었다. 그러나 90년대 중반이후 외환위기를 거치고 최근으로 올수록 임금계층별 분포에서 고임금층이 급격히 늘어났다. 아울러 비정규직 급증 등 고용의 질이 빠르게 악화되면서 중간임금층의 상당수가 저임금으로 전락하면서 정규분포 형태가 저임금층과 고임금층으로 양극화되고 있다.

결국 소득 양극화의 가장 좋은 해결책은 저소득층에게 일자리를 많이 만들어주는 것이다. 고용을 통해 성장의 파이를 키우는 게 중요하다.

> 소득격차를 나타내는 소득 5분위 배율은 전체 가구를 소득순으로 5등분 한 다음 최상등급의 평균 소득이 최하등급의 평균 소득보다 몇 배나 많은지를 나타낸다.

립스틱 효과

경기가 좋지 않거나 미래가 불확실하여 전체적인 소비가 감소할 때, 일부 저가 아이템의 경우 오히려 매출이 증가하기도 한다. 이를 립스틱 효과(Lipstick Effect)라고 한다.화장품 업계에서는 종종 립스틱 판매로 경기를 예측한다. 경기가 불투명할 때는 소비 위축으로 전반적인 화장품 매출이 감소하지만, 립스틱 매출만은 유일하게 경기 변동과 반대로 움직인다는 것이다. 경기가 불황일수록 유행하는 색상도 더욱 화사해진다. 립스틱은 다른 화장품 아이템에 비해 상대적으로 저가이지만, 그 하나만으로도 분위기를 확 바꾸는 효과를 낼 수 있다. 이처럼 불황기에 저렴하지만 만족도를 높여줄 수 있는 소위 불황상품의 매출이

증가하는 현상을 립스틱 효과(Lipstick Effect)라고 한다.

유명 화장품 회사 에스티로더(Estee Lauder)사는 립스틱 판매량과 경기의 상관관계를 보여주는 '립스틱지수(Leading Lipstick Index)'를 만들었다. 미국 내 고급 화장품 시장 매출의 절반가량을 차지하는 자사의 화장품 브랜드를 대상으로 한 조사 결과, 립스틱과 경기가 상당히 높은 연관성을 보였다는 것이다. 실제로 2001년 9.11테러 직후 찾아온 불황기에 립스틱 지수는 큰 폭으로 상승했다. 또한 이전까지 주류를 이루던 자연색 대신, 화사하고 강렬한 붉은색과 와인색 립스틱이 인기를 끌었다고 한다. 이러한 현상 때문에 일부 투자자들 사이에서는 립스틱 판매량으로 주가를 예측한다는 말이 나오기도 한다. 경기가 나빠져서 립스틱 판매가 늘어나는 것이 아니라, 마치 립스틱 판매가 경기의 선행지수가 되는 것처럼 말하는 것이다.

〈정지혜, 주간경제, LG경제연구원, 2005.5.13〉

정조의 복지론

예나 지금이나 복지는 어려운 문제였나 보다. 조선의 개혁군주 정조는 이렇게도 해보고 저렇게도 해봐도 백성들의 복지가 쉽지 않아 고민을 많이 했다. 그 결과가 선현들의 쌓인 경험과 지혜를 모으고 숙고해 펼친 그 시대의 복지론이다. "왕이 백성의 가난을 직접 구제하기는 어렵다. 그러나 왕은 부자를 키울 수 있다. 부자는 사람을 널리 쓰고, 이를 통해 가난을 구제해야 한다."

가난 구제에 직접 나서는 것은 절대군주에게조차 어려운 일이다. 그래서 부자를 키우고, 그들이 일자리를 만들어 가난을 구제하는 간접적 방법론을 들고 나왔다. 복지가 단순히 '더 거두어 더 나눠주는 것'으로는 해결할 수 없다는 경험에서 나온 것이다. 이는 지금 우리에게도 시사하는 바가 크다. 정조의 생각을 요즘 말로 바꿔보면 다음과 같은 얘기가 아닐까. "정부가 세금으로 직접 가난 구제에 나서서는 성공하기 어렵다. 그러나 정부는 기업을 키울 수 있다. 기업은 사람을 널리 고용하고, 이를 통해 사회복지를 이뤄야 한다."

복지부 장관을 지낸 최광 교수도 최근 강연에서 "일자리 창출은 기업이 하는 것이지 정부가 하는 게 아니다"고 말했다. 그는 "세금으로 일자리를 늘리겠다는 것은 '점심값(세금)을 내게 주면 점심 사줄게' 하는 것과 같다"고 설명했다.

술자리 복지론에서 사람들은 그냥 한쪽에서 떼어다가 다른 쪽에 갈라주는 '분배 복지'는 나아갈 방향이 아니라고 입을 모은다. 분배 복지에서는 떼이는 쪽은 불만스럽고, 받는 쪽은 나태해진다. 그래서 어떤 이는 이를 얻는 것만큼 잃게 되는 '제로 섬(zero sum)'도 못 된다고 목소리를 높인다. 떼이는 쪽은 불만으로 의욕이 상실되고, 받는 쪽은 나태해져 노력을 않게 되기 때문에 사회 전체로는 얻는 것보다 잃는 것이 많아지는 '네거티브 섬(negative sum)'이 된다는 것이다.

그래서 나오는 결론은 잃는 것보다 얻는 것이 많아지는 '포지티브 섬(positive sum)'의 '생산 복지'로 가야 한다는 것이다. 생산 복지는 일자리 창출에서 시작된다. 일자리를 만드는 사람은 이에 따른 이익을 누리면서도 사회에 공헌하게 되어 자부심을 느낄 수 있다. 일을 하게 되는 사람은 사회에 기여하면서 재화를 얻게 되어 자긍심을 느낀다. 그래서 사회 전체로는 생산적이 된다는 주장이다. 네거티브 섬의 분배 복지를 유지했던 남유럽 국가들은 지금 휘청거리고 있다. 이에 반해 포지티브 섬의 생산 복지로 바꾸었던 스웨덴은 이런 세계적 불황 속에서도 꿋꿋이 견디고 있다.

최근에 부쩍 많아진 '사회 기부'도 술자리에서는 좋은 안줏거리다. 기업이나 개인이 수천억원씩 사회에 내놓는다. 무척 바람직한 현상이다. 그런데 이 좋은 사회 기부도 그냥 생색내기 분배 복지처럼 운영된다면 그 효과는 기대 이하일 것이다. 어떻게 하든 생산 복지로 연결되게 해야 할 것이다.

〈최두환, 중앙일보, 2012.1.4〉

로봇세와 인간 노동의 종말

'로봇세'는 고난도의 비(非)반복적인 일자리까지 대체할 것으로 예측되는 지능형 로봇에게 세금을 물리자는 아이디어에서 등장했다. 학계와 언론의 관심이 커서 구글에서 로봇세는 1640만 개의 한글 문서가, 영어(robot tax)로는 7430만 개의 문서가 검색된다. 무엇이 그렇게 두렵고 불확실한 것일까.

로봇세가 등장한 이유는 자동화의 수준이 예전처럼 인간의 일부 노동을 대체하는 정도가 아니라는 점 때문이다. 로봇이 복잡한 상황과 맥락을 이해하고

고도의 의사결정까지 수행하는 사례들이 나오자 많은 사람이 일자리를 잃을 것으로 예측된다. 특히 노동력이 생산수단의 전부인 사람들에게는 직격탄이 될 것이다. 로봇 때문에 고용 불안이 심각해질 것이니 로봇을 고용해 돈을 번 업주가 세금을 내고 이를 걷어서 실업자에게 생계비 또는 기본소득을 지원하자는 것이 로봇세를 제기하는 기본적인 이유다. 최근 한국 정부가 자본 세제 혜택을 줄이겠다고 발표했는데, 외국 언론에서는 이를 로봇세의 시작이라고 해석했다. 예를 든 로봇세는 로봇을 생산설비나 자본으로 간주하는 것인데 이전과 다를 바가 없다. 여전히 사람이 세금을 낸다.

그러나 로봇세가 일으키는 사회구조적 변화를 살펴보면 로봇은 단순한 자본이 아니라 '지능형 자본'이라는 점이 매우 다른 현상이다. 이미 유럽의회는 로봇에게 '전자 인간'이라는 법적 지위를 부여해 로봇이 세금을 낼 수 있는 발판을 마련했다. 로봇세를 걷자는 주장에 대해 일각에서는 기술혁신을 저해할 수 있다는 이유로 반대하기도 한다. 하지만 한낱 기계에 인격의 뉘앙스를 담았다는 점이 큰 변화다.

이렇게 되면 우리는 노동의 미래뿐 아니라 교육과 사회정책의 미래까지 포괄하는 변화를 논의해야 한다. 당장 교육 현장에서는 로봇과 협업하는 방법을 가르쳐야 한다. 직장인들은 어떤 일을 로봇에게 맡기고, 자신은 어떤 일에 더 집중해야 할지 결정해야 한다. 로봇에게 잘못된 지시라도 한다면 그건 로봇에게 혼날 일이다.

좀 더 먼 미래를 예측해본다면 로봇은 지능형 자본을 넘어서 사람과 같은 인격체로 대접받을 것이다. 사람처럼 생각하고 느끼고 행동할 것이다. 이때 로봇은 과거 영국 국민이 선거의 자유, 청원권, 발언의 자유 등을 규정한 권리장전을 만들었듯 '로봇 권리장전'을 만들 것이다. 로봇은 사람보다 뛰어난 능력을 발휘할 것이고 사람과 동등하게 세금을 내는 것에 반발할지 모른다. 로봇이 대부분의 일을 할 때 인간은 일주일에 다만 몇 시간이라도 '노동할 수 있는 권리'를 주장하거나, 역으로 인간의 과다한 노동이 엄격하게 금지될지도 모른다. 이미 로봇세를 통해 인간이 생계비를 받는 마당에 일정 수준 이상의 일을 하게 되면 부의 분배에서 불평등을 초래한다.

이즈음 로봇세 부과에서 새로운 복병은 기계화된 사람일 가능성이 있다. 로봇이 사람을 닮아가는 속도만큼 사람도 생존력을 높이기 위해 로봇을 닮아갈 것이다. '트랜스 휴먼' 또는 사이보그는 인간의 신체 일부분을 기계로 대체해 지적·심리적·육체적으로 강화된 사람이다. 이렇게 되면 노동과 자본의 경계가 희미해진다. 어디까지 기계화된 존재를 로봇으로 불러야 할지 그 기준이 모호해지는 것이다.

더 먼 미래에 인류의 존재는 로봇에게 정치적인 문제가 된다. 로봇은 그들에게 필요한 인간을 로봇공동체의 구성원으로 받아들이거나 이방인으로 내쫓을 것이다. 그 기준은 로봇이 '어떤 삶'을 원하는지에 달려 있다.

로봇세를 두고 벌어지는 논란은 노동의 종말에서 인간 주도 세상의 종말로 확대되고 있어서 혼란스럽다. 당장 걱정해야 할 것은 지능형 로봇의 사용에 어느 정도의 세금을 매겨야 인간의 일자리도 잃지 않으면서 기술 진보를 가로막지 않을지 면밀히 그 효과를 측정해야 한다. 로봇세를 도입한다면 부과기준을 대체하는 사람의 수 대비로 할지, 대체하는 사람의 임금 대비일지, 일하는 시간 대비일지 정해야 한다. 또 기술혁신에 따른 일터의 변화를 분석할 때 작업장이나 직무의 변화만 보지 말고, 노동자의 정신적·육체적 변화도 분석해 건강의 관점에서 포괄적인 정책이 나와야 한다. 새로운 시대에 맞는 근로자들의 역량 개발을 위해 고용주들도 자금을 출연해 다양한 노동자 역량 개발 프로그램이 전국적으로 등장하도록 도와야 한다. 그러자면 산업별 기업가 단체가 활성화돼야 한다. 결국 로봇세가 일으킨 논란은 다음의 질문으로 귀결된다. '과학기술의 발전은 누구에게 이익이고 그 혜택은 누구를 위해 어떻게 써야 하는가'이다.

〈중앙일보, 2018.11.21〉

구글에 '디지털 서비스세' 물리려면

'조세 분야 올림픽'인 국제조세협회(IFA) 연차 총회가 지난 9월 서울 코엑스에서 열렸다. 이 자리에서 'GAFA'로 불리는 구글·애플·페이스북·아마존과 같은 글로벌 테크 컴퍼니에 대한 과세 논의가 있었다. 이를 계기로 네이버는 4000억원이 넘는 법인세를 낸 데 비해 구글은 한국에 현저히 낮은 세금을 내는 것이 부당하다는 여론이 거세졌다. 하지만 문제를 해결하는 힘은 일방적인 주장이 아닌 글로벌 규범과 전문성에 근거한 검증에서 나온다.

경영 활동을 위해 자본 투자가 선행되는 것과 마찬가지로 디지털 경제에서는 디지털 투자를 통해 플랫폼을 만들고 참여자들의 정보를 자산으로 축적한다. 디지털 정보는 놔두면 버려지는 것이지만 모으고 분류하면 경제적 효익을

지닌 자산이 된다. 다양한 플랫폼 참여자가 증가할수록 그들의 행동을 예측할 수 있는 정보가치는 급등한다. 글로벌 테크 컴퍼니들이 플랫폼을 운영하는데 막대한 투자를 하면서도 참여자들에게는 무료서비스를 제공할 수 있는 이유가 디지털 자산의 정보가치에 있다.

다국적기업에 대한 과세 원칙을 간단히 말하면, 본사가 있는 거주지국 과세당국은 전 세계 소득에 대한 과세권을 갖는다. 진출한 현지국 과세당국은 원천지국 소득에 대한 과세권을 갖는다. 한국이 거주지국인 네이버와 한국이 원천지국인 구글코리아가 부담하는 세금의 차이를 단순히 비교할 수 없는 이유다. 유럽연합(EU)에서도 일반 기업의 유효법인세율은 23.2%인데, 글로벌 테크 컴퍼니의 세율은 9.5%다. 이 때문에 과세 형평성을 위해 '디지털 서비스세' 도입으로 원천지국 과세권을 강화하자고 하면서도 아직 견해차를 좁히지 못하고 있다.

글로벌 테크 컴퍼니들에 대한 과세 논란의 중심에는 '고정사업장(PE)'이 있다. 일반 제조업의 경우 본격적 경영 활동을 하려면 해외투자를 통해 물리적인 장소인 고정사업장을 운영하게 된다. 현지의 사회 인프라와 공공 서비스를 이용한 대가로 원천지국은 과세의 정당성을 얻는다. 그런데 디지털 플랫폼이 고정사업장을 보완 또는 대체할 수 있는 글로벌 테크 컴퍼니들은 고정사업장이 없어도 고객을 상대하는 경영 활동이 가능하기에 원천지국의 과세를 회피할 수 있다. 경제협력개발기구(OECD)는 글로벌 기업들이 국가마다 다른 조세 체계를 이용해 무과세 또는 과소 과세 혜택을 받는 것을 방지하기 위한 프로젝트를 2012년부터 추진하고 있다.

이처럼 OECD가 조심스러운 접근을 하는 이유는 시장의 신뢰를 얻으려면 과세 형평성 못지않게 과세 정당성의 확보도 중요하기 때문이다. 기업 경쟁력의 원천은 가치창출 능력이지 조세 부담 절감 능력이 아니다. 따라서 조세 형평성의 관점에서 디지털세 도입 논의는 필요하다. 그러나 어떻게 디지털세를 도입할지에 대해서는 해결해야 할 문제가 있다. 첫째, 과세 대상의 범위에 따라 무차별 조항 문제나 이중과세 문제가 발생한다. 외국 법인과 내국법인을 과세대상으로 하는 경우엔 내국법인에 이중과세 문제가 발생할 수 있다. 국내 고정사업장이 없는 외국 법인으로 한정하면 무차별 조항 문제로 통상분쟁을 야기할 수 있다. 둘째, 과세기준의 선정 시 '중요한 디지털 존재(SDP)'를 판단하기 위한 요소로 매출액, 플랫폼 이용자 수, 신규 디지털 서비스 관련 사업계약 건수 등이 제안됐으나 합리적 기준을 정하기 어렵고 정보 제공 동의 등 행정적 문제가 발생한다.

셋째, 과세율 산정의 어려움이 있다. EU의 디지털 서비스세는 매출액에 과세해 단순하다는 장점이 있으나 단지 EU의 한시적 조치를 따라서 적정 과세율을 산정하는 것은 무리다. 넷째, 조세 부담의 전가 가능성이다. 디지털 서비스세의 경우 최종 소득금액이 아닌 거래금액에 대해 과세하는 방식을 취하고 있다. 그래서 기업에 부과된 세금이 거래금액에 반영돼 소비자에게 전가될 수 있다.

디지털세 도입에 대한 논의를 통해 과세 형평성 확립에 대한 분명한 신호를 시장에 주면서 동시에 방법론 면에서 글로벌 테크 컴퍼니들에게 과세 정당성을 입증하고, 유능한 납세자를 유치할 수 있어야 한다. 이 문제를 해결하는 것이 정책당국의 실력이고, 시장은 실력 있는 정책당국을 신뢰하고 모인다. 한국 사회가 실력이 아닌 강제력에 의존해 이기겠다는 데에만 집착하면 결국은 유능하지 못한 납세자만을 상대하게 된다는 것을 알기에 조심스러운 것이다. 과세당국 간 국제적 협력에 근거한 디지털 세 도입에 대한 논의가 시작돼야 할 시점이다.

〈중앙일보, 2018.11.13.〉

비만세

경제학자 토빈의 이름을 딴 토빈세처럼 경제학자 피구의 이름을 딴 피구세가 있다. 피구세는 경제학에서 말하는 외부효과(externality)에 대해 부과하는 세금이다. 환경오염이 대표적인 외부효과다. 공장에서 배출하는 매연은 환경을 오염시켜 사람들에게 피해를 입히지만 그 피해에 대한 보상 비용은 업체의 생산 원가에는 들어 있지 않다. 그래서 정부가 대신 오염세를 부과해 보상 비용을 지불받는다. 마땅히 보상해야 할 피해가 시장 내부에서 계산되지 않았기 때문에 이를 외부효과라고 한다.

담뱃세나 비만세도 피구세다. 담배를 피우거나 살이 찌는 식음료를 먹어 병든 사람이 많아지면 건강보험기금에서 지출하는 돈이 늘어나는 외부효과가 발생한다. 그에 대한 보상 비용을 누군가가 내야 한다면 담배나 식음료를 생산하는 업체일 수밖에 없다. 담뱃세에 비하면 비만세는 비교적 최근에 부과되기 시작한 피구세다. 덴마크가 2011년 10월 세계 최초로 도입한 이후 유럽 미국을 중심으로 탄산음료와 패스트푸드 등 비만을 유발하는 식품에 세금을 부과하는

정책이 잇따르고 있다.

보건복지부는 지난달 26일 '국가 비만관리 종합대책'을 확정했다. 그 대책의 하나가 폭식을 조장하는 '먹방'에 대한 모니터링을 강화한다는 것이다. 취임 이후 '국가주의'를 화두처럼 내세우는 김병준 자유한국당 혁신비상대책위원장은 "국가가 먹방까지 규제하겠다는 것이냐"며 대표적인 국가주의 사례로 비판했다. 정부는 먹방을 규제하겠다는 건 아니라고 한 걸음 물러섰지만 또 다른 대책으로 비만세가 검토되고 있다고 한다.

피구세는 부담이 결국 소비자에게 돌아간다. 업체는 담뱃세나 비만세를 부과받으면 담배나 식음료의 가격을 올린다. 가격이 올라가면 수요가 줄어들지만 담배에서 보듯이 가격이 올라가는 만큼 그에 비례해 수요가 줄어들지도 않는다. 더구나 빈곤층은 총지출액 중 먹는 데 들이는 비용의 비율이 상대적으로 높아 건강에 더 좋은 식음료를 구입할 여분의 능력이 부족하다. 비만세는 현재의 식습관을 바꾸기 힘든 빈곤층을 더 가난하게 만들 수 있다.

〈동아일보, 2018.08.08.〉

1엔 별장

'1파운드 주택 프로그램'을 진행 중이다. 인구 감소로 빈집이 늘어 동네가 황폐해지자 도시 재건을 위해 시(市) 소유의 빈집을 단돈 1파운드(약 1460원)에 시민에게 넘겨주는 것이다. 1년 안에 자비로 리모델링해 최소 5년 거주하는 조건이다. 국민 5명 가운데 1명꼴로 노인인 유럽연합(EU)의 회원국인 프랑스 이탈리아도 비슷한 방식으로 1유로(약 1300원)짜리 집을 팔고 있다.

최근 후지산과 온천으로 유명한 일본 시즈오카현에서 2층짜리 별장이 1엔(약 10원)에 매물로 나왔다. 이 별장은 지자체가 아니라 개인 소유다. 소유자는 관리할 돈이 없어 사실상 공짜로 내놨지만 세금과 수리비 부담 때문에 매수자는 나타나지 않는다고 한다. 일본에서 주인이 버리거나 죽어 생긴 빈집이 이미 2013년 820만 채가 넘었다. 전체 주택의 13%다. 노무라 종합연구소는 2033년이면 이 비율이 30%로 치솟을 것으로 내다봤다. 젊은 세대에게 집은 더 이상 가치 있는 부동산(不動産)이 아니라 상속세와 재산세를 짊어져야 하는 '부(負)동산'이 된 탓이다.

일본은 거품경제 시기인 1980, 90년대에 주택 가격이 오르며 과도한 공급이 이뤄졌다. 여기에 연간 출생아는 100만 명이 안 되는데 사망자는 130만 명이 넘는 초고령사회에 접어들자 빈집은 심각한 사회 문제가 됐다. 일본 전국 토지의 9분의 1이 주인과 연락이 닿지 않는다는 조사 결과도 있다. 2015년엔 '빈집 대책 특별조치법'도 제정했다. 빈집을 방치하면 범죄 등 각종 사고를 불러오고 결국 지역 전체를 슬럼화시키기 때문이다.

한국도 2000년 이후 연평균 53만 채 이상이 공급되면서 전국 기준 주택보급률은 100%가 넘는다. 신생아 감소에 따른 인구 감소도 일본과 판박이다. 이미 지방은 물론 수도권에서도 빌라나 노후 아파트를 중심으로 빈집이 126만 채, 전체 주택의 7%나 된다. 대부분 버려진 상태다. 일본은 빈집이 13%가 넘으면서 집값이 폭락하는 '빈집 쇼크'를 경험했다. 유럽이나 일본처럼 미리 대책을 세우지 않으면 빈집이 우리 사회에 위협이 되는 것은 시간문제다.

〈동아일보, 2018.10.30〉

혹시 당신도 '4포세대'?

20·30대 청장년층의 팍팍한 삶을 반영하는 신조어가 하루가 멀다하고 생겨나고 있다. 대부분 취업·구직난, 경제난이 만들어낸 말들이다. 신조어는 사회를 반영하는 거울이라는 점에서 쓴 웃음을 짓게 만든다.

이십대 태반이 백수라는 '이태백', 취직할 나이가 됐는데도 직장을 구하지 않거나 직장에 다니면서도 부모에게 경제적으로 의존하는 청년층을 일컫는 '캥거루족'과 같은 신조어는 더 이상 낯설지 않다.

삼포세대는 비싼 등록금을 내고 대학을 졸업해도 취업이 어려워 연애, 결혼, 출산을 포기한 2030세대를 일컫는 대표적인 신조어다. 요즘은 스펙 쌓기와 일자리 전쟁에 치여 인간관계까지 포기한 '4포 세대'라는 말까지 등장했다. 내집 마련을 포기한 '5포 세대'라는 말도 나오고 있다.

국립국어원이 지난 2011년 7월부터 1년 동안 일간지와 인터넷 매체 등 139개 매체에서 사용한 신조어를 정리해 내놓은 '2012년 신어 기초자료' 보고서에도 흥미로운 말들이 많다.

민달팽이 세대는 젊은이들이 마땅히 살 곳을 찾기 어려운 현실을 빗대어 등

장했다. 민달팽이는 껍데기집이 없는 달팽이로 이 모습이 취업 후에도 적은 수입으로 살 곳을 마련하기가 쉽지 않은 젊은이들을 일컫는 말이다.

낙타 세대라는 말도 있다. 대학 졸업 후 일자리를 구하는 것이 낙타가 바늘구멍을 통과하는 것만큼 어렵다는 의미에서 나온 말이다. 찰러리맨(Child+Salaryman)은 취업 후에도 부모에게 심적·물적으로 기대어 사는 청년을 뜻하는 신조어다. 경제적으로는 자립했지만 독립하지 않고 부모와 함께 사는 신(新)캥거루족도 등장했다.

등록금 때문에 빚을 내고 취업이 안 돼 빚을 못 갚는 악순환에 빠져 20대 때부터 신용불량자가 된다고 해서 생겨난 '청년 실신', 31살까지 취직을 못하면 취직길이 막힌다고 해서 생겨난 '31절'이라는 신조어도 등장했다.

이웃나라 일본에서는 사토리(さとり·득도) 세대라는 신조어가 등장했다. 사토리 세대는 득도한 것처럼 욕망을 억제하며 살아가는 일본 청년들을 뜻하는 말이다. 이들은 자동차, 사치품 등에 관심이 없고 돈과 출세에도 욕심이 없다. 장기불황을 겪으면서 꿈이나 목표를 높게 잡는 것이 허황된 것임을 너무 일찍 깨달아 버린, 일본 사회의 씁쓸한 단면이다.

〈아시아경제, 2013.4.13〉

지니계수

지니계수를 창안한 이탈리아 통계학자 코라도 지니(1884~1965)는 '파시즘의 과학적 기원' 이라는 책을 쓴 파시스트였다. 법철학과 경제학 수학 등을 섭렵한 그는 유기체론에 입각해 전체주의를 조망한 것으로 유명하다. 무솔리니와 친분관계를 유지하면서 국립 로마대의 통계학 연구소장을 맡기도 했다. 그가 1921년 사회의 소득 불평등도를 나타내는 지니계수를 만든 것도 전체주의적 세계관에서 비롯됐다. 불평등이 심하면 국가가 개입해야 한다는 생각이 깔려 있었다.

지니계수는 사회 계층 간 소득분배가 얼마나 공평하게 이뤄졌는지를 나타내는 수치다. 가로축은 저소득층에서 고소득층까지 분포된 사람 수를 누적 백분율로 나타내고 세로축은 그들의 소득을 누적 백분율로 나타낸 다음 이들의 상관관계를 종합 계산해 구해진다. 이 상관관계에 따라 0~1의 값을 가지게 된다. 지니계수가 0인 경우 모두가 동등한 소득을 가지는 완전 평등 사회다. 반면 지

니 계수가 1이면 오직 한 사람만이 모든 소득을 갖는다는 것을 의미한다.

일반적으로 지니계수가 0.4 이하라야 소득이 평등하게 분배됐다고 본다. 0.4를 넘으면 불평등이 심한 편이고, 0.5를 넘으면 사회적 불안정이 초래될 수 있는 위험한 상태를 가리킨다고 한다. 보통 아프리카 국가들의 지니계수가 높고 서유럽 국가들은 낮다. 남아프리카 공화국은 지니계수 0.7이 넘는다. 한국은 지난 30여년 동안 0.25~0.31대를 유지하고 있다.

지니계수는 소득 이외 다른 분야에도 적용됐다. 교육의 불평등도를 측정하는 지니교육계수가 만들어졌고, 사회환경과 관계 없이 오로지 자신의 재능과 노력으로 성공 달성 여부를 측정하는 지니기회지수도 있다. 지니부동산계수라는 것도 나왔다.

물론 지니계수의 한계도 많다. 네덜란드와 필리핀은 지니계수가 같지만 이들 두 나라의 소득불평등도는 큰 차이가 난다. 또 개발도상국에서는 절대적 빈곤층이 감소하는데도 고소득층이 증가해 지니계수가 오히려 높게 나타날 수도 있다.

최근 중국 시난(西南) 재경대 중국가정금융조사센터는 2010년 중국 가계의 지니계수가 0.61로 집계됐다고 발표했다. 중국 국가통계국이 2000년 0.412로 발표한 이후 공식통계가 없는 상황에서 12년 만에 나온 만큼 세계의 이목이 집중되고 있다. 지니계수가 0.60을 넘으면 소득 불평등이 워낙 심해 폭동을 부를 수준이라고 한다.

권력자들의 축재가 도를 지나친다는 얘기가 나오는 가운데 기본적 사회보장 혜택조차 못 받는 농민공도 갈수록 늘어나고 있는 상황이다. 지니계수로 봐도 중국의 사회 불안은 더욱 심해질 것 같다.

〈한국경제신문, 2012.12.11〉

국민소득

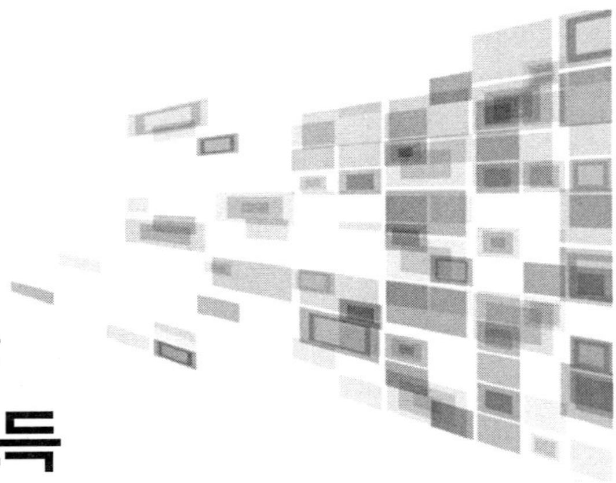

제 7 장
국민소득

1 국내총생산, 국민총생산과 국민총소득[1)]

국민총생산은 일정기간 동안에 국민에 의해서 생산된 최종생산물의 시장가치이다. 따라서 GNP는 생산된 지역이 국내이건 국외이건 간에 그 나라의 국민이나 그 나라 국민소유의 생산요소에 의해 생산된 것이면 모두 계산에 포함된다. 반면에 국내에서 생산된 총생산물을 국내총생산(Gross Domestic Product, GDP)이라 한다. 따라서 GDP는 생산요소의 소유가 내국인이건 외국인이건 국내에서 생산된 재화와 용역이 포함된다.

국민총소득(Gross National Income)은 실물경제의 체감경기를 알려주는 대표적 지수중 하나다. GNI는 한 나라의 국민이 일정 기간 동안 생산활 동에 참여해 벌어들인 소득의 합계로 특히 이 소득으로 구매 할 수 있는 상품의 양, 즉 소득의 실질 구매력을 나타낸다. 그런데 국민소득의 실질 구매력은 개별상품 가격변화와 수출.수입상품 간의 상대가격변화 , 즉 교역조건(수출가격/수입가격)에

1) 매일경제, 2001년 2월 21일자.

의해 영향받는다. 일반적으로 교역조건이 나빠지면 일정량의 상품 수출로 수입할 수 있는 상품량이 감소하므로 국민들의 경제적 후생, 즉 실질 소득은 감소한다.

예를 들어 보자. 지난 해 우리나라가 대당 1만달러하는 자동차 1만대를 생산해 해외 수출로 1억 달러를 벌어 이 돈으로 대당 10만달러하는 보트 1000대를 수입했다고 하자. 그러나 올해 보트 수입 가격이 대당20만 달러로 배나 올랐다면 우리나라가 지난 해와 마찬가지로 자동차1만대를 생산. 수출한다 해도 수입할 수 있는 보트 수량은 500대로 줄어든다. 이 경우 GDP는 1억달러로 지난해와 변함이 없지만 GNI는 절반인 5000만달러로 대폭 감소한다. 교역조건 변화로 총생산과 총소득의 격차가 발생하는 것이다. 따라서 교역조건이 악화될 때 실질 소득 감소를 초래해 지표경기와 체감 경기간 괴리가 발생한다. GDP가 한 나라의 생산활동 수준을 나타내는 생산 지표라면 GNI는 생활(후생) 수준을 측정하기 위한소득지표다. GNI는 한 나라의 국민이 국내와 국외에서 벌어들인 소득의 합으로 국내에서 창출한 총부가가치인 기존 GDP에 수출입 가격의 변화에 따른 실질소득의 해외 유출입을 감안한 무역 손익과 실질국외 순수취 요소(노동, 자본) 소득을 감안한 것'으로 정의된다. 여기서 국외 순수취 요소소득은 한 나라의 국민이 외국에서 벌어들인 소 득(임금, 이자 등)과 외국인이 국내에서 벌어간 소득의 차이를 말한다.

지난 80년대 이전에는 대부분 국가가 국민총생산(GNP)를 주요 경제지표로 사용했으나 국가간 자본과 노동이 활발해지면서 GNP와 GDP의 괴리가 커져 국내 경기동향의 정확한 파악을 위해 생산지표를 GNP에서 GDP로 바꾸었으나 99년부터 실질 소득 지표를 실질 GNI로 대체 사용하고 있다.

2 경제성장률과 72법칙[2)]

경제성장률은 국내총생산(GDP)의 증가 정도를 의미한다. 각 경제주체들은 일정한 직업을 가지면서 재화와 서비스를 생산한다. 국내총생산은 이렇게 생산된 재화와 서비스에 가격을 곱해서 계산된다.

예를 들어 A국 경제가 1년 동안 나무 의자 10개를 생산할 수 있는 공장과 1년 동안 10명의 머리를 다듬을 수 있는 미용실로 구성돼 있다고 가정해 보자. 이 경제의 구성원은 총 10명이다. 나무의자 단가를 20만원이라 하고 1인당 머리 다듬는 비용을 1만원이라 한다면 이 경제의 국내총생산은 210만원이 된다. 1인당 기준으로 계산하면 21만원이다. 이 같은 상황에서 이 경제가 인구나 자본의 증가 혹은 기술혁신으로 나무의자를 1개 더 만들 수 있게 됐다고 가정해 보자. 그러면 이 경제 국내총생산은 20만원이 증가해 230만원으로 늘어난다. 증가분인 20만원을 전년도 국내총생산 210만원으로 나누면 9.5%가 나온다. 이 수치가 곧 경제성장률이다.

따라서 한국은행이 예상하는 4.4% 경제성장률은 한마디로 생산 증가율이 4.4%에 머문다는 뜻이다. 이는 곧 경제주체들의 소득이 더디게 증가하는 것을 뜻한다. 소득증가율이 경제주체들의 소비 정도나 기대 수준에 미치지 못한다면 경제주체들의 행복도가 떨어질 뿐 아니라 경제도 힘을 잃을 수밖에 없다. 생산이 지속적으로 늘어야 각 경제주체들이 더 많이 소비하고 즐길 수 있는데 그렇지 못하다는 것이다. 침체된 경제성장률은 경쟁국과 비교해

잠재성장율이란?

실제 생산된 재화·용역의 합, 즉 국내총생산(GDP)을 기준으로 작성하는 실질 경제성장률과 대비되는 개념으로, '잠재성장률'이란 '한 나라 경제가 물가 상승을 유발하지 않으면서 달성할 수 있는 성장률'을 의미한다. 즉 물가 안정기 조를 유지하면서 노동 자본 등 가용한 모든 생산요소를 투입해 달성할 수

2) 매일경제, 2006.12.23

있는 최대 성장률을 의미한다. 잠재성장률은 경기 판단과 통화·재정 정책 등 거시 경제 정책 운용에 중요한 기초자료로 활용된다. 가령 실질경제성장률이 잠재성장률을 웃돌면 경기 과열 로 인해 물가 상승 위험이 있음을 의미하고, 실질경제성장률이 잠재성장률을 밑돌면 생산능력 이하에서 생산활동이 이루어지고 있음을 의미한다. 그래서 자일 때는 통화긴축 등 정책을 통한 안정화 정책을, 후자일 때는 확장 정책을 통한 경기부양 정책을 선택할 수 있는 것이다.

〈매일경제, 2005.9.23〉

3 GNP와 국민후생수준과의 관계

국민총생산은 국가경제의 생산활동과 관련된 경제지표이다. 따라서 경제성장은 곧 실질GNP의 성장과 동일시되어 경제성장의 추구는 곧바로 실질 GNP증대의 추구로 인식되어 왔다. 그러나 GNP는 측정상에 여러 제약이 존재하고, 또한 국민후생 수준의 일반적인 척도로 보기에는 여러 가지의 문제가 있다.

우선, GNP 계측에 있어서 커다란 제약요인은 바로 시장을 통하지 않고 거래된 재화와 용역이다. 가정주부의 가사노동은 시장에서 거래가 되지 않기 때문에 측정의 대상에서 배제되나 동일한 가사노동이더라도 음식점, 세탁소 등에서 이루어진다면 이는 GNP의 측정대상이 된다. 특히 지하경제의 경우 국가별로 차이는 있지만 그 규모는 엄청나다. 지하경제(underground economy)는 재화와 서비스를 생산하는 통상의 합법, 불법적인 경제활동 가운데 국내총생산(GDP)을 산출하는 국민계정상에 나타나지 않는 부분을 통틀어 지칭한다. 경제개발 시대 제도금융시장과 나란히 기업과 소상공인의 자금줄 역할을 수행한 사채금융을 우리나라의 대표적인 지하경제로 꼽을 수 있으며, 기업이나 자영업자의 탈세, 관료와 정치인들이 연루된 비자금과 뇌물 등도 우리사회에서 지하경제를 구성하는 중요한 부분들이었다. 한 나라의 경제에서 지하경제가 차지하는 비중이 높다는 것은 대개 그 나라 경제가 건강하지 못하다는 의미로 해석된다. 따라서 그 규

모와 폐해를 줄이는 것은 장기적으로 경제의 체질을 개선한다는 맥락에서 중요한 정책과제이다. 지하경제를 공식경제의 장으로 이끌어냄으로써 성장률을 제고하고 동시에 세수의 기반도 넓힐 수 있다는 점에서, 생각하기에 따라서는 하나의 '숨겨진 성장잠재력'으로도 볼 수도 있다.

다음으로 외부효과이다. 외부효과란 생산자나 소비자의 행위가 다른 생산자나 소비자에게 영향을 주지만 그 영향이 시장가격에는 반영되지 않기 때문에 경제적 비효율성을 발생시키는 원인으로 (+)의 외부효과와 (−)의 외부효과가 있다. (+)의 외부효과는 한 쪽의 행위가 다른 쪽에 비용을 발생시키는 경우이고, (−)의 외부효과는 다른 쪽에 혜택을 발생시키는 경우이다. 예를 들면, 기업의 폐수방류, 공해 등은 (−)의 외부효과의 경우이고, 재활용을 위한 환불정책 등은 (+)의 외부효과의 예이다. 이처럼 외부효과가 존재하는 경우에는 GNP가 진정한 사회적 후생수준을 반영할 수가 없다.

비시장거래와 외부효과 등에 의해 GNP'가 국민후생 수준의 척도로서의 기능에 문제가 제기됨에 따라 새로운 후생지표로서 노드하우스(W.D. Nordhaus)와 토빈(J. Tobin)은 MEW(Measure of Economic Welfare)라는 지표를 제안하였다. 또한 사뮤엘슨(P.A. Samuelson)은 GNP의 지출항목을 소비, 투자, 중간재로 재분류하고, 소비자의 여가, 가사노동 등을 국민후생의 요소로 귀속시키고, 도시화에 따른 공해, 교통난, 범죄의 증대 등의 부정적 요소를 고려하여 GNP로부터 NEW(Net Economic Welfare)를 계산하였다.

경제성장과 경제발전의 차이

경제성장은 일반적으로 특정 사회가 생산한 재화와 용역의 총생산이 지속적으로 증가해 가는 현상을 의미한다. 즉 이전에 비해 특정 국가가 더 많은 제품과 서비스를 생산해 냈다면 흔히 이를 해당 국가의 경제가 성장(growth)했다고 표현한다. 이런 경제성장을 달성하기 위해서는 토지, 노동, 자본과 같은 생산요소를 기존보다 더 많이 투입하여 생산을 증가시키거나 동일한 생산요소를 효율

적으로 사용해서 더 많은 제품과 서비스를 생산하는 경우이다.

경제발전은 해당 국가의 사회적, 제도적, 문화적 측면까지 모두 포괄해 판단하는 개념이다. 실질적으로 생산활동에 커다란 영향을 미칠 수 있는 교육, 법률, 사회 문화적 요인 등 다양한 측면을 동시에 고려해야 한다. 는 사실은 유엔에서 국제사회의 균형있는 경제발전을 도모하기 위해 천명한 MDGs 프로젝트에서도 쉽게 확인할 수 있다. MDGs란 2000년 유엔이 국제사회가 균등하게 경제발전을 이루는 데 일조하기 위해 수립한 밀레니엄개발목표(Millennium Development Goals)를 말한다. 당시 유엔은 MDGs 달성을 위한 구체적인 세부목표로 다음과 같은 8가지를 선정하였다. 예를들어 절대빈곤과 기아 퇴치, 보편적 초등교육 달성, 여성의 권한 확충, 유아 사망률 감소, 산모의 보건 상태 개선, 말라리아와 같은 질병 퇴치, 환경보호, 글로벌 동반 성장을 위한 관계 구축 등이다.

〈박정호, 역사 속 숨은 경제이야기 2016.11.18.〉

지하경제 다시 커져 경제에 큰 부담

미국 영화 중 '대부(Godfather)'나 '언터처블(Untouchable)' 등을 보면 불법적인 일로 큰돈을 버는 마피아 모습이 잘 묘사돼 있다. 이들은 정부 허가 없이 몰래 술을 만들어 팔거나 마약 매춘 도박 등에 손을 대 면서 막대한 돈을 벌어들였다. 이들 마피아가 부정한 방법으로 돈을 버는 곳을 이른바 '지하경제(Underground Economy)'라고 한다. 공식경제(Official Economy)와 달리 사회의 어두운 구석 에서 돈을 번다는 의미로 '지하'라는 표현을 사용한다. 일반적으로 지하경제는 '합법적 행위를 통해 이루어지는 부가가치에 대한 조세 포탈과 조세회피 부분'으로 정의한다. 여기에는 자영업자가 돈을 벌고도 신고를 하지 않거나 거짓으로 신고하는 행위 , 무자료 거래, 높은 이자로 사채를 빌려주고 발생한 이득부분, 부동산투기, 분식회계를 통한 기업 비자금, 향락산업, 미등록업체, 종업원에 대한 원천징수 액 축소, 이웃간 거래 등이 포함된다. 2003년 GDP 대비 20.7% 수준으로 껑 충 뛰었다. 이를 금액으로 환산하면 약 150조원으로 사업비 18조4000억원이 들어가 건국 이래 최대 규모 사업으로 평가받은 고속철도를 8개나 더 지을 수 있는 수준이 다.우리나라 지하경제 규모는 경제협력

개발기구(OECD) 주요 선진국들과 비교할 때 최고 7.7%포인트가량 높은 수준이다.98년 기준으로 우리나라 지하경제 규모는 GDP 대비 16.6%고 미국 8.9%, 영국 13.0%, 독일 14.7% 등을 보이고 있다. 최근 들어 지하경제가 비대해지면서 다양한 부정 적인 영향을 낳고 있다.

가장 큰 문제는 경제성장률을 떨어뜨린다는 점이다. 지하경제 증대는 부분적으로 소비를 늘리는 효과도 있지만 공식경제 경쟁력을 약화시키면서 경제성장률과 관련된 생산적인 부분으로 자금이 흐르는 것을 막 는다.예를 들어 자영업자가 물건을 팔아 소득을 얻었지만 이것을 신고하지 않았다고 가정해 보자. 이것은 탈세로 불리는 행위로, 자영업자로서는 소득이 늘어 소비를 조금 더 할 수 있다. 하지만 정부로서는 정당히 거둬들여야 할 세금을 걷지 못해 세수가 부족해지는 현상이 발생해 다른 사람에게 더 많은 세금을 내도록 하는 원인이 된다. 지하경제로 인해 97년 이래 국내 경제성장률은 평균 1.4%포인트 축소된 것으로 분석되었다. 정부가 올해 하반기 대규모 재정을 투입한 종합투자계획을 통해 0.2 ~0.3%가량 경제성장률을 기대한다는 것을 감안할 때 지하경제가 경제성장률에 서 차지하는 비중이 어느 정도인지 짐작할 수 있다.

〈매일경제, 2005 3 16〉

이스털린의 역설

이스털린의 역설은 일정 수준의 경제 성장을 넘어서면 국민의 행복과 삶의 질이 정체된다는 것"이다. 1974년 미국 경제학자 리처드 이스털린은 소득이 어느 수준에 올라 국민의 기본적 욕구가 충족되면 소득 증가가 행복에 큰 영향을 미치지 않는다는 이론을 내놓았다. '이스털린의 역설'이다. 같은 국가 안에서는 고소득층이 저소득층보다 더 행복하다고 느끼지만 국가끼리 비교해 보면 국민의 행복지수가 1인당 소득에 비례하지 않는다는 것이다. 그는 방글라데시 같은 가난한 나라 국민의 행복지수가 미국 프랑스보다 높게 나온 연구 결과를 근거

로 제시했다.

하지만 2008년 미국 펜실베이니아대의 벳시 스티븐슨 교수팀은 132개 국가의 50년에 걸친 방대한 자료를 분석한 결과, 복지 인프라가 잘 갖춰진 부국(富國)에 거주하는 사람들이 빈국(貧國) 국민보다 행복 수준이 더 높았다며 이스털린의 이론을 반박했다. 그러자 이스털린은 조사 범위를 더 넓혀 지난해 발표한 새 논문에서 한국 등을 예로 들면서 자신의 논리를 거듭 주장했다. 조사기간 중 한국의 1인당 소득이 2배나 늘었지만 한국인의 행복지수는 높아지지 않았다는 것이다.

이스털린을 지지하는 학자들은 국민소득 2만 달러를 전후해 행복지수가 정체되기 시작한다고 본다. 한국은 바로 경계선에 있다. 손 대표는 그런 맥락에서 성장 지향 정책을 경계한 듯하다. 그러나 명목 소득이 얼마가 됐든 치솟는 물가와 사교육비로 가처분소득이 형편없이 쪼그라든 우리 국민에겐 아직도 더 큰 빵이 필요한 것 아닐까. 야당 대표에겐 한미 자유무역협정(FTA) 비준, 대법원장 임명동의 같은 현안을 신속하게 처리해 국민의 '정치적 행복지수'를 높여줄 책임이 있음도 잊지 말아야 한다.

〈이형삼, 동아일보, 2011.9.21〉

절약의 역설

사회전체의 입장에서 볼 때 절약하여 저축을 늘리는 것이 국민소득의 증가를 가져올 수 있을까? 반드시 그렇지만은 않다. 사람들이 저축을 많이 하면 그 의도와는 달리 오히려 국민소득이 감소해 저축이 줄어드는 결과가 나타날 수 있다. 좀 더 구체적으로 보면 사람들이 저축을 늘리면 소비가 줄어들고 이에 따라 기업의 생산도 감소하게 된다. 이처럼 기업의 생산활동이 위축되면 결국 고용이 줄어들 수밖에 없고 고용수준이 떨어져 경제가 불안해지면 사람들은 지갑을 더욱 꽁꽁 닫게 된다. 그렇게 되면 경제가 위축되고 결과적으로 국민소득도 줄어들어 저축을 더 많이 하고 싶어도 하지 못하는 상황이 발생한다. 이러한 역설적인 현상을 가리켜 '절약의 역설'이라고 부른다. 절약의 역설 현상은 특히 경제활동이 위축되어 있을 때 발생하기 때문에, 절약이나 저축증대를 통해 경제 회복을 꾀하는 것은 자칫 상황을 더욱 악화시킬 수도 있다.

특히 요즘과 같이 경제활동이 침체되어 있는 경우에는 저축이 투자로 이어지기 어렵고, 저축증가로 인한 소비감소가 국민소득을 더욱 줄이기 때문에 "소비가 미덕이고, 저축은 악덕이다"라는 말도 심심찮게 들을 수 있다. 개인의 차원에서는 저축이 미덕이지만, 나라경제 전체에서 볼 때 저축은 위와 같이 경제상황을 더욱 나쁘게 만든 것이다. 실제로 1990년대 일본은 장기간 경기침체에 시달렸는데, 일본국민들이 경제상황에 대한 불안으로 저축을 늘려 소비지출을 줄인 것이 상황을 더욱 악화시킨 요인 중의 하나였다.

그렇다고 해서 모든 상황에서 소비가 미덕일까? 물론, 아니다. 절약의 역설은 나라경제 전체의 지출이 부족해서 경제활동이 침체된 경우에 한정된다는 사실에 주의해야 한다. 장기적인 시각으로 볼 때 저축은 투자재원으로 이어져 경제성장의 원동력이 되므로, 소비가 아닌 저축이 미덕이 될 수밖에 없다.

〈박의성, 한국은행 알기쉬운 경제상식〉

경제성장률 높으면 높을수록 좋다?

경제 성장률이란 한 나라가 경제적으로 이루어 낸 결과를 한눈에 보여주는 지표다. 구체적으로는 실질 국내총생산(GDP)의 증가율을 의미한다. GDP란 일정 기간 국내에서 생산 활동을 통해 만들어 낸 부가가치의 합계이다. GDP는 생산에 참여한 사람들의 입장에서 보면 소득의 원천이 된다. 경제성장률이 높다는 것은 근로자와 기업이 벌어들인 소득의 증가율이 높다는 것이고, 국민의 생활 형편도 좋아진다는 것을 의미한다. 따라서 국민들이 높은 수준의 경제성장률이 달성되고 유지되기를 바라는 것은 너무나 당연하다.

그렇다면 경제성장률은 높으면 높을수록 좋은 것일까? 반드시 그렇지는 않다. 경제성장률이 높다는 것은 생산 활동이 활발하다는 것을 의미하는데 생산을 아무리 많이 해도 사는 사람이 없다면 소용이 없다. 생산은 소비나 투자와 같은 수요가 있기에 이뤄지는 것이다.즉 물건이나 서비스를 사려는 사람들이 있기 때문에 만들어 내는 것이다. 경제성장률이 높다는 것은 그만큼 수요가 활발하다는 것을 뜻한다. 특히 수출이 활발하다는 것은 국내에서 생산하는 제품에 대한 해외 수요가 많다는 것을 의미한다.

그런데 생산 능력은 생산 설비나 노동력 등 생산에 투입되는 요소의 제약으

로 짧은 기간에 크게 변할 수가 없다. 따라서 만일 수요가 공급 능력 이상으로 과도하게 늘어나 생산이 수요를 충족하지 못하게 되면 물가가 지속적으로 오르는 인플레이션이 초래된다. 또한 국내에서의 공급 능력이 한계에 부딪치면 부족분을 해외에서 들여오게 되므로 경상수지가 악화된다. 정책 당국의 입장에서는 이 같은 부작용을 최소화하면서 경제성장률을 적정한 수준에서 유지할 필요가 있다. 여기서 적정 성장의 기준이 무엇인가 하는 문제가 생기는데 잠재 GDP라는 개념이 그 역할을 한다. 잠재 GDP란 인플레이션을 가속화하지 않으면서 달성할 수 있는 최대 생산 수준을 뜻하며 그 증가율이 잠재 성장률이다.

실제 GDP가 잠재 GDP를 넘어섰다면 이는 경기가 과도하게 상승해 인플레이션과 경상수지 악화를 초래할 가능성이 높아졌음을 의미하므로 정책 당국은 경기를 진정시키기 위한 긴축정책 시행을 검토해야 한다. 반대로 실제 GDP가 잠재 GDP를 밑돌 때에는 생산 설비, 노동력 등 생산요소가 충분히 활용되지 못하고 있다는 것을 의미하므로 정책 당국은 경기를 활성화하는 방향으로 정책을 시행할 것을 고려해야 한다.

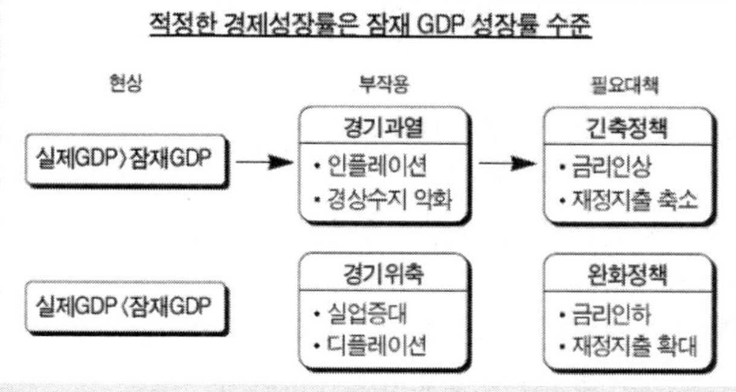

잠재 GDP는 경제 정책의 관점에서 매우 중요한 개념이지만 실제 GDP와는 달리 관측할 수 없다. 이에 따라 잠재 GDP 및 잠재 성장률은 여러 가지 기법을 이용해 간접적으로 추정하는 것이 일반적이다. 따라서 누가 어떤 방법으로 계산하느냐에 따라 추정 결과가 달라질 수밖에 없다. 우리나라의 경우 현재의 잠재 성장률이 어느 수준인가에 관해서는 많은 논란이 있을 수 있다. 다만 지금까지의 연구 결과를 종합해 볼 때 외환위기 이전 1990년대의 7% 정도에서 외환위기 직후 크게 낮아졌다가 최근에는 4%대 중반 수준을 유지하고 있는 것으로 보인다.

〈한국은행, 2008.12.16〉

구성의 오류와 경제회복

개별 주체의 입장에서는 올바른 결정을 했음에도 전체적으로는 경기가 더 나빠지는 부정적인 효과가 나타날 수 있는데 이를 '구성의 오류'라고 한다. 즉 '구성의 오류(fallacy of composition)'란 개별적으로 이익이 되는 행위가 모여 전체로는 바람직하지 않은 결과가 발생하는 것을 의미한다. 예를 들어 야구 경기를 관람하는 상황을 생각해 보자. 앞줄에 앉은 사람들이 관람 도중 응원을 하기 위하여 자리에서 일어선다면 그 뒷자리에 앉은 사람들은 관람을 위하여 어쩔 수 없이 일어서야 하고 또 그 뒷자리의 사람들도 일어서다 보면 결국은 모두가 일어서서 관람하는 결과가 될 것이다. 앞사람이 일어선 상황에서는 서서 관람하는 것이 이익인 선택이지만 그것이 모여 전체로는 바람직하지 않은 상황이 되는 것이다.

이를 지금의 경제상황에 적용해 보자. 가계의 입장에서는 고용이 불안하고 자산가치가 하락하는 등 향후의 소득이 보장되지 않기 때문에 현재의 소비를 최대한 줄여 불확실한 미래에 대비하는 것이 합리적이다. 기업 또한 자금 조달이 어려운 상황이므로 설비 등에 투자하기보다는 현금을 확보하는 것이 우선이고 매출 부진에 따른 수익성 악화를 만회하려면 인건비 등 비용을 절감해야 하므로 고용도 줄일 수밖에 없을 것이다. 즉 개별 경제주체의 입장에서는 현재 상황에서 지출을 줄이는 것이 최선의 선택을 한 것이라고 볼 수 있다.

그런데 모두가 같은 선택을 한다는 데서 문제가 생긴다. 가계의 소비가 줄면 기업은 이에 맞춰 생산과 투자를 감소시키고 고용을 줄인다. 고용이 줄고 실업자가 늘어나면 이는 다시 가계의 소득 감소를 초래하여 소비는 더욱 위축된다. 그러면 기업은 또 더 작아진 수요에 따라 생산과 투자, 고용을 더욱 줄인다. 이러한 악순환이 반복되면서 경제의 하강 속도는 더욱 빨라지게 되는 것이다. 즉 어려운 상황에서 살아남기 위한 개별 경제주체 각각의 최선의 선택이 모여 경제 전체는 더욱 어려워진다.

정부가 재정지출을 크게 늘리며 경기부양에 나서고 있는 것은 일시적인 대책은 될 수 있지만 근본적인 해결책은 될 수 없다. 결국 우리경제의 회복은 각 경제주체들의 수요가 회복되어 현재의 악순환이 선순환으로 전환되는 데 달려 있다. 따라서 상대적으로 여력이 있는 중산층 이상 가계, 대기업들이 조금 더 적극적으로 소비와 투자에 나서줄 필요가 있다. 정부도 재정지출을 통한 경기부양과 함께 직접적으로 수요를 진작시킬 수 있는 정책 마련에 힘써야 한다. 감세가 대표적이고 요즘 거론되고 있는 소비쿠폰제, 신차 구입 보조금 등도 이

에 해당한다고 볼 수 있다. 꼭 필요한 지출은 너무 미루지 말고 제 때에 실행하는 것이 경제 회복에 큰 도움이 된다는 점을 기억할 필요가 있다.

〈오세만, 한국은행, 2009.4.13〉

환경문제와 공유지의 비극

지구 환경을 위협하는 요인의 하나로 자주 거론되는 것이 지구 온난화 현상이다. 그런데 대부분의 사람들이 이러한 지구 온난화의 위험을 잘 인식하면서도 끊임없이 이산화탄소 배출을 필요로 하는 그 어떤 문명의 이기(利器)(자동차, 전기, 산업생산 등)도 쉽게 포기할 것 같지는 않다. 심지어는 국가의 경우에도 이산화탄소 배출량을 억제하기 위한 국제협약인 교토의정서가 2005년 2월에 발효되었음에도 동 협약의 실효성에 대한 의문을 제기하는 나라가 다수 있는 실정이다. 또한 협약을 비준한 국가들도 자국내에서 협약 비적용 국가들과의 형평성을 내세운 반발이 강력하여 엄격한 이산화탄소 배출 규제가 어려운 것으로 보인다.

이러한 현상은 가렛 하딩(Garrett Hardin)이 지적한 "공유지의 비극"이라는 시장실패를 통해 이해할 수 있는데 그 내용은 다음과 같다. 어떤 마을에 서로 목초지를 공동으로 운영하고 있는데 여기서는 누구나 한 푼의 비용도 들이지 않고 자유롭게 소를 놓아 풀을 먹일 수 있다. 이 경우 공동목초지는 어느 누구의 소유도 아니기 때문에 주민들은 남들보다 먼저, 그리고 가능한 한 많이 목초지에 있는 풀을 자신의 소에게 먹이는 것이 유리하게 된다. 이렇게 되면 새로운 풀이 자랄 겨를도 없이 목초지의 풀은 사라져가고 풀 한포기 자랄 수 없는 황무지가 된다. 결국에는 아무도 소를 기를 수 없게 되고 그 손해는 고스란히 주민들의 몫으로 돌아오게 된다. 즉, 인류가 향유하고 있는 대기, 물, 빙하 등의 지구환경은 특정 국가 또는 개인이 소유한 것이 아니기 때문에 "공유지의 비극"과 마찬가지로 이산화탄소 배출 감소가 좀처럼 이루어지지 않고 있는 것으로 이해할 수 있다.

〈한국은행, 2006.7.7〉

가사노동 시간당 1만569원

퇴근은 커녕 주말도, 휴가도 없다. 먹이고, 씻기고, 재우고…. '아이를 보느니 콩밭 맨다'는 옛말처럼 회사를 나가는 게 낫겠다 싶다. 틈틈이 청소하고 빨래하고 장을 봐서 식사 준비까지 하다 보면 끼니를 거르기 일쑤다. 출산휴가 때를 돌이켜 보면 집안일이 고되다는 것보다 대가가 없다는 점에서 낙담이 컸다. 월급 얘기가 아니다. 인정(認定) 같은 보상이 뒤따르지 않았다. 그래서 '가사노동의 사회학'을 펴낸 영국의 사회학자 앤 오클리는 "가사노동은 자아실현을 억압한다"고 했다.

통계청이 처음으로 가사노동의 경제적 가치를 평가해 8일 발표했다. 아이돌봄, 세탁, 청소 등 59개 가사노동을 돈으로 환산했더니 2014년 기준으로 연간 361조 원, 국내총생산(GDP)의 24.3%를 차지했다. 동아일보가 이 자료를 토대로 추정한 결과 전업주부의 가사노동 가치는 월급 190만 원. 가사노동 평가액(시간당 1만569원)을 받고 하루 6시간 일한다고 가정했다. 그 정도로는 가사도우미나 아이돌보미를 구하기 어렵지만 가사노동의 생산성을 인정했다는 점에선 의미가 있다.

그동안 화폐로 교환되지 않는 여성의 집안일은 남성의 바깥일에 비해 가치 없는 일로 치부됐다. 1960년대 여성운동의 영향으로 가사노동의 가치가 재평가됐고 1990년대 들어 세계여성대회를 중심으로 무급 가사노동을 정부 공식 통계에 반영하라는 권고가 나왔다. 영국 프랑스 스위스 등이 통계를 작성하고 있고 한국이 올해 처음 발표했다.

15세 이상 여성이 1년간 창출하는 가사노동 가치는 평균 1077만 원으로 남성(347만 원)의 3.1배다. 여성이 남성보다 그만큼 더 가사노동을 한다는 뜻이다. '아내 가뭄'의 저자 애너벨 크랩은 성공한 남성에게는 아내가 있지만 성공한 여성에겐 아내(전업남편)가 드물다는 통계를 들어 "아내는 경제적 특혜"라고 주장했다. 여성들, 특히 일하는 엄마들이 "나도 아내가 있었으면 좋겠다"고 하는 까닭이다. 결국 부부가 서로 '아내'가 되어 주고, 감사와 존중을 표현할 때 가사노동이 제값을 받고 평등한 교환이 일어나는 것일 게다.

〈동아일보, 2018.10.10.〉

재정정책

제 8 장
재정정책

재정정책이란 고용, 물가, 총수요를 조정하기 위하여 정부지출, 조세 및 정부부채를 관리하는 국가의 경제정책을 의미한다. 재정정책은 두 가지로 나누어지는데, 그 하나는 재정의 자동 안정장치이고 또 다른 하나는 재량적인 재정정책이다. 재량적인 재정정책은 의회나 행정부의 정부지출, 조세정책 등 정책변수에 의해서 수행된다. 반면에 재정의 자동 안정장치는 경기변동의 변화에 따라 조세수입이 늘고 줄어 경기가 자동조절되는 상태를 말한다.

1 재정의 자동안정장치

정부의 재정정책 자체에 자동적으로 경기를 안정시키는 요인으로는 다음의 3가지가 있다.

첫째, 조세수입이다. 왜냐하면 개인소득세와 법인소득세는 대체로 누진세를 적용하기 때문이며 누진세가 아니더라도 세금이 이윤과 소득에 비례하여 증감

하기 때문이다. 즉, 불경기에는 소득이 감소되기 때문에 세금도 줄어들므로 소비감소의 폭을 줄이게 하여 경기를 다시 원상복귀시키는 역할을 한다. 또 기업에 있어서도 이윤이 발생하지 않으면 법인세가 줄어들어 공장가동을 용이하게 한다.

둘째, 실업보상금과 기타 복지적 이전지출이다. 실직수당과 이전지출은 불경기가 되면 더 많이 지출됨에 따라 경기가 진작이 될 것이고, 반대로 호경기가 되면 고용수준이 높아져 실업보장 기금을 조달하기 위해 징수되는 세금은 늘어나는 한편 이전지출은 감소되므로 과열경기는 억제되고 경제를 안정시킨다.

셋째, 저축 부문이다. 저축은 여유자금을 비축해 두는 것이기 때문에 불경기에는 여유자금이 있을 수 없으므로 저축이 줄어든다. 저축이 줄어든 만큼 총소득분 중에서 민간소비 부문이 덜 감소되어 경기하락을 완충시킨다. 그러므로 저축부문이 충격을 흡수하는 역할을 해서 경기변동의 충격을 완화시켜준다. 이러한 자동 안정장치 때문에 능동적인 재정정책을 쓰지 않는다 하더라도 경기변동을 어느 정도 안정시킬 수 있다.

2 능동적인 재정정책 수단

정부의 능동적인 재정정책 수단은 세율, 이전지출, 공공사업지출의 3가지가 있다. 첫째, 세율을 조정하거나 조세감면을 시키면 Y=C+I+G에 있어서 세금을 축소시켜 소비수요의 비중이 커지게 된다. 또한 민간부문의 투자도 왕성히 이루어져 경제가 활성화된다. 반면에 방위세와 같은 종속세는 정부부문을 확장함으로써 민간수요를 축소시킨다.

둘째, 이전지출은 실직자가 많이 발생하면 자연히 실직수당을 비롯한 이전지출도 늘어나서 경기변동의 완충역할을 하는 소극적인 재정정책의 역할을 한다. 그러나 불경기가 심하면 이전지출을 더 증대시키는 능동적인 정책이 필요하므로 각종 보조금지급과 조세감면을 통해서 경기를 부양하여야 한다.

셋째, 정부의 공공사업 지출로써 구매력을 확대시킨다. 정부가 정부지출을 유발시키면 그 파생효과로서 소비지출이 늘어날 것이고, 소비지출이 늘어나면 가

속도원리에 의해 투자가 진작되고 경기가 활성화된다. 따라서 정부의 공공사업 지출을 증대시키게 되면 그만큼 경기를 진작시킬 수 있다. 그러나 생산성에 의해서 뒷받침이 되지 않고 지출만 과다하면 국제경쟁력을 약화시킴으로써 장기적으로 소득수준을 지탱할 수 없다.

최근 정부는 경제활성화를 위해 정부지출 증가와 세금 감면 정책을 놓고 논의가 활발히 이루어지고 있다. 정부 지출이 증가하면서 세금 감면 쪽으로 재정정책의 방향을 틀어야 한다는 지적이 적지 않다. 정부 지출 확대가 당초 의도한 목표 가운데 하나인 경기 회복에 별다른 기여를 못하고 있다는 분석 때문이다. 그러나 정부 지출 확대는 저소득층에 대한 현금성 지원과 사회간접자본 확충을 통해 단기적인 경기 회복에 적합하며, GDP 증가 효과도 감세 정책보다 뛰어나다. 즉 정부지출 증가 → 경제성장↑ → 고용↑ → 실업율↓ 이라는 단계를 거쳐 경제활성화에 도움이 된다고 보고 있다. 국회 예산정책처가 1982~2004년 도시근로자가구의 가계수지를 분석한 바에 따르면 정부 지출을 1조원 늘리면 신규고용은 13,028명, 성장률은 0.11%포인트 증가하고 실업률은 0.06%포인트 떨어지는 것으로 나타났다.

반면 소득세를 1조원 낮추면 신규 고용은 17,751명이 늘어 정부 지출보다 많지만 성장률과 실업률은 0.08%포인트씩 변동하는 데 그쳐 정부 지출보다 효과가 떨어진다. 하지만 정부 지출 확대는 적자 국채 발행 → 소비증가 → 기업 투자 증가라는 단계를 거쳐 경기 회복으로 이어지기 때문에 효과를 내려면 6개월에서 1년 정도의 시간이 걸린다. 감세가 근로의욕 고취와 투자확대로 이어지기 때문에 장기적인 성장 잠재력으로 확충하는데 효과가 높다. 그러나 세수가 줄어 재정기반이 나빠지는 데다 한국은 근로자의 47%만 소득세를 내기 때문에 세금을 낮춰도 별 효과가 없을 것이란 지적도 있다.

쿠퍼 효과와 프리드만 효과

쿠퍼효과(Cooper Effect)란 경기 흐름에 따라 취해지는 금융정책 효과의 시기가 다르게 나타나는 현상을 말한다. 일반적으로 경기 불황기에 실시하는 확장적 경제 정책은 보통 정책 시행 6~9개월후에 효과가 나타나지만, 경기 호황기에 경기를 냉각시키기 위해 취해지는 긴축 정책의 효과는 비교적 즉시 나타나는 특징이 있다. 따라서 출구전략은 신중하게 검토해야 함. 반면에 프리드만효과(Friedman Effect)는 이자율 변경이나 통화량 증감과 같은 금융정책은 6－9개월의 시차를 두고 시장에 파급효과를 가져온다는 사실을 의미하며, 출구전략이 필요함을 역설하고 있음.

3 국가의 부채

정부는 필요한 경비를 조달하기 위하여 채권을 발행하거나 중앙은행으로부터 개별적으로 차입하는 방법으로 자금을 빌리는데 이때 특히 국가나 공공단체에서 발행하는 채권을 공채라 한다.

공채의 발행은 조세와는 달리 강제력이 없기 때문에 중앙은행, 기타 금융기관 및 민간이 인수 할 수도 있으나 시장기구를 통하여 공모하는 방법이 일반적이다. 일반적으로 정부는 공채의 만기일이 다가오면 원금과 이자를 지급해야 하나, 정부는 화폐를 발행할 권한을 가지고 있어 만기일이 다가온 공채를 상환하지 못할 경우 지속적으로 새로운 공채를 발행할 수 있다. 그러나 이러한 공채 발행은 미래의 다음 세대들이 짊어질 부담이다.

이처럼 공채는 국가의 부채이다. 따라서 정부도 이에 대해 이자를 지급해야하고 만기일이 되면 조세, 또는 다시 공채를 발행하여 원금을 상환하기도 한다. 따라서 공채발행은 민간부문의 소비나 저축 또는 투자를 희생시키므로 공채발행에 따른 부담은 모두 민간부문에 전가된다.

감세의 효과

경기부양과 자원배분의 왜곡 시정 모든 경제정책과 마찬가지로 감세정책도 목표를 갖는다. 우선 특정 부문, 혹은 경제 전반에 대한 즉각적이고 단기적인 부양이란 정책목표를 들 수 있다. 우리나라의 특별소비세 감세조치가 바로 이 경우에 해당한다. 즉 소비세 율 인하로 가격이 하락하면 이에 따라 자연히 수요가 증대되므로 해당분야의 경기가 진작되리라 예상할 수 있다. 물론 이 경우에도 단서는 따른다. 해당품목의 가격에 대한 소비탄력성이 충분히 커서 기업의 매출증가가 가시화될 수 있어야 한다는 것이다. 만약 매출증가가 미미한 수준이라면 경기진작이라는 긍정적 효과는 크지 않은 반면, 세수 감소만을 초래하게 될 것이다. 감세는 궁극적으로 이보다는 훨씬 더 장기적인 목표를 갖는다. 감세를 통해 조세가 초래하는 자원배분의 왜곡을 축소시킴으로써 성장잠재력을 향상시키는 것이다. 잘 알려진 바와 같이 모든 조세는 크든 작든 자원배 분의 왜곡을 초래하게 마련이다.

예를 들어 소득세는 저축이나 노동의욕을 감소시킬 수 있으며, 법인세는 투자결정의 왜곡을 가져올 수 있다. 또한 소비과세와 자산과세는 각각 소비결정과 자산선택의 왜곡을 초래할 것이며, 관세는 자유로운 국제무 역의 흐름을 방해하여 국제간 자원배분의 왜곡을 초래하게 된다. 따라서 어떤 세목이든 세율을 낮추거나 폐지하는 감세정책은 이러한 자원배분의 왜곡을 축소시킨다. 감세정책이 장기적으로는 세수확대로 연결될 수 있다. 즉 법인세율 인하는 투자확대와 이에 따른 경기활성화를 초래할 것이며 이로 인해 소득증대가 이루어지게 될 것이다. 이는 다시 소득과세 기반 확대, 소득세수의 증가로 이어질 수 있다. 감세는 긍정적 효과와 더불어 부정적 효과도 수반될 수 있다. 예를 들어 소득세는 일반적으로 누진구조를 가지는데 소득세 감세가 누 진도를 약화시키는 경우 형평성의 측면에서는 바람직하지 못한 결과를 가져올 수 있다. 특별소비세의 경우에도 적용되는 품목들은 대부분 이른 바 사치성 재화라고 간주되는 것들이어서 특별소비세 인하는 형평성과 관련한 시비에서 자유로울 수는 없다. 또한 감세의 효과를 논의함에 있어 정부재정의 반대 측면인 재정지출을 도외시할 수 없다. 다른 조건이 같다면 감세는 필연적으로 재정 적자요인이 된다. 재정 적자가 소비와 투자를 위축시킨다는 이른바 구축효과 등의 부정적 효과는 이미 잘 알려져 있다. 따라서 부정적인 효과에 대한 검토도 감세정책에 반드시 고려돼야 한다.

〈매일경제, 2001.11.24〉

재정위기와 포퓰리즘

미국과 남유럽의 재정위기는 우리의 복지논쟁에도 중대한 영향을 미칠 것이다. 위기가 깊어감에 따라 국민의 복지지출에 대한 경각심도 함께 높아질 것이기 때문이다. 이는 총선과 대선을 앞둔 한국경제에 다행스러운 일이다. 그러나 복지지출 확대는 곧 포퓰리즘이라는 등식은 경계해야 할 것이다. 포퓰리즘이란 단어가 대중선동술이라는 부정적 의미로 사용되는 현실에서 이러한 단순 논리는 그 자신이 포퓰리즘의 덫을 숨기고 있기 때문이다.

필자는 이 단어를 좀 더 객관적으로 사용하기 위해 다음과 같이 정의하고 싶다. 단기적으로는 대다수 국민에게 기쁨을 주지만 지속가능하지 않아 장기적으로 위기를 초래하는 정책이라고. 조세의 증가 없이 복지지출을 크게 확대하는 정책은 물론 포퓰리즘으로 간주하고 비난해야 할 것이다. 그러나 조세 증가를 동반한 복지지출 확대는 포퓰리즘 목록에서 제외해야 한다. 지속가능성에 아무 문제가 없기 때문이다. 세계 최고 수준 복지지출을 하고 있지만 높은 조세부담률로 균형재정과 작은 국가부채를 유지하고 있는 스웨덴은 국가부도 위험이 가장 낮은 국가로 평가받고 있다.

한편 정부지출 축소를 동반하지 않은 감세는 포퓰리즘으로 분류해야 할 것이다. 감세는 국민 모두가 환영하지만 지출의 축소 없이 장기간 유지되면 재정위기를 초래할 수밖에 없다. 그러나 공급경제학이란 이론을 신봉하는 일부 경제전문가들은 그렇지 않다고 주장한다. 정부의 소득세 수입은 세율에 소득을 곱한 값에 의해서 결정된다. 그런데 세율이 감소하면 국민들이 더욱 열심히 일해 소득이 급증할 것이기 때문에 세수가 오히려 증가한다는 것이다. MB노믹스를 설계한 것으로 알려진 강만수 전 기획재정부 장관도 공급경제학의 신봉자다. 감세가 경제성장을 촉진한다는 데에는 대부분의 경제학자가 동의하고 있다.

그러나 최고 소득세율이 50%를 밑도는 나라에서 감세하면 오히려 세수가 증가할 것이라고 믿는 사람은 찾기 힘들다. 부시 대통령 재임기간에 미국 재정적자가 증가한 것은 전쟁비용과 더불어 감세정책에 기인한 바 크다. 공화당 강경파의 공급경제학에 대한 허망한 집착은 현재 미국 재정적자 감축의 가장 큰 걸림돌이 되고 있다.

장기간 유지되는 저금리도 포퓰리즘 후보다. 금리를 낮추면 가계와 기업이 반기고, 주식과 부동산이 춤을 추고, 호황으로 저소득 가계의 살림도 넉넉해진다. 그러나 저금리를 지나치게 오랫동안 유지하면 버블 발생의 위험이 급증한다. 일본과 미국의 국채위기는 저금리 때문에 발생한 부동산 버블을 근본 원인으로 하고 있다는 사실을 망각해서는 안 된다. 아일랜드와 스페인의 위기 또한 유로존 가입의 혜택으로 발생한 저금리가 부동산 버블을 촉발했기 때문이라는 사실을 놓치지 말아야 한다.

선진국의 재정위기는 우리에게 많은 교훈을 던져준다. 그러나 보고 싶은 것만 본다면 제대로 된 교훈을 얻을 수 없다. 포퓰리즘에 대한 균형 잡힌 시각이 필요한 때다.

〈송의영, 매일경제, 2011.8.22〉

'복지와 증세' 기로에 선 대한민국

복지를 확대하려면 세금을 더 거둬야 한다. 현 세대로부터 세금을 더 걷지 않고 복지만 늘리면 미래세대가 갚아야 할 나랏빚이 늘어난다. 그런데 정치권은 달콤한 복지확대정책을 쏟아내면서 본격적인 '증세(增稅)'엔 입을 다물고 있다.

스웨덴·덴마크를 비롯한 '유럽형 복지국가' 국민은 국내총생산(GDP)의 30~40%대에 달하는 많은 세금을 내고, 미국·일본 등 '저복지국가' 국민의 조세부담률은 10~20%대에 불과하다. 복지와 세금 수준이 같이 가고 있다. 우리 국민의 조세부담률은 19.3%(2010년)로서, '저부담-저복지' 국가에 속한다. 이런 구조에서 복지를 늘리려면 증세밖에 별 도리가 없다. 일부 정치권이 주장하는 '유럽형 복지국가'로 가려면 우리 국민들은 현재보다 2배 정도 더 많은 세금을 낼 각오를 해야 한다.

그리스는 세금을 더 거두지 않고 빚을 얻어 복지를 늘리다 국가부채가 1981년 GDP의 28%에서 2010년 120%로 늘어나 부도위기에 내몰렸다. 소위 'PIGS'로 불리는 포르투갈·이탈리아·그리스·스페인이 비슷한 처지에 있다. 복지에 있어 이들 나라는 우리의 반면교사다.

여야 정치권은 재원마련 방안으로 부자감세 철회, 소득세 최고세율 인상 등 세율 인상에 집착하고 있다. 지난해 정기국회에선 소득세 최고세율을 38%로 올리고 최고세율 과세표준 구간을 3억원 초과로 하는 소위 '버핏세'가 통과됐다. 이 경우 계산상 더 걷히는 연간 세수는 6000억원 내외로 추산되는데, 세율

인상으로 인한 투자와 소비 감소, 국제경쟁력 저하 등 경제에 미치는 비효율을 감안한 순(純)세수는 이 금액보다 줄어들 수 있다. 세율 인상으로 막대한 복지재원을 마련하기엔 한계가 있는 것이다.

복지재원 마련을 위한 세제개편은 '부자증세'라는 정치적 잣대에 의한 세율인상보다 비과세·감면 축소, 고소득자의 숨은 세원 발굴, 지하경제 양성화 등 세원확대에 중점을 둬야 한다. 이것이 경제를 활성화시켜 일자리를 창출하면서 복지재원을 마련할 수 있는 지속가능한 조세정책이다. 한편 거래세가 높으면(현재 비중 70%) 부동산 거래를 위축시키고, 보유세가 낮으면(현재 비중 30%) 부동산 보유를 부추겨 빈부격차가 확대된다. 이런 문제점은 취득세를 낮추고 종합부동산세를 재산세에 통합해 부동산 부자 중심으로 재산세를 올리는 방법으로 반드시 바로잡아야 할 과제다.

국민이 분명히 알아야 할 것은 '세상에 공짜 복지는 없다'는 사실이다.

〈헤럴드경제, 2012.1.3〉

균형재정의 함정

균형재정(balanced finance)이란 정부의 재정수입(세입)과 재정지출(세출)이 일치하여 흑자도 적자도 없는 상태를 의미하는 것으로, 이번에 정부에서 밝힌 균형재정은 전체 세입에서 세출을 차감한 통합재정수지에서 국민연금 등 사회보장성기금을 제외한 관리대상수지를 0으로 만들겠다는 것이다.

그렇다면 과연 이러한 균형재정의 달성은 항상 좋은 것일까? 일반적으로 재정수지는 경기상황에 크게 영향을 받는다. 불경기에는 가계와 기업의 소득이 줄어 정부의 세입은 줄고 정부가 지원해야할 부문이 늘어나면서 재정수지는 적자를 기록하게 된다. 반대로 호경기에는 정부의 세입은 늘어나는 반면 정부가 지출을 줄임으로써 재정수지는 흑자를 기록하게 된다.

즉, 정부가 인위적인 조치를 취하지 않더라도 세금이나 사회복지지출 체계에 의해 자동적으로 불경기에는 경기의 과도한 침체를, 호경기에는 경기 과열을 막는 방향으로 재정수지가 각각 적자와 흑자로 결정되는 것이다. 하지만 경기상황을 제대로 고려하지 않고 정부가 단순히 균형재정 그 자체에만 얽매이게 되면 경기 진폭은 더욱 커지게 된다. 즉, 불경기에 재정서 지난해와 같이 높은 경제성장률을 기대하기 어려운데다, 내년 총선과 대선을 앞두고 정치권에서 각종 복지정책을 내놓으며 세출이 늘어날 것으로 전망되면서, 세입과 세출 모두 어려운 여건에 있다.

이러한 이유에서 최근 정부의 균형재정 조기 달성에 대해 우려하는 목소리들이 많다. 결국 정부가 균형재정을 달성하기 위해서는, 감세 철회나 공기업 조기 매각 등을 통해 세입을 늘리거나, 사업예산 지출 삭감이나 전반적인 재정의 긴축운용 등 세출을 줄이는 방향으로 조정되어야 한다.

하지만 글로벌 금융시장의 불확실성이 높아지고 선진국들의 경기회복이 지연되면년 달성이라는 숫자에 너무 집착하게 되면, '재정건전성 확보를 통한 우리 경제의 체질 개선'이라는 당초의 목적을 달성하기는커녕 경제의 변동성만 더 키우는 결과만 초래할 수 있다. 단순한 포퓰리즘이 아닌 진정으로 국민경제를 위한 정책운용이 그 어느 때보다 필요한 시기이다.

〈편도훈, 한국은행, 2011.12.7〉

출구전략의 이해

출구전략(exit strategy)이란 군사용어로 인명과 물자(blood and treasure)의 희생을 최소화할 수 있는 철수 전략을 말한다. 과거 베트남전 당시 미 국방부 내에서 이에 대한 검토가 이루어졌던 것으로 알려지고 있으며, 미군의 소말리아 개입과 관련하여 정치권이나 언론에서 행정부의 출구전략 부재에 대한 비판을 제기하면서 이 말이 일반인 사이에서도 널리 쓰이게 되었다. 이러한 출구전략은 기업 경영에 있어서 기업의 전부 또는 일부를 매각하여 투자자본을 회수하는 전략을 의미하며, 주식투자와 관련하여 가격이 하락한 주식을 처분하여 손실을 최소화하는 손절매(損切賣)를 뜻하기도 한다.

출구전략은 경기침체기에 경기를 부양하기 위하여 취하였던 각종 완화정책을 경제에 부작용을 남기지 않게 하면서 서서히 거두어들이는 전략이다. 즉 경기가 침체하면 기준 금리를 인하하거나 재정지출을 확대하여 유동성 공급을 늘리는 등의 조치를 취하게 되는데, 경기가 회복되는 과정에서 시중에 유동성이 과도하게 공급되면 물가가 상승하고 인플레이션을 초래할 우려가 있다. 이에 대비하여 경제에 미칠 후유증을 최소화하면서 각종 비상조치를 정상화하여 재정 건전성을 강화해나가는 것을 출구전략이라고 한다. 2008년부터 시작된 이른

바 세계 금융위기와 관련해서는 중앙은행의 통화환수 정책과 같은 뜻으로 사용된다. 이밖에 기업이 다른 기업을 인수·합병하였다가 가장 적절한 시기에 매각함으로써 이익을 실현하는 전략도 여기에 포함된다.

〈박정룡, 한국은행, 2009.8.11〉

정부규제와 세금 – 창문세와 사치세의 부작용

1696년 영국 국왕 윌리엄 3세는 부족한 재정을 충당하기 위해 "창문세"(window tax)를 부과하였다. 이는 6개를 초과하는 창문에 대해 1개당 2실링씩을 징수하는 방식이었다. 당시에는 유리제조 과정이 복잡하고 노력이 많이 소모되어 유리가격도 높은 편이었으므로 부유한 가정일수록 창문을 많이 달았다. 따라서 창문세는 세금을 걷기 쉬울 것으로 보이는 부유층을 겨냥한 것이었다. 그런데, 창문세 부과 이후 새로운 건물을 지을 때 처음부터 아예 창문이 없는 주택을 짓거나 심지어는 기존의 창문도 벽돌로 막아버리기 시작했다. 그 결과로 당초 정부가 기대한 것처럼 세금이 증가한 것이 아니라 유리수요가 급감하여 유리생산 업자들의 파산이 속출하였으며 창문없는 건물이라는 기형적 유산만을 남기게 되었다.

한편 1990년 미국 부시행정부는 걸프전쟁 등으로 인한 재정적자를 축소하기 위해 주로 고급선박, 개인비행기, 모피, 보석 등을 대상으로 10%의 세금을 부과하는 "사치세"(luxury tax)를 도입하였다. 물론 이러한 세금 역시 조세징수가 용이할 것으로 예상되는 부유층을 겨냥한 것이었다. 그런데 동 세금부과의 효과는 당초 미 행정부의 예상과는 다른 방향으로 전개되었다. 선박산업을 예로 들면 부자들이 세금부과로 고급선박에 대한 소비를 줄이자 1991년 한 해에만 선박관련 산업에서 19,000명이 일자리를 잃으면서 선박산업이 크게 위축되었다. 이와 비슷한 효과는 항공, 의류, 귀금속 산업에서도 발생한 것으로 추정된다. 또한 부자들의 사치품 소비 감소로 세금 추가 증가액은 당초 미 행정부가 기대했던 연간 5억달러에 훨씬 못 미치는 3천만달러에 불과하였다.

이상의 두 가지 일화는 사치품에 대한 수요자들의 탄력성의 크기를 고려하지 않은 데서 비롯된 정책적 오류의 예라고 할 수 있다. 17세기 후반 영국의 창문, 1990년대의 요트 등은 의·식·주처럼 필수적인 물건과는 탄력성 측면에서 분명히 다른 것이다. 즉 이들 제품은 가격변화에 수요가 민감하게 반응하는, 즉 수요의 탄력성이 높은 재화들인 것이다. 결국 세금부과로 인한 이들 재화의 가격상승은 수요를 큰 폭으로 감소시켰고 그 결과는 당초 정부가 예상한 효과를 가져오지 못하였을 뿐만 아니라 오히려 다른 부작용을 초래하였던 것이다.

〈한국은행, 2006.7.7〉

금융정책

제 9 장
금융정책

1 금융정책이란?

금융정책이란 정부가 은행을 통하여 민간이 보유하는 금융자산의 구조를 변화시킴으로써 완전고용, 물가안정, 국제수지의 개선, 고도성장 등의 경제적 목표를 달성하는 일련의 경제정책이다.

2 금융정책의 수단

금융정책의 수단은 금융정책의 효과가 경제전반에 걸쳐서 그 영향을 미치는 정책수단으로 금융정책의 지표인 통화량이나 이자율을 조절하기 위해서 금융당국이 직접 또는 선택적으로 이용할 수 있다.

1) 공개시장 조작

공개시장 조작이란 중앙은행이 자본시장에서 직접 국공채를 매매하여 통화량을 조절하는 것이다. 이는 금융정책의 여러 수단 중 가장 효율적이고 부작용이 적어 선진국에서 자주 사용된다.

2) 재할인율 정책

재할인이란 은행이 다시 중앙은행으로 부터 어음을 할인받고 자금을 차입하는 것으로 중앙은행이 예금은행에 적용하는 이자율을 의미한다.

3) 지불준비율 정책

지불준비율 정책이란 중앙은행이 예금은행의 법정 지불준비율을 변동시켜 통화량을 조절하는 정책이다. 지불준비율 조정은 금융정책 수단 중 가장 강력한 정책수단으로 경제 자체의 구조적인 변화를 야기시키기 때문에 함부로 변동시키지 않는다.

콜금리

금융기관도 자금이 부족할 경우 타 금융기관에서 자금을 빌려달라고 요청하는데 이를 콜이라 하며, 이러한 자금이 거래하는 시장이 콜시장이다. 콜시장에서 빌리는 돈을 콜머니(Call money), 빌려주는 돈을 콜 론(Call loan)이라하며 이때 적용되는 금리를 콜금리(Call rate)라 한다. 따라서 경기가 과열되어 물가가 상승할 경우 콜금리를 높여 시중 자금을 흡수하고, 경기가 위축될 것 같으면 콜금리를 낮추어 경기를 활성화시킨다.

콜금리↑ →예금,대출금리↑ → 예금자 이자 소득↑→ 저축↑
→ 대출이자↑ → 투자↓,부동산,주식투자 위축

4) 금융창구 지도

금융창구지도는 긴급시 금융당국이 시중은행으로 하여금 자금수요를 용도별로 우선순위를 매겨서 시중은행의 대출구조를 직접 통제하는 것이다.

5) 증권금융 규제

고객이 유가증권을 구입할 목적으로 증권을 담보로 하여 자금을 차입할 때 그 한도를 변경시킴으로써 증권금융을 위한 자금공여량을 통제한다.

6) 소비자신용 규제

소비자신용이란 내구소비재 판매의 결정적 요인으로 금융기관이 소비자에게 공여하는 신용을 의미하며, 투자수요와 고용수준을 결정한다. 따라서 소비자신용은 설비투자와 더불어 경기변동 경제성장률에 중대한 영향을 주고 있다.

오퍼레이션 트위스트(Operation Twist)

지난 21일 미국 연방준비위원회에서는 현재 미국의 경제위기를 극복하기 위한 경기부양책으로 내년 6월까지 4000억달러 규모의 오퍼레이션 트위스트를 실시하기로 했다. 오퍼레이션 트위스트(Operation Twist)란 중앙은행이 채권 매매를 통해 통화량을 조절하는 통화정책인 공개시장조작의 일종으로, 장기국채를 매입하고 단기국채를 매도하여 결과적으로 장기국채금리는 하락시키고 단기국채금리는 상승시켜 경제를 활성화시키는 정책이다.

일반적으로 채권시장에서는 채권의 만기가 길수록 금리가 높아지게 된다. 투자자가 돈을 채권에 투자하고 돌려받기까지 걸리는 시간이 길어질수록 그 투자에 대한 불확실성이 커지므로 해당 채권에 대한 수익률인 채권금리가 점차 높아지는 것이다. 하지만 중앙은행이 장기국채를 매입하고 단기국채를 매도하면, 장기국채에 대한 수요는 높아져 장기국채금리는 하락하고 반대로 단기국채의 공급은 늘어나 단기국채금리는 상승하게 된다. 이처럼 채권만기와 금리 간의 일반적인 관계를 뒤틀어버린다는 의미에서 이 정책을 '오퍼레이션 트위스트'라고 부른다.

전통적인 통화정책인 기준금리 인하는 순차적으로 단기금리와 장기금리의

인하를 통해 기업의 대출과 투자를 증가시켜 실물경기를 부양하는 파급경로를 따른다. 또한 최근 미국이 주로 실시했던 양적완화 정책은 중앙은행이 국채 매입을 통해 금융시장에 유동성을 대량 공급하여 경기를 활성화시키는 경로를 따른다. 하지만 오퍼레이션 트위스트는 장기국채를 매입함과 동시에 단기국채를 매도하여 장·단기금리를 변화시킴으로써 기업들의 대출과 투자를 활성화시켜 경기회복을 유도하는 것이다. 즉, 기업들의 자금조달은 단기가 아닌 장기적 관점에서 이루어지는 반면 국가간 차익거래나 인플레이션은 단기금리의 변동에 영향을 받으므로, 오퍼레이션 트위스트를 통해 단기금리를 상승시켜 외국인들의 단기차입 증가 및 물가 상승을 막으면서 장기금리를 하락시켜 기업의 조달금리를 낮추어 투자와 고용을 늘리는 것이다. 양적완화와 오퍼레이션 트위스트 모두 국채 매입을 통해 시장에 개입하지만, 전자의 경우 유동성 공급에 집중하는 반면 후자의 경우 장·단기금리의 조정에 초점을 맞춘다는 점이 가장 큰 차이라 할 수 있다.

〈편도훈, 한국은행, 2011.12.7〉

현금 없는 사회

2007년 케냐 통신기업 사파리콤과 영국 보다폰이 만든 엠페사는 휴대전화의 모바일 계좌에 돈을 보관하거나 송금할 수 있는 서비스다. 이 서비스를 도입한 아프가니스탄 경찰은 월급이 30% 늘었다. 경찰 수뇌부가 일부를 빼돌리고 지급했던 현금을 정부가 모바일 계좌로 직접 준 덕분이다. 이런 서비스는 개발도상국에서 부패를 줄이고 조세수입은 늘렸다. 현금은 부패와 탈세의 흔적을 찾기 어렵지만 모바일 머니는 기록이 남아 추적이 가능하기 때문이다.

스웨덴은 현금 거래 비중이 1%에 불과하다. 현금거래가 사라지면서 은행 강도와 같은 범죄는 확 줄었다. 하지만 샤넬과 같은 사치품의 매장이나 애플 아이폰과 같은 정보기술(IT) 제품을 실은 수송차를 털다가 잡히는 범죄는 급증했다. 미국에서는 '탈(脫)현금화'로 저소득층의 경제활동이 제약될 것이란 우려도 나온다. 워싱턴포스트는 9일(현지 시간) 미국에서 부족한 자금과 낮은 신용도로 은행계좌를 개설하지 못하는 가구 비율이 7%에 이른다고 보도했다.

스타벅스가 전 세계에서 유일하게 한국에 '현금 없는 매장'을 운영 중이다. 16일부터 103곳으로 확대한 스타벅스커피코리아는 기존 3곳에서 시범운영한 결과 현금 거래율이 0.2%까지 떨어졌다고 밝혔다. 본사는 한국 매장이 휴대전화로 음료를 사전에 주문하고 결제하는 스타벅스 전용 앱인 '사이렌오더'를 가장 먼저 도입해 성공시킨 것을 유심히 지켜봤다. 현금 없는 매장도 한국에서 가장 먼저 자리 잡을 것으로 보고 첫 실험에 나선 것이다.

한국은 현금 결제 건수가 2016년 26%로 2년 전에 비해 10%포인트 이상 줄면서 빠르게 '현금 없는 사회'로 진입 중이다. 금융거래가 드러나길 원하지 않는 개인이나 현금 사용에 익숙한 노년층은 반갑지만은 않다. 화폐가 이제 지폐나 동전 같은 물질의 '입자'가 아닌 디지털상의 '신호'로 거래되는 것은 돌이킬 수 없는 흐름이다. 그러나 인터넷이나 통신망의 블랙아웃과 같은 최악의 상황을 대비해서라도 현금을 사용할 수 있는 권리는 여전히 필요하다.>

〈동아일보, 2018.07.18.〉

실업과 고용

제 10 장 실업과 고용

1 실업이란?

실업이란 일을 하고자 하는 의사와 일할 능력이 있는 노동자가 일할 기회를 얻지 못한 상태이며, 실업율은 생산연령 인구(14세 이상의 인구)에서 일할 의지가 없는 자를 제외한 노동인구에 대한 실업자수의 비율이다.

실업은 개인적인 측면에서는 생존기반의 상실을 의미하며, 사회적인 측면에서도 생산자원의 낭비와 사회적·정치적인 불안요소가 된다. 따라서 현대 경제정책에서는 경제성장보다는 실업의 해소를 더 중요한 문제로 취급하고 있다.

1) 자발적 실업

고전학파는 가격기구에 의해 움직이는 경제는 늘 자동조절하는 기능이 있으므로 실업이란 노동자가 고용기회에 대한 정보를 입수하지 못하여 실직상태에 있거나 수요의 계절적 변화에 따른 일시적인 실직상태(=계절적 실업)만이 존재한다고 보았다. 임금은 노동의 수요와 공급이 균형을 이루는 데서 결정되므로

이렇게 결정된 임금 이상으로 요구하는 사람은 일자리를 얻을 수 없다. 그러므로 일하지 않는 사람을 자기의 의사에 따라 실업을 택한 게으른 사람으로 보고, 이러한 실업을 자발적 실업이라 한다.

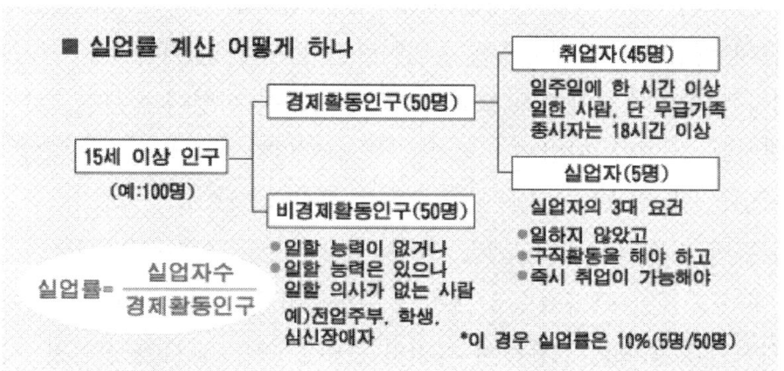

2007/1/19 매일경제

2) 비자발적 실업

비자발적 실업이란 사람들은 일하고 싶어도 직장을 구하지 못한 경우로 경기적 실업, 구조적 실업과 기술적 실업 등이 있다. 경기적 실업은 불경기에 수반하여 발생하는 실업으로 유효수요의 부족에 기인한다. 따라서 경기적 실업은 경기가 회복되어 유효수요가 증가되면 해소될 수 있다. 구조적 실업은 기술혁신으로 인해 기존의 기술이 새로운 기술로 대체하게 됨에 따라 발생하는 실업으로 특정 노동에 대한 수요가 부족하여 발생한다. 따라서 경제전체로 보아 노동수요가 충분할 때에도 어떤 부문에서는 노동의 초과공급이 존재하여 구조적 실업이 발생할 수 있으므로 이를 해결하기 위해서는 산업구조가 개편되어야 한다. 기술적 실업이란 기술의 진보에로 노동이 기계로 대체되는 과정에서 발생하는 실업적다. 즉 공장자동화로 과거에 비해 적은 노동력만이 필요하므로 잉여노동력은 실업자가 될 것이다. 그러나 기술적 실업은 노동의 생산성을 향상시키고 경제의 공급능력을 증대시키기 때문에 고용이 늘어날 수 있다.

2 실업과 재정 · 금융정책

경제가 성장을 한다는 것은 곧 생산성의 증대에 따른 노동력의 절감을의미한다. 그리고 노동력의 절감은 기존 고용수준의 축소를 의미하므로 생산성의 증대와 기술의 혁신에는 필연적으로 실업이라는 문제가 따른다.

실업자는 사회의 잠재적인 노동력으로서 새로운 산업에 종사함으로써 생산력을 증대시킬 수 있다. 따라서 실업자 발생으로 인한 사회적 손실과 그들이 새 일자리를 얻는 데 필요한 재정·금융정책이 절실히 필요하다.

예를 들어 진공청소기, 세탁기, 식기세척기 등으로 인하여 가정부들은 일시적 실업상태가 되지만 국가적으로 그만큼 생산성이 늘어나는 것이다. 따라서 국가는 잠재적인 노동력을 고용하여 자원의 낭비를 막는 동시에 정치적·사회적 혼란을 방지하기 위해 총수요를 증대시키는 확장적인 재정·금융정책을 시행하여야 할 것이다.

출산장려정책

70년대 인구계획 포스터를 보면 '1981년까지 1인당 국민소득 1000달러를 달성하기 위해 딸 아들 구별 말고 둘만 낳아 잘 기르자'라는 말이 있었다. 생활수준을 높이기 위해 자식을 덜 낳자는 의미다. 80년대까지만 하더라도 한국 정부는 출산을 억제하기 위해 갖은 애를 썼다.당시 정부는 아이를 적게 낳은 가정에 세제 혜택을 제공했고, 불임 수술을 한 사람에게 주택분양 우선권까지 줬다. 이에 따라 출산율은 60년대 6명, 70년대 4명, 80년대 2명 수준으로 떨어졌다. 세계에서 유례를 찾기 힘든 인구억제 정책의 성공이었다. 이러한 출산율 저하로 고민하는 지금으로서는 이해하기 힘든 상황이다. 하지만 당시에는 그럴 만한 이유가 있었다. 인구의 급격한 증가는 삶의 질과 밀접한 관련이 있는 1인당 국민소득을 떨어뜨리기 때문이다.

1인당 국민소득을 결정하는 가장 중요한 열쇠는 노동자의 생산성이다. 각 노동자들의 생산성이 크다는 것은 개인이 생산하는 물건과 서비스 양이 많다는 것을 의미한다. 개인이 생산하는 양이 늘어날수록 1인당 국민소득이 증가하는 것은 당연한 이치다. 개인의 생산성이 증가하기 위해서는 각 노동자에게 돌아

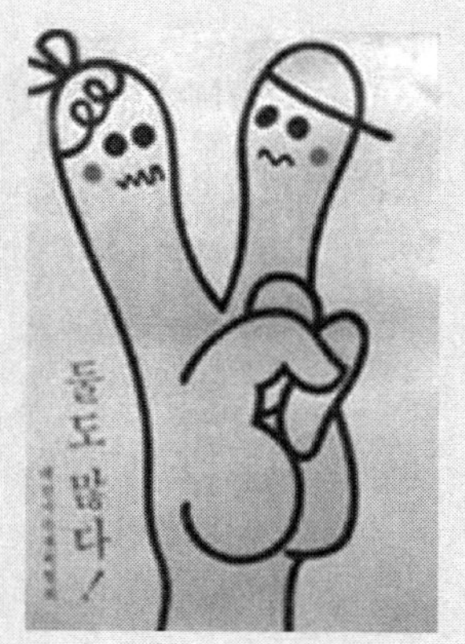

가는 기계·장비(즉 자본재)가 늘어나야 한다. 각 노동자가 기계 1대를 돌릴 때보다 2대를 돌릴 때 생산성이 늘어난다는 의미다. 이에 인구증가 속도가 떨어지면 개인이 쓸 수 있는 기계·장비가 늘어나 생산성이 올라가고 1인당 국민소득도 함께 늘어나게 된다. 예를 들어 A라는 나라에 1달러짜리 물건 1개를 생산할 수 있는 기계가 50대 있다고 가정한다면 인구가 50명일 때 1인당 국민소득은 1달러에 불과하지만 인구가 25명으로 줄어들어 1인당 기계를 두 대씩 돌린다면 1인당 국민소득은 2달러로 늘어난다. 80년대까지 한국 정부가 강력한 인구억제책을 사용한 이유는 여기에 있다. 자본재가 부족한 상황에서 인구증가 속도를 떨어뜨려 1인당 국민소득을 늘리려 했던 것이다. 당시 가난 탈출은 국가적 과제였다. 하지만 지나친 인구증가율 하락은 경제성장에 독이 된다. 인구증가율이 둔화되면 생산성이 늘어나 1인당 국민소득이 커지는 긍정적인 효과를 가져 오지만 부양 부담이 커져 오히려 1인당 국민소득이 줄어드는 부정적인 효과를 가져오기 때문이다. 만약 생산활동을 하지 않는 고령층 인구는 빠르게 증가하는데 생산할 수 있는 사람 수는 그보다 더디게 늘거나 혹은 줄어들기까지 하면 어떻게 될까. 각 사람에게 돌아가는 상품·서비스 양은 감소하게 될 것이 분명하다. 이러한 부양 부담 증가 효과가 생산성 상승 효과보다 크다면 인구증가율 하락은 1인당 국민소득을 감소시킨다. 2000년대 상황이 바로 이와 같다. 최근 출산율은 빠른 속도로 하락하는데 인구고령화가 급격하게 진행되면서 노년층 인구가 크게 늘고 있다. 결국 70년대 '다자녀 양육'은 경제적 재앙을 초래할 것이라 염려됐지만 저출산 고령화 현상이 만연해 인구 축소까지 우려되는 2000년대에 '다출산'은 사회적으로 환영받을 일이다.

〈매일경제신문, 2006.9.1, A36〉

인구고령화와 경제

최근 평균수명 연장과 출산율 하락으로 인구고령화가 우리나라의 현안사항이 되고 있다. 인구고령화는 다양한 경로를 통해 경제에 영향을 미친다. 먼저, 성장에 대한 파급경로를 공급 및 수요측면에서 살펴보자. 공급측면에서는 '인구고령화 → 생산가능인구 감소 → 노동공급 감소 → 생산 감소 → 성장 둔화'라는 경로가 있다. 수요측면에서는 '인구고령화 → 기존 저축을 소비에 충당하게 됨에 따라 노년층의 소비성향 증가 및 노인부양부담 증가로 근로계층의 저축성향 감소 → 저축 감소 → 투자재원 부족 → 투자 감소 → 성장 둔화'라는 경로가 있다.

다음으로, 분배에 대한 파급경로를 살펴보자. '인구고령화 → 세원이 되는 생산가능인구가 줄어 조세수입 감소, 반면, 연금, 각종 사회보장, 의료비 등의 지출이 늘어 정부지출 증가 → 재정수지 악화 → 다음 세대의 조세부담 증가 → 세대간 소득분배 악' 이라는 경로가 성립한다. 생산성 향상이나 인구 유입과 같은 특단의 조치가 없는 상황하에서 인구고령화는 필연적으로 성장 둔화(또는 성장잠재력 약화)와 세대 간 소득분배 악화로 귀결된다. 이러한 문제들을 해소하기 위해서 단편적으로 대응하는 것은 실효성이 없다. 노동공급 감소, 저축 감소, 재정수지 악화라는 문제에 대해서 총체적으로 접근하는 방향으로 대응해야 한다. 따라서 인구고령화 문제를 해결하기 위해서는 노동·의료 · 연금 · 금융시장 등을 포괄하는 개혁방안(road map)을 수립하여 체계적·단계적으로 추진해야 한다.

예를 들어, 인구고령화에 따른 노년층 및 근로계층 모두의 미래소득에 대한 불안감을 해소하기 위해서는, 연금형 상품, 역모기지 상품 등 새로운 금융상품의 개발을 통해 자산운용의 건전성을 제고할 수 있는 금융시장 환경 및 제도를 구축하는 정책을 수행해야 한다. 아울러 국민연금 등 기존연금의 운용에 대한 투명성을 제고함으로써 국민들로부터의 신뢰를 구축하는 정책도 병행하여 수행해야 한다.

〈제주일보, 2005.11.14〉

일본, Future · Family · Fun '3F' 업종 뜬다

단카이세대는 1947~49년에 출생한 일본의 베이비붐 세대로 약 700만명에 이를 것으로 추산된다. 일본 기업들이 주요 타깃으로 삼고 있는 계층은 돈이 많고 갓 정년퇴직한 상류층이다. 주요 일본 기업은 단카이세대 중 자신을 중산층 이상이라고 생각하는 사람들을 대상으로 한 소위 '3F시장'을 노리고 있다. 3F란 Future(미래), Family(가족), Fun(재미)의 머릿글자를 딴 것으로 단카이세대 남성의 지갑을 겨냥해 떠오른 시장이다. 우선 Future는 미래를 주제로 한 사업으로 시장규모가 가장 클 것으로 추산된다. 예를 들어 자산운용 관련 비즈니스를 비롯해 건강 등 웰빙사업, 컴퓨터나 어학 등 각종 학습관련 사업, 친구 만들기 등 사교사업, 시니어 찻집 등이다.. 두 번째는 Family를 주제로 한 뉴 비즈니스다. 여행업계는 부부동반 또는 가족 단위 국내외 여행이 늘어날 것으로 기대한다. 자녀들이 성장해 곁을 떠난 단카이세대를 겨냥한 주택 리뉴얼이나 재건축 시장도 확대될 것으로 건축업계는 예상한다. 손자나 손녀들에게 줄 선물 관련 사업이나 애완동물 관련 사업도 늘어날 전망이다. 마지막으로 Fun을 테마로 한 사업도 유망하다. 골프를 비롯한 스포츠나 오토바이 등 각종 레저사업도 각광받고 있다. 식도락가를 겨냥하거나 자동차광 등을 대상으로 한 뉴비즈니스도 생겨나고 있다.

〈매일경제, 2006.10.31, A2〉

못 믿을 실업 통계

19세기 영국 총리 디즈레일리는 "세상에는 세 가지 거짓말이 있다. 거짓말, 지독한 거짓말, 통계"라고 했다. 2004년 중국은 상반기 경제성장률이 9.7%였다고 발표했다. 그런데 30개 성(省)과 시가 내놓은 성장률 평균은 12.7%나 되는 것으로 나타났다. 성장률이 가장 낮은 하이난성도 10.3%로 국가 평균보다 높았다. 지방정부들이 실적을 내세우기 위해 통계를 '마사지'했던 것이다.

통계청이 9월 실업률이 3.0%로 떨어졌다고 발표했다. 정부 발표만 믿는다면 '완전고용'에 가까운 취업 상황에 가슴을 쓸어내릴 수도 있다. 그런데 젊은이들 사이에선 연애 포기, 결혼 포기, 취업 포기를 묶어 '삼포세대'란 말이 유행한다.

그들은 스스로 '취업장수생(長修生)'이라고 자조(自嘲)한다. 지난 몇 년 새 취업한 것도 아니고 그렇다고 학교 다니는 것도 아니며, 직업훈련조차 받지 않는 30만 젊은이 집단(소위 니트족)이 우리 사회에 자리잡았다.

정부의 실업률 수치가 피부에 와 닿지 않는 것은 실업률 산정의 표본집단이 현실과 거리가 있기 때문이다. 정부는 실업률을 '경제활동인구(취업자+실업자) 가운데 실업자의 비율'로 잡고 있다. 취직이 안 돼 어학원 다니며 때를 기다리는 사람, 고시원에 묵고 있는 파트타임 취업자 등 사실상의 실업자 수백만명을 실업자에서 제외했으니 실업률 수치가 낮을 수밖에 없다.

모택동 시절의 중국 농담이다. 북경에 온 닉슨 대통령이 "실업자들이 백악관 앞에서 매일 데모해 골치"라고 했다. 모택동은 "중국에는 실업자가 단 1명도 없다"고 허풍을 떨었다. 한국은 실업률이 3%인데 고용률은 63%밖에 안 된다. 이 통계가 진실이라면 우리나라는 '일하는 사람도 없고 실업자도 없는' 이상한 나라다.

〈김태익, 조선일보, 2011.10.18〉

5만원권 등장 3년, 무슨 변화 가져왔나

만원권 지폐는 가고, 5만원권 지폐가 대세가 됐다. 2012년 말 화폐발행잔액(시중에서 유통되는 화폐 액수)은 54조3340억원이고, 이 중 5만원권이 32조 7660억원을 차지했다. 전체 화폐금액 중 5만원권이 60%를 넘어선 것이다. 2009년 6월 발권 이후 3년 만에 5만원권이 '대세'가 됐다. 많은 사람들이 5만원권은 설이나 추석 등 명절에만 본다고 생각하지만, 5만원권은 우리 삶에 깊숙이 들어와 있는 셈이다. 한국 최고액 지폐인 5만원권이 나오면서 우리 삶에 어떤 변화를 가져왔을까.

3월 21일 한국은행이 발표한 <지급결제보고서>에 따르면 2012년 말 현재 화폐발행잔액은 전년 말 대비 11.7%가 늘어난 54조3340억원이다. 5만원권은 2011년에 비해 발행잔액이 26.2%나 증가했지만, 오랫동안 지폐의 대명사였던 만원권의 발행잔액은 2011년에 비해 7%나 줄어들었다. 5만원권이 만원권을 대체하고 있음을 알 수 있다.

5만원권이 대세가 되면서 한국 경제와 우리 삶에 다양한 변화가 생기고 있

다. 5만원권은 만원권과 함께 자기앞수표까지 대체하고 있다. 5만원권이 발권되기 전까지 고액권의 대명사였던 10만원권 수표의 이용규모는 2010년 2조4000억원, 2011년 1조9000억원, 2012년 1조4000억원으로 줄어들고 있다. 한국은행은 5만원권의 이용이 늘어나면서 10만원권 자기앞수표의 이용이 감소했다고 분석했다.

유통업계는 5만원권을 이용한 마케팅 기법을 내놓았다. 4만9000원 마케팅이 대표적이다. 부모가 자녀 선물용으로 많이 사는 대표적인 물품이 완구다. 부모가 자녀를 위해 완구를 살 때 기준이 되는 것이 캐릭터와 가격이다. 유통업계는 4만5000~5만5000원을 부모가 부담 없이 지출할 수 있는 완구 가격으로 분석한다. 요즘 아이들 선물로 인기를 끌고 있는 '레고 닌자고 가마트론'의 경우 4만9900원 가격으로 나왔고, 변신 로봇 제품인 '또봇 W실드1'의 경우 4만5000~4만6000원 가격대를 유지하고 있다. 유통업계는 세트 선물로 구성되는 상품 가격대도 대부분 4만~5만원으로 책정하고 있다. 이마트의 경우 4만~5만원 이하 세트 상품이 630여종을 차지하고 있고, 전체 세트 상품 중 35%를 차지하고 있다. 한 대형마트 관계자는 "완구는 시즌이 아니더라도 연중 선물용으로 판매하는 상품이다. 가격대가 완구를 선택할 때 가장 중요한 요소"라며 "완구나 세트 선물용은 5만원이 넘으면 소비자가 가격 부담을 많이 느낀다. 이 때문에 3만원대에서 5만원대 상품을 주력으로 운영하고 있다"고 밝혔다.

결혼이나 장례식장에서도 5만원권 지폐가 많이 사용되고 있다. 통계청의 자료를 통해서도 5만원권이 경조사비로 많이 쓰이고 있음을 알 수 있다. 3월 18일 국세청이 발표한 '가계동향'을 보면 전국 2인 이상 가구의 월 평균 경조사비가 2010년 이후로 꾸준하게 5만원을 기록하고 있다. 2003년 3만6400원을 시작으로 5만원권이 발행된 2009년에도 4만9653원이었다. 2010년 5만2131원을 기록한 이후 2012년까지 5만원대를 유지하고 있다. 경조사비도 5만원권 발행으로 5만원으로 굳어진 셈이다.

설이나 추석 등 명절 때도 5만원권 발행액이 급격하게 늘어난다. 한국은행은 매일 지폐와 주화를 발행하고 있다. 매일 발행액은 시장 수요에 따라 달라진다. 평상시에는 비슷한 액수가 발행되는데, 설이나 추석 등을 앞두면 평상시 발행액의 5배가 넘어간다. 한국은행 발권국 관계자는 "5만원권이 경조사비로 많이 쓰이는 것으로 보고 있다"면서 "설이나 추석 등의 명절 때 가장 많이 발권되는 지폐가 5만원권이다. 명절 때 용돈으로 많이 사용되기 때문"이라고 설명했다.

하지만 5만원권의 사용이 늘어나면서 부작용도 늘어났다. 가장 대표적인 사례가 만원권에 비해 5만원권의 환수액이 낮다는 것. 환수액이 낮다는 것은 5만원권이 은행에 예치되는 액수가 적다는 것이다. 2012년 말 현재 환수된 만원권은 18조5240억원인데, 5만원권은 10조9730억원에 그쳤다. 시중에 풀린 5만원권이 34조원인데, 이 중 33%만이 은행으로 돌아온 것이다. 나머지 24조원은 기업과 개인이 보유하고 있다.

한국은행 관계자는 "발행잔액 34조원 중 은행이 보유하고 있는 10조원을 뺀 나머지는 기업과 개인사업자가 소유하고 있다. 작은 상점을 운영하는 개인사업자라도 현금이 100만원씩은 있어야 한다. 5만원권으로 많이 가지고 있는 것으로 파악하고 있다"면서 "이에 비해 개인들이 소유하고 있는 5만원권은 그리 규모가 크지 않다고 본다. 개인들이 가지고 있는 5만원권은 거래용 현금이 대부분일 것"이라고 설명했다.

금융 전문가들은 5만원권이 비자금용으로 보관되고 있다는 의심을 하고 있다. 대기업이 운영하는 연구소의 한 연구원은 "일반적으로 사람들은 카드를 많이 사용하고 있다. 지갑 속에 들어 있는 현금 대부분은 만원권이다. 5만원권은 구경하기도 힘든데, 그 이유가 기업과 개인사업자들이 5만원권을 쌓아놓기 때문"이라며 "미국의 경우 100달러 화폐는 시중에서 유통이 잘 안 된다. 일반인들은 소액 달러를 많이 쓴다. 미국도 고액권이 비자금으로 쓰이는 것을 방지하기 위해 노력하기 때문"이라고 지적했다.

5만원권 발권 이후 한국은행이 가장 신경을 쓰는 것이 '5만원권으로 물가가 올랐다'는 비판이다. 5만원권 발행 초기부터 5만원권 발행이 물가상승에 영향을 주는지 여부가 이슈였다. 하지만 이에 대한 연구는 미진하다. 한국은행 측은 "5만원권 발행이 물가상승에 영향을 줬는지 여부는 아직 연구가 되지 않았다. 현재 연구 중이지만 아직 결과물은 나오지 않았다"고 대답했다.

뇌물사건의 주인공도 만원권에서 5만원권으로 바뀌었다. 만원권으로 사과박스를 채우면 보통 2억원 정도지만, 5만원권으로 사과박스를 채우면 10억원 정도다. 요즘 뉴스를 채우고 있는 뇌물사건의 경우 대부분 5만원권 지폐가 사용되고 있다. 위조지폐 발견 건수는 해마다 줄어들고 있지만, 5만원권 위조지폐 발견 건수만 늘어나는 것도 우려스러운 점이다. 한국은행 자료에 따르면 2009년 1만2252장, 2010년 9298장, 2011년 2011년에는 1만7장, 2012년 8626장의 위조지폐가 발견됐다. 2011년에는 5만원권 위조지폐 115장이 발견됐지만, 2012년에는 329장이 발견됐다. 이에 비해 천원권, 5천원권, 만원권 위조지폐는 계속 줄어들었다. 고액권 발행의 부작용이다.

5만원권 한 장을 만드는 데 들어가는 비용은 얼마나 될까. 한국은행 측은 "제조 원가를 밝히기는 어렵다. 다만 천원권부터 5만원권의 지폐를 만드는 데 장당 평균 120원이 든다"고 밝혔다. 지폐 중에서 제조 단가가 가장 높은 것은 5만원권이다. 다른 지폐에 비해 사이즈가 크고, 위조를 방지하기 위해 들어간 장치가 다른 지폐보다 많기 때문이다.

화폐 발행·환수액 및 발행잔액 (자료 : 한국은행)

		2012년중			2012년말	
		발행(A)	환수(B)	순발행(A-B)	발행잔액	증감률
은행권	5만원권	17조7800억원	10조9730억원	6조8060억원	32조7660억원	26.2%
	만원권	17조2430억원	18조5240억원	-1조2810억원	16조9660억원	-7.0%
	오천원권	4990억원	4480억원	500억원	1조970억원	4.8%
	천원이하	5030억원	4600억원	430억원	1조3470억원	3.3%
		36조240억원	30조4060억원	5조6190억원	52조1760억원	12.1%
주화		830억원	250억원	580억원	2조1580억원	2.8%
계		36조1070억원	30조4300억원	5조6770억원	54조3340억원	11.7%

〈주간경향, 1020호, 2013.4.9.〉

화폐와 물가

제 11 장
화폐와 물가

1 화폐란?

일상생활에서 경제활동은 돈을 벌어들이는 것으로 시작해서 그 중 일부는 소비하고 나머지는 저축을 하는 금전거래 과정의 연속이다. 따라서 모든 경제활동에 있어서 화폐는 인체에 있어서의 혈액의 역할에 비유될 수 있다. 이는 화폐가 수많은 생산자와 소비자간의 모든 경제거래를 매개하고 촉진하기 때문이다. 그러므로 화폐란 거래 또는 채무를 완결하는 데 사용되는 결제수단인 것이다.

다른 나라 고액권은

역사적으로 최고액권은 액면가 기준으로 1946년 헝가리에서 발행된 1해(垓) 펭고 지폐였다. 1해(垓)는 100,000,000,000,000,000,000으로 1 다음에 0 이 20개나 붙는다. 실제 지폐에는 0을 20개나 표시하기가 곤란해 숫자 대신 알파벳으로 SZAZMILLIO B－PENGO'라고 표기했다. 하지만 당시 이 지폐 가치는 미화 20센트에 불과했다. 실제로 0이 가장 많이 인쇄된 지폐를 기준으로 하면 가장 큰 고액권은 짐바브웨의 100조달러 지폐다. 0이 14개 찍힌 이 지폐는 우리 돈으로 40만여 원 가치를 갖고 있다. 2008년 8월 화폐 개혁을 하기 전까지 짐바브웨에서는 버스요금이 1억달러, 계란 1개가 130억~350억달러 정도였다. 이러한 초인플레이션 때문에 100조달러 지폐를 발행한 것이다. 그 밖에도 터키에서 2001년에 2000만 리라 지폐, 싱가포르에서 1973년 1만달러 지폐 등이 사용됐다. 특히 싱가포르 1만달러 지폐는 우리 돈으로 1000만원 정도 가치를 가지나 실제로는 잘 유통되지 않는다.

〈매일경제, NIE 경제교실, 2009.7.1〉

2 화폐의 기능

화폐의 기본적인 기능은 교환의 매개수단으로 작용하여 재화나 용역의 교환을 원할히 해주는 데 있다. 그러나 화폐는 단순히 교환의 매개수단뿐만 아니라 일반적인 지급수단의 기능을 한다. 화폐가 안정적인 구매력을 지니고 있어 모든 사람들에 의해 사용되기 때문이다. 그러나 인플레이션으로 구매력이 감소할 경우 사람들은 화폐 대신에 다른 형태로 전환한 것임으로 화폐는 일반적인 지급수단으로서의 기능을 상실하게 될 것이다. 또한 화폐는 모든 재화나 용역의 가치를 계산단위로 표시함으로써 재화나 용역의 가치를 측정하는 기준으로 사용되고 있다.

이외에도 화폐는 지급수단으로서 언제든지 거래에 사용할 수 있다. 즉, 화폐는 다른 어떤 가치저장 수단보다 유동성이 높아 가치저장 수단으로서의 역할을 하며, 어떤 자산보다도 더 안정된 구매력을 지닌다. 따라서 화폐는 앞으로의 재화나 용역의 구매에 있어서 얼마만큼의 가치를 가질 것인지를 미리 알 수 있게 한다. 또한, 화폐는 봉급, 이자, 임대료 등과 같이 일정한 기간 후에 지급을 하는 연기지급의 수단이 된다. 그러나 화폐가 연기지급의 수단으로서의 기능을 만족스럽게 수행하려면 안정적인 구매력을 유지해야만 한다. 만약 화폐의 구매력이 계약기간 동안에 크게 떨어진다면 일정한 금액을 지급받기로 약속한 채권자는 손해를 보게 되는 반면에 채무자는 큰 이득을 보게 된다. 그러므로 화폐의 구매력이 안정적이지 못하면 사람들은 화폐를 연기지급의 수단으로 이용하지 않을 것이다.

3 물가와 화폐

16세기 유럽에서는 스페인이 중남미지역으로부터 엄청난 양의 금은보화를 본국으로 이전시킴에 따라 가격혁명이 일어나 통화량의 팽창과정에서 상인계급은 엄청난 이윤을 볼 수 있었다. 그 후 그들의 축적된 상업자본이 상공업을 일으키는 추진력으로 작용하여 산업혁명이 가능하였다.

우리나라에도 6·25동란 직후 정부가 경제 발전을 위한 자금을 조달하기 위해서 통화를 증발하였다. 그 결과 물가는 하늘 높은 줄 모르고 치솟아 경제전체가 마비상태에 빠지게 되었으며, 사람들은 저축을 하지 않는 대신 물자비축과 부동산투기를 주로 하였다. 즉 돈을 찍어내어 경제를 발전시키려 했으나 경제는 발전되지 않고 오히려 혼란만 초래했던 것이다.

1차 대전후 독일은 재원을 조달하기 위해 지폐를 발행하는 수단을 택하였다. 그 결과 물가는 천문학적으로 상승하여 경제를 마비되는 비극을 낳았다. 얼마나 인플레이션이 극심했던지 이발소에 이발하러갈 때와 나올 때의 이발값이 달라질 만큼, 안정된 것이라고는 없었다. 이러한 상황 속에서 안정적인 성장을 기대한다는 것은 불가능하다.

리디노미네이션(Redenomination)

리디노미네이션이란 '화폐단위 절하''화폐단위 변경' 등으로 표현되며, 사실상 화폐개혁을 뜻한다. 한 나라의 화폐를 가치변동 없이 모든 은행권 및 지폐의 액면을 동일한 비율의 낮은 숫자로 조정하거나 이와 함께 새로운 통화단위로 화폐의 호칭을 변경하는 것이다. 예를 들어, 100원을 1원으로 하는 것인데 이 경우 절하 전 화폐단위의 호칭과 절하 후 화폐단위의 호칭을 구별하지 않으면 혼동되기 때문에 구원, 신원 등의 명칭을 쓴다. 우리나라에서는 1953년 구권 100원을 신권 1환으로, 1962년엔 구권 10환을 신권 1원으로 변경하여 이미 두 번이나 경험한 바 있다. 리디노미네이션은 기본적으로 인플레이션의 진전에 따라 경제량을 화폐적으로 표현하는 숫자가 많아서 초래되는 국민들의 계산, 회계 기장 또는 지급상의 불편을 해소할 목적으로 실시된다. 그러나 일부 선진국에서는 자국 통화의 대외적 위상을 제고할 목적으로, 과거 중남미 제국과 같은 나라에서는 국민들의 인플레이션 기대 심리를 억제할 목적으로 이용되기도 했다. 리디노미네이션을 할 경우 국민들의 거래시 편의 제고, 회계장부의 기장처리 간편화, 인플레이션 기대심리 억제, 자국 통화의 대외적 위상 제고 등을 기대할 수 있다.반면에 화폐단위 변경으로 인한 불안, 새로운 화폐의 제조에 따른 화폐 제조비용, 신-구 화폐의 교환 및 컴퓨터 시스템 등의 교환 등 수반되는 비용이 많이 든다는 점이 문제이다. 이러한 리디노미네이션의 시행여부에 따른 찬반양론이 팽팽하게 맞서있다. 찬성하는 사람들은 1973년 1만원권 화폐가 첫 등장한 뒤 지금까지 물가는 11배 올랐고 경제규모도 100배나 커진 만큼 30년 전 화폐단위를 쓰는 것은 적절치 않다고 주장한다. 실제 1원짜리와 5원짜리 동전은 거의 쓰이지 않으며 자국 통화의 대외적 위상제고를 위해 현재 약 1200대1인 미국 달러와의 교환 비율도 대폭 줄일 필요가 있다는 것이다. 그러나 반대론자들은 비용이 엄청나게 들어가기 때문에 지금 굳이 할 이유가 없다는 논리를 내세운다. 새 돈을 찍어내고 교환하는 데 큰돈이 들어가고, 현금 자동입출금기는 물론이고 자동판매기도 다 바꿔야 하기 때문이다. 또 1000분의1로 리디노미네이션을 해서 종전에 980원짜리 물건이 0.98원이 된다면 상인들이 우수리를 떼고 값을 그냥 1원으로 올려 받을 가능성이 있어 물가를 자극할 수 있다는 것이다. 또 화폐 단위가 작아지면서 착각에 따른 과소비와 부동산 투기 등 부작용을 우려하고 있다. 따라서 디노미네이션을 성공적으로 추진하기 위해서는 실시 시기·화폐단위 절하비율과 호칭·사전공고·화폐교환방법 등에 대한 철저한 사전준비 및 연구가 선행되어야 할 것이다.

따라서 리디노미네이션은 정책의 실시에 따른 국민의 불안감 및 부작용을 최소화하기 위해 다음과 같은 몇 가지 요건이 충족되어야 한다. 먼저, 물가 및 국제수지의 안정이다. 경상수지가 적자 행진을 계속할 경우에는 환율의 안정을 유지하기 어려우며 디노미네이션의 실시로 인한 경제상황의 불확실성으로 인해 환율의 불안정이 더욱 확대될 우려가 있기 때문이다. 그리고 국내 정치사회 정세가 안정되어야 한다. 리디노미네이션의 실시는 논란의 소지가 많고 실시 결정에서 완료시까지 오랜 시일이 소요될 뿐만 아니라 국민의 신뢰가 긴요하기 때문이다.

〈서울신문, 2004.10.19〉

5만원권의 경제학

2009년 6월 23일 5만원권이 발행됐다. 종전까지 최고 '고액권'인 1만원의 5배짜리 지폐가 생긴 것이다. 1973년 6월 1만원권이 생긴 이래 36년 만이다. 고액권은 왜 만들었을까? 경제 규모가 커지면 화폐를 점점 고액화할 필요가 생긴다. 1만원권 지폐가 발행된 1973년 당시 우리나라 국민총소득은 137억달러였다. 2008년에는 9347억달러로 경제 규모가 70배 가까이 확대되었다. 경제 규모는 커진 만큼 거래 규모도 커졌기 때문에 고액권 화폐 수요도 더불어 증가해왔다. 다양하지 못한 화폐로 국민들은 상거래에서 불편을 느낄 수 있고, 사용·관리 시 추가적인 비용이 발생할 수도 있다.

5만원권이 발행된다고 통화량이 증가하는 것이 아니다. 기존 통화에 새로운 통화가 추가되는 것이 아니라 대체되는 것이기 때문이다. 현재 시중에 유통되고 있는 1만원권 26조~27조원 가운데 40% 정도가 5만원권으로 대체될 것으로 예상된다. 1만원권 지폐와 10만원 수표 사용이 줄어들게 된다는 얘기다. 이러한 변화를 겨냥해 유통가나 금융가는 벌써 5만원권 마케팅을 벌이고 있다. 백화점이나 마트 등에서는 5만원대 상품이 증가하고 5만원짜리 기획 상품전이 열리는가 하면 5만원짜리 식사 메뉴, 5만원짜리 보험·금융 상품 등 5만원권 사용을 부추기는 마케팅이 늘어나고 있다.

또한 5만원권 발행으로 비용 절감 효과가 크게 나타난다. 고액권을 사용함에

따라 수표 발행 비용으로 들어가는 연간 약 2800억원이 절감되는 효과가 있다. 1만원권에 대한 수요 감소로 인한 제조·취급 비용 절감도 연간 400억원 정도로 추정된다. 이로 인해 연간 3200억원의 비용이 꾸준히 절감될 것으로 본다(한국은행). 게다가 현금 휴대가 편리해지고 지갑 두께가 얇아져 상품 구매 시 불편함도 줄어든다. 수표 사용으로 인한 불안감도 줄어들고 신분 확인 등 수표 거래 시 불편함도 감소해 금융거래가 편리해질 것이다. 이러한 금융거래의 편리성을 돈으로 환산하면 고액권 발행으로 인해 우리 경제의 비용 절감 효과가 상당할 것이다.

물론 비용 절감 효과만 있는 것은 아니다. 전국에 있는 기존 CD·ATM(자동현금출납기)을 교체하는 데 약 3000억원이 소요된다고 한다. 또한 수표와 달리 현금은 거래 추적이 불가능하기 때문에 뇌물이나 비자금 조성 등 음성적 거래 수단으로 이용되기 쉽다.

따라서 건전한 경제활동을 저해하는 지하경제가 확대될 수도 있다. 분실했을 때 현금은 수표보다 찾기가 어려워진다는 문제도 있다. 고액권 사용으로 소득계층 간 위화감을 더욱 가중시킨다는 주장도 있다.

그리고 고액권 사용은 물건 값을 끌어올리는 지렛대 구실을 한다. 고액권 발행으로 화폐 사용 빈도에 맞추어 물가가 상향 조정되는 결과를 초래할 수 있다. 1만원권을 사용할 때 거스름돈은 주로 5000원권, 1000원권, 500원, 100원 등이었으나 5만원권을 사용할 때 거스름돈은 기존 거스름돈에 1만원권이 추가된다. 결국 점차 100원, 500원 등은 사용 빈도가 낮아질 것이다. 이로 인해 수요가 감소하는 낮은 단위의 화폐가치는 더욱 하락하게 된다. 또한 5만원이라는 고액권을 빈번하게 사용하다 보면 물건값을 매기는 단위가 높아져 화폐가치 하락을 더욱 부추기고 그러한 현상은 물가 상승을 초래할 수 있다.

〈매일경제신문, NIE 경제교실, 2009.7.1〉

부의 효과(wealth effect)

부동산이나 주식 등 가계가 보유하고 있는 자산의 가격이 상승하면 소비가 증가하고 반대로 가격이 하락하면 소비가 감소하는 현상을 '부의 효과'(wealth effect)라고 한다.사람들은 자산 가격이 움직인 만큼 자기소득도 변동한 것으로 생각하여 그에 맞춰 소비수준을 조정하게 된다는 것이다. 최근 우리나라 가계의 소비심리가 과거에 비해 호전되면서 민간소비가 회복세를 보이고 있는 것도 금년 들어 주가가 큰 폭으로 상승한데 따른 부의 효과가 일부 작용했을 것으로 보인다. 우리나라의 경우 주가가 10%p 상승하면 가계소비가 0.3%p 정도 증가하는 것으로 나타났다. 이는 저소득층이나 음식료품과 같은 생필품 소비에서는 부의 효과가 거의 나타나지 않지만 고소득층과 중소득층을 중심으로 가전제품이나 자동차 등의 내구재 및 의류 등의 준내구재 소비가 크게 늘어나기 때문이다. 하지만 주택가격 변동에 따른 부의 효과는 주택자산의 가치가 10% 증가할 때 비내구재 소비는0.3~0.5%, 비주거용 소비는 0.6~0.9% 정도 증가하는 데 비하여 주거서비스 소비는 대략 1.2~1.3% 감소하는 것으로 나타났다.

이러한 결과는 부동산가격 상승으로 인한 부의 효과가 부동산 구입을 위한 가계부채 증가로 대부분 상쇄되기 때문으로 분석된다. 부동산 가격 상승분은 아직 손에 들어오지 않은 미실현 소득인데 반해, 가계부채 원금 및 이자부담은 현재의 지출이기 때문에 오히려 소비를 제약하는 요인으로 작용할 수 있다.

〈한국은행, 2011.12.7〉

비트코인이 화폐가 될 수 없는 이유

1930년대 미국 중앙은행(Fed)은 (인플레이션을 퇴치하기 위해) 통화 공급을 줄였다. 통화가 부족해지자 적어도 150곳의 지역사회에서 상업 시스템을 원활하게 하기 위해 고유의 임시 통화를 찍어내려고 시도했다. 하지만 그중 아무것도 제대로 유통되지 못했고, 결국 모두 사라졌다.

최근 Fed가 양적완화로 지나치게 많은 돈을 찍어낸다는 우려가 커진 가운데, 민간 온라인 시장에선 '비트코인'이란 이름의 글로벌 가상화폐가 탄생했다. 이 가상화폐는 인플레이션을 유발하는 통화정책으로부터 사회를 보호하는 것으로 여겨진다.

비트코인이 지구상에 현존하는 실물화폐들의 대안이 될 수 있을까. 비트코인 투자자들은 그렇다고 생각한다. 페이스북 창업자 마크 저커버그가 자신들의 아이디어를 도용했다며 7년간 법정공방을 벌였던 쌍둥이 윙클보스 형제는 비트

코인 시장이 현재보다 100배 증가한 4000억달러 이상에 이를 것이라고 생각한다. 캘리포니아주 코스타메사에 있는 한 고급 브랜드 자동차 판매 딜러는 전기자동차 테슬라S와 람보르기니 갈라도 같은 차를 팔 때 비트코인을 받기도 한다.

비트코인은 디지털 코드를 생성하는 컴퓨터 알고리즘을 통해 '채굴'된다. 이 코드로 얻게 된 비트코인은 온라인 거래에 이용된다. 비트코인을 만들어내는 알고리즘은 전체 숫자가 증가하면서 날로 복잡해져 비트코인 채굴을 어렵게 만들었다. 비트코인 최대 발행량은 2100만개로 제한돼 있다. 현재 약 1200만개의 비트코인이 유통되고 있다. 이 비트코인이 더욱 광범위하게 통용될 것이란 기대감 때문에 비트코인 가치는 몇 주 전 한때 1비트코인당 1200달러 이상으로 뛰기도 했다. 하지만 중국 포털사이트 기업 바이두닷컴이 비트코인 결제 서비스를 중단하겠다고 밝힌 뒤 가치가 급락했다. 요즘은 1비트코인당 900달러대에 거래되고 있다.

비트코인은 화폐로서 갖춰야 할 기준을 상당 부분 지니고 있다. 거래의 매개체도 있고 자체적인 회계 단위도 있다. 화폐가치 저장 기능도 있으며 지불 유예 관련 규칙도 있다. 하지만 특정 재화가 진정 화폐로서의 가치를 인정받기 위해선 거래의 상대방이 해당 재화의 교환가치를 인정해야만 한다. 비트코인이 실물화폐를 대체하지 못하는 이유가 여기에 있다. 교환가치로서의 기능을 제대로 갖추지 못했기 때문이다.

예를 들어 위스콘신주의 한 마을에 사는 이발사가 자기 가게에서 비트코인을 받는다고 치자. 그리고 이 사람이 그 지역의 레스토랑에서 비트코인으로 밥을 사 먹는다고 생각해보자. 이 지역공동체 안에서 비트코인이 원활하게 유통된다면 적어도 이 구역 내에선 비트코인은 화폐로서 성공적으로 안착한 것이다.

하지만 독일이나 중국에서도 비트코인이 이렇게 될 수 있을까. 아니, 해외까지 갈 것도 없다. 미국 시카고의 가위 회사에다 비트코인을 받으라고 한다고 해서 과연 그 말을 들을까. 앞에서 언급한 캘리포니아의 자동차 딜러는 겉으로는 비트코인을 받고 자동차를 팔았다. 하지만 실은 비트코인을 받은 게 아니다. 왜냐하면 비트코인을 먼저 미국 달러라는 실물화폐로 바꿨기 때문이다.

진정 대체 통화가 되려면, 보통의 비즈니스 거래를 쉽게 하기 위해 비트코인이 사회적으로 획을 그을 수 있을 정도로 폭넓게 인정받아야 할 필요가 있다. 만약 그렇지 못하다면 비트코인은 항상 잠재가치가 액면대로 받아들여지지 않은 채 거래될 것이다. 현재 미국 은행시스템에서 시중 통화량은 총 11조달러에 이른다. 이 상황에서 만일 비트코인 2100만개가 모두 채굴돼 통화수단으로 인정받는다고 가정할 때, 비트코인 가치는 1비트코인당 52만4000달러가 된다.

이건 현재 비트코인 가치를 감안할 때 어마어마하게 높은 수준이다. 그렇지만 비트코인은 실제 거래를 위한 지불수단으로 통용할 회사들이 창출할 총 매출, 즉 미국 전체 국내총생산(GDP)의 0.01%도 안 될 것이다. 화폐는 재화와 용역, 그리고 그걸 얻을 수 있는 매개자산으로부터 교환가치를 얻게 된다. 이걸 따지면 비트코인의 실제 가치는 1비트코인당 52.4달러밖에 되지 않는다.

비트코인은 코드 저장을 위한 컴퓨터 서버 공간, 이 컴퓨터를 구동하는 전력, 해킹을 차단할 보안 체계가 필요하다. 또 비트코인을 거래하는 쌍방 모두 암호화를 위한 고도의 계산능력이 있어야 한다. 비트코인 거래 중개소가 있고, 비트코인 시장을 만들어내는 회사들도 있다. 그러나 이들 업체는 과거에 없던 새로운 유형이며, 미래를 예측할 만한 적절한 금융 실적 기록도 없다. 비트코인은 불법 거래도 용이하게 한다. 비트코인의 세계는 마찰에서 자유롭지 못하며, 깨끗하다고 볼 수도 없다.

비트코인 생산이 진정 2100만개로만 한정될 수 있을까. 해커들의 기술은 점점 더 발전하고 있다. 화폐 공급량을 늘리려는 유혹은 로마제국 시대부터 강렬했다. 이런 비싼 대가와 질문들은 비트코인의 향후 가치 영속성에 대해 끊임없이 도전적인 충격을 던진다.

비트코인이 진정한 통화 대체재가 되려면 대다수 기업과 소비자로부터 인정받아야 한다. 또 중앙은행이 발행하는 통화 이상으로 안전해야 한다. 운반도 가능해야 한다. 현재 비트코인은 이런 어떤 요구조건도 충족시키지 못한다. 이것이 미국 달러 가치로 실제 호환되는 것보다 훨씬 낮은 금액에 거래되는 이유다.

만일 비트코인이 언젠가 대안통화로서 세계 시장에서 통용될 것이라고 믿는다면, 비트코인의 잠재적 가치는 1비트코인당 52만4000달러까지 치솟을 수 있을 것이다. 마약 거래상이나 또 다른 사악한 이용자들이 웃돈을 얹어주고라도 비트코인을 쓰고 싶어한다면 그 가치는 더 급등할지도 모른다. 비트코인이 정말 성공하려면 현재 존재하는 모든 실물통화와의 경쟁에서 이겨야만 한다. 그것이 비트코인이 정식 통화로서 승인받기 위해 넘어야만 하는 높은 장벽이다.

〈한국경제신문, 2013.12.20.〉

물가지수와 인플레이션

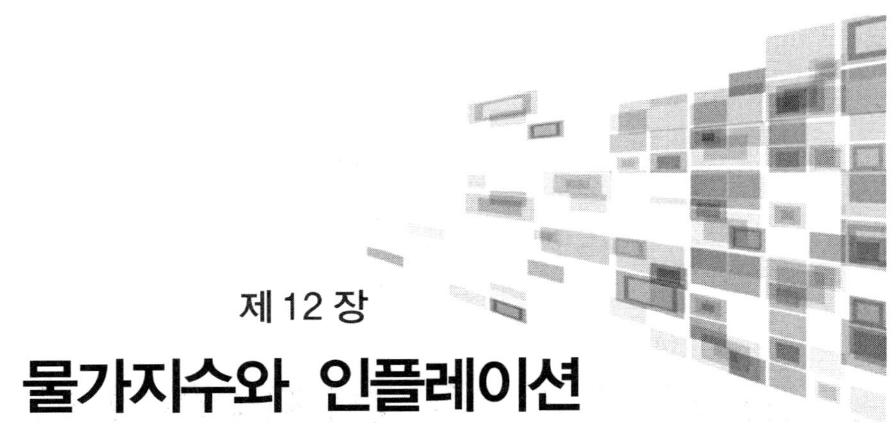

제 12 장

물가지수와 인플레이션

1 물가지수

물가란 경제생활과정에서 거래되는 재화와 서비스의 가격을 평균한 것으로 이를 작성할 때는 품목별 가중치(예를 들면 쌀 13.2, 쇠고기 3.9, 휴대폰 9.7 등)를 두어 가중평균하다. 이러한 물가는 정부에서 발표하는 통계물가지수와 소비자들이 실제로 느끼는 물가지수(장바구니 물가)와 차이가 발생하는데 그 이유는 다음과 같다.

물가지수는 일반적 가격변동을 나타내는 지표이나 다음과 같은 문제점이 있다. 첫째, 소비자물가 지수의 가구모집단은 농·어가를 제외한 전도시 가구를 대상으로 함으로써 국가전체의 소비자물가 지수라기보다는 도시물가 지수라고 해야 옳을 것이다. 둘째, 소비자물가 지수는 공산품의 질의 변동이나 품질의 변동을 물가의 변동으로 파악하지 못하고 있다. 예를 들어, 스테레오 장치가 부착된 컬러 TV'의 가격상승은 물가 자체의 상승보다는 품질의 향상에 의한 것이다. 셋째, 가계마다 소비지출하는 품목들이 다르다. 즉, 소비자들은 자신들이 자주 구

입하거나 관심있는 품목에 대한 가격변동에 민감하게 작용한다.

이외에도 소비자물가 지수는 여러 가지 다른 문제점이 존재할 수 있다. 예를 들어, 소비자물가 지수 당국의 조사원이 가격조사를 할 경우 조사를 잘못하거나 응답자가 허위대답을 할 경우 또는 재화가 암거래될 때 현실을 정확히 물가에 반영하지 못하게 되고, 나아가서 소비자들이 피부로 느끼는 물가와 정부당국에 의하여 발표되는 물가간의 괴리를 초래한다.

아이팟 지수

*자료:호주 커먼웰스은행, 애플

디지털시대에는 빅맥지수가 아닌 아이팟지수를 사용하라.로이터통신은 그 동안 국가의 통화 가치와 물가 수준을 가늠하는 대중적 잣대로 사용되어온 '빅맥지수' 시대가 끝나고 '아이팟(iPod)지수' 시대가 올 것 같다고 18일 현지시간) 보도했다. 통신은 호주 최대 은행인 커먼웰스은행이 애플의 디지털 뮤직플레이어 아이팟을 근거로 한 '콤섹아이팟지수(CommSec iPod Index)'를 개발했다고 전했다. 아이팟지수는 영국 경제주간지 이코노미스트가 세계 각국의 햄버거 가격을 조사해 발표하는 '빅맥지수'와 유사하다. 애플의 주력 제품인 아이팟 2GB 슬림라인 나노 모델 가격이 전 세계적으로 똑같아야 한다는 '일물일가 법칙'과 구매력 역시 같다는 전제로 미국 달러화 기준으로 전 세계 아이팟 가격을 비교했다. 이 지수를 보고 해당 국가의 통화가 고평가 혹은 저평가됐는지 확인할 수 있다. 만약 해당 국가 아이팟 가격이 미국보다 비싸면 이 나라 통화가 고평가됐다고 할 수 있다.

〈매일경제신문, 2007.1.20, A9〉

2 인플레이션이란?

일반적으로 물가가 지속적으로 상승하는 현상을 인플레이션이라 한다. 과거의 인플레이션은 주로 전쟁의 후유증으로서 일어났으나 오늘날에는 장기적이며 인플레이션과 경기침체가 공존하는 스태그플레이션 현상이 나타나고 있다. 따라서 과거에는 인플레이션이 심화되면 통화를 긴축시키고 수요를 축소시켜서 해결할 수 있었으나 인플레이션과 스태그네이션이 동시에 발생하는 오늘날에는 어느 하나를 치유하면 다른 하나는 더욱 악화되기 마련이어서 진퇴양난에 빠질 경우가 많다.

인플레이션이 가장 큰 문제가 되어온 것은 세계적 규모로 확장되면서 가속화된다는 것이다. 즉, 세계경제가 IT산업의 기술혁명과 금융시장의 통합, 다국적기업이 발달 등으로 급속히 동조화되고 있어 선·후진국들이 동시에 침체를 겪고 있다.

3 인플레이션의 경제적 효과

1) 부와 소득의 재분배

인플레이션은 총소득의 변화보다는 계층간에 소득분배의 불균형을 파생시키며 이의 본질적인 문제는 인플레이션이 실질소득을 이전시킴으로써 소득재분배의 효과가 있다.

2) 생 산

인플레이션이 진행되면 기업들은 이미 수립한 생산계획보다는 인플레이션에 따른 시장수급구조의 변화에 맞추어 생산을 하게 됨으로 수요가 증대되고 기업가들은 낙관적인 기대를 하게 되어 생산과 투자도 늘어나게 된다.

3) 고 용

인플레이션이 완만히 진행되는 경우 수요의 증대와 함께 기업가들은 낙관적인 기대로 생산이 늘어남에 따라 투자와 고용의 증대가 이루어진다. 그러나 인플레이션이 급속히 진행되면 투기행위와 같은 자원의 낭비를 초래하는 투자가 일어나 생산과 고용은 축소될 수 있다.

4) 국제수지

인플레이션으로 외국제품에 비해 국산품의 가격은 상대적으로 상승함에 따라 사람들은 상대적으로 더 싸진 외국제품을 선호하게 되므로 수입은 증대한다. 반면에 상대적으로 비싸진 국산품은 해외시장에서 덜 팔리게 되므로 국내생산은 위축되고 수출은 감소되어 국제수지가 악화된다.

5) 정치·사회적 영향

인플레이션은 사람들로 하여금 투기행위를 하여 떼돈을 벌 수 있다는 불건전한 생각을 하게 됨으로써 경제풍토를 해치게 한다. 즉 정액소득으로 생활하는 사람들은 가격의 지속적인 상승으로 기업이 고가품을 많이 생산함으로써 야기되는 상품공급의 감소에 의해 생활수준의 저하, 좌절감욕구불만 등을 갖게 될 것이다. 따라서 소득계층간에 위화감이 조성되고 건전한 사회기반이 붕괴됨에 따라 정부에 대한 신뢰감을 떨어뜨려 정치체제를 약화시킨다.

체감물가와 지표물가

장바구니 물가는 갈수록 오르는데 통계청이 내놓은 올해 소비자물가지수 상승률은 고작 2.2%에 그쳤다. 통계청에서 집계하는 공식물가 집계와 체감물가가 이처럼 차이가 나는 이유는 뭘까. 소비자물가지수는 도시에서 거주하는 가구들이 일정한 소비생활을 영위하기 위해 구입하는 상품과 서비스의 가격 변동을 종합적으로 측정하기 위해 작성된다.서울, 부산, 대구, 광주 등 전국 38개 도시에 거주하는 1인 이상 도시가구들이 식료품, 주거비, 보건·의료비, 교육비 등 명목으로 지출하는 489개 항목의 가격변동이 소비자물가지수 산정에 포함된다. 하지만 아파트가격 등 집값은 물가 산정의 기초가 되는 489개 항목에서 빠져 있다. 그래서 집값이 아무리 올라도 소비자물가에는 반영이 되지 않는다. 구성 항목에서 집값이 제외된 이유는 한국에서 주택 구입은 소비 목적이 아니라 투자 또는 자본재 구입 성격이 강하기 때문에 소비와는 직접적인 연관이 없다는 판단에서다. 가계에서 주택 구입을 위해 지출하는 비용이 가장 크고 소비생활에 직접적인 영향을 미친다는 점을 감안할 때 집값 상승분이 소비자물가 산정에서 제외된 것은 문제이다. 예를 들어 5억원짜리 아파트에 살고 있는 사람은 매달 5억원의 이자만큼의 기회비용을 물고 있는 것이고 아파트값이 오르면 기회비용은 더 늘어나는 셈인데 이 같은 상황이 물가에 전혀 반영되지 않기 때문이다. 미국, 일본 등 일부 선진국에선 자가주거비용이란 명목으로 이미 집값 변동분을 소비자물가에 반영하고 있다.

소비자물가지수 기준 품목 변경	
추가 품목	• 건강 · 레저 – 공기청정기, 비데, 건강진단비, 찜질방 이용료, 스키장 이용료 • 웰빙 식품 – 브로콜리, 피망, 키위, 샐러드, 죽(외식)등 • IT – 웹정보콘텐츠 이용료, 모바일콘텐츠 이용료, e-러닝 이용료, 전자사전 등
탈락 품목	• 방상, 쌀통, 세숫대야, 수건, 탁상시계, 필름, 서예학원비, 피아노 조율비, 햄버그스테이크, 비프가스

특정 몇몇 품목 가격이 올랐다고 해서 소비자물가지수가 쉽게 변동하진 않는다. 재경부 관계자는 “체감물가 자체가 자기가 소비하는 상품 바스켓에 좌우될 수밖에 없어 주관적”이라며 “예를 들어 일년 내내 술만 먹는 사람에겐 술값

이 100% 오르면 물가도 100% 오르는 셈"이라고 지적했다. 통계청은 최근 소비자물가지수 구성 품목을 5년 만에 대대적으로 개편했다. 12월 소비자물가부터는 공기청정기, 비데, 찜질방 이용료 등이 새로 조사 항목에 포함되고 밥상, 세숫대야, 필름 등은 제외됐다. 통계청은 또 소비자물가지수 조사 대상 범위를 기존 2인 이상 도시가구에서 1인 이상 도시가구로 확대했다.나홀로 '싱글족'이 늘어나고 건강·웰빙·정보기술(IT) 등을 중시하는 세태를 반영한 결과이다. 무선통신과 인터넷 사용이 활발한 현실을 감안해 웹정보콘텐츠 이용료, 모바일콘텐츠이용료, e러닝이용료, 전자사전 등도 새로 추가됐다.

〈매일경제신문, 2006.12.30, A17〉

경기예측 어떻게 하나

미래를 예측하는 것은 언제나 어렵다. 경기 예측은 더더욱 그렇다. 변수가 워낙 많고 복잡한 데다 경제 주체들의 행동이 변해 전망치가 빗나가는 일이 허다하다. 그래도 정부나 각종 경제단체들은 경기 예측에 심혈을 기울인다. 일기예보를 봐야 다음 날 우산을 가지고 출근할지 말지를 결정할 수 있듯이 경제주체들이 미래에 대응하기 위해서는 경기 예측이 반드시 필요하기 때문이다.

경기 예측은 확실히 규명된 경제이론은 아니지만 일상생활에서 경기 전망을 이끌어내는 사례도 많다. 우스갯소리처럼 들리지만 립스틱 판매량으로 경기를 예상하기도 한다. 경기가 둔화하면 여성들이 값비싼 액세서리 대신 값싼 립스틱으로 멋을 내려 하고 그 결과 립스틱 판매량이 늘어난다는 논리다. 미국에서 인터넷 기업들의 거품이 붕괴된 2001년 립스틱 판매액이 전년 대비 7.5% 늘었다고 한다. 미니스커트도 마찬가지다. 심리학자들은 경기가 나쁠수록 여성들은 자신을 돋보이고 싶은 심리가 있어 미니스커트를 선호한다고 분석한다. 이 이야기는 세계적으로 워낙 유명해 '치마길이이론(skirt-length theory)'으로 불린다.

쓰레기 양이 늘어난다든지, 고속도로 통행량이 많아진다든지, 놀이공원 입장객이 늘어날 때 경기 호전을 점치기도 한다. 소비와 왕래가 많아졌다는 것은 경제 활동이 활발해졌다는 신호라는 것. 앨런 그린스펀 전 미국 연방준비제도이사회(FRB) 의장은 기준금리를 결정하는 회의 전에 늘 뉴욕시내의 쓰레기 양을 체크했다고 한다. 술이나 자동차도 경기에 민감하긴 매한가지다. 주류업계에서는 불경기일수록 값싼 소주 판매가 늘고 경기가 좋아지면 상대적으로 비싼 맥주가 잘 팔리는 것이 공식으로 통한다. 식품업계에선 불황일수록 달콤한 음식이 잘 팔린다는 속설이 있다. 경기 침체로 스트레스를 받은 사람들이 단 음식으로 마음의 안정을 꾀한다는 것이다.

의류 도매상이 밀집한 남대문시장에는 '남대문 경기'로 통하는 독특한 경기 진단법이 있다. 아동복 매출이 줄면 경기 침체의 신호이고 신사복 매출이 늘면 경기가 확실히 살아나는 징조라는 것. 보통 가장들이 옷을 살 때 자녀→부모→부인→본인 순으로 사고 경기가 나빠 옷 사는 비용을 줄일 때는 거꾸로 본인→부인→부모→자녀 순으로 축소하기 때문이란 얘기다.

〈한국은행, 2008.12.16〉

가격혁명

일반적으로 급격한 인플레이션은 경제 불확실성을 증가시키고 생산을 위축시키는 등 국가경제와 각 개인들의 삶에 좋지 않은 영향을 미치는 것으로 널리 알려져 있다. 예를 들어 1920년대 독일, 오스트리아, 폴란드, 러시아, 1970년대 정치적 혼란을 경험한 남미국가들, 1980년대 일부 동유럽 국가들에서 발생한 초인플레이션(hyperinflation)은 국민들의 고통을 크게 증가시켰던 것이 사실이다. 하지만 인플레이션이 오히려 경제발전에 있어 긍정적인 역할을 수행한 경우도 찾아볼 수 있는데, 이러한 대표적인 사례가 바로 '가격혁명(price revolution)'이다.

가격혁명이란 15세기 후반부터 17세기 초반까지 약 150여년 동안 멕시코·페루 등 중남미 스페인의 식민지에서 생산된 금이나 은이 스페인을 통해 유럽으로 대량 유입되고 흑사병의 창궐로 감소하였던 유럽 인구가 다시 증가하면서 서유럽 전역의 물가가 5~6배가량 상승한 현상을 말한다. 이러한 가격혁명이 발생한 가장 대표적인 원인 중 하나는 통화량의 증가이다. 당시 유럽의 재화와 서비스의 생산 수준은 큰 변화가 없이 일정한 수준이었다. 이러한 시기에 페루 등 신세계(New World)로부터 금·은이 대량으로 유입되어 물가가 앙등하였다.

(시중의 금·은의 양이 크게 증가한 것을 통화량이 급격히 증가한 것으로 이해할 수 있다.) 이는 잘 알려진 바와 같이 경제의 생산능력이 일정할 때 유통되는 화폐의 양(통화량)이 증가하면 물가가 상승하게 된다는데 기인한 것이다.

또한 흑사병(Black Death)의 창궐로 급격히 감소하였던 유럽인구가 이후 다시 증가하면서 물가상승 압력으로 작용하였다. 1347년 10월경 시실리(Sicily)에서 최초 발병한 흑사병으로 유럽의 인구는 급격히 줄어들었고,수요가 줄어들게 되면서 이번에는 가격이 급격히 하락하게 되었다. 동시에 원재료 공급이 부족하게 되고 노동시장에서 장인들의 수가 줄어들게 되어 살아남은 장인들이 높은 임금을 요구하게 되면서 수공업품의 가격이 증가하였다. 그러나 전염병이 점차 안정되면서 이후 인구는 다시 증가하였다. 이에 따라 식량 및 생필품에 대한 수요는 크게 증가하였지만 공급이 수요를 따라가지 못하면서 물가는 상승하게 되었다.

인플레이션 발생시 나타나는 현상 중 하나는 사회 계층 간에 부(wealth)가 비자발적으로 재분배된다는 것이다. 인플레이션이 발생하게 되면 화폐 및 금융자산의 가치는 하락하는 반면 실물자산의 가치는 올라간다. 이는 결국 화폐 및 금융자산을 보유한 사람들의 부가 실물자산을 보유한 사람들에게로 이전되는 것과 같다.

16세기경부터 무역이 증가하고 수공업품 및 사치품의 생산이 많아지면서 지주들은 소작인들로부터 현물이 아닌 화폐로 지대를 받아 초기에는 지주들에게 유리하였다. 하지만 가격혁명으로 높은 인플레이션으로 인해 화폐 가치가 하락하면서 화폐를 지대로 받던 봉건지주들은 손해를 보기 시작한 반면 곡물, 수공제품 등 실물자산을 보유하고 있던 수공업자, 중소상인들은 이득을 보기 시작하였다. 이로 인하여 봉건지주들은 경제적 지위가 약해지면서 점차 몰락해 가기 시작했고 수공업자, 중소상인들은 부를 축적하기 시작하면서 축적된 부를 바탕으로 유럽 근대 시민사회 성립의 중심 세력인 자본가 계급으로 성장해 갔다. 이처럼 가격혁명은 중세 유럽사회의 경제·사회 구조의 변화에 중요한 요인으로 작용하였으며 자본주의 발전에 상당부분 기여한 것도 사실이다.

〈한국은행, 2007.2.6〉

속설 경기지표 또는 길거리 경기지표

✓치마 길이가 짧으면 불황? 호황?

불황에는 옷감을 절약하기 위해서 길이를 줄인다는 점, 아니면 경기가 나쁠수록 초라해 보이기 싫어하는 여자들이 심리적으로 짧고 도발적인 옷차림을 선택.또 패션업계가 불황일 때 소비를 자극하기 위해 짧은치마를 의도적으로 유행시키기 때문,물자 절약을 위해 짧은치마를 입을 것

✓의상 색깔이 어두워지면 불황

경기가 나쁘기 때문에 소비자들이 세탁비나 드라이크리닝 비용을 절약할 수 있는 무채색 계열이나 어두운 색을 선택.

✓남자 정장이 화려해지면?

남자의 정장 색깔이 화려해지면 경기가 좋은 신호. 경기가 호황이면 소비 심리가 살아나면서 남자들이 멋을 부리기 시작.

✓스타벅스 커피가 무슨 죄?

스타벅스의 커피 맛이 싱거워지면 불황. 불황에 접어들면 고급 커피를 파는 스타벅스도 비용 절감에 나서야 하기 때문에, 그 방편의 하나로 커피 농도를 다소 흐리게 한다는 주장

✓패스트푸드점 일자리 구하기도 어려워

맥도널드의 구인 광고가 점차 감소하거나 사라지면 경기가 나쁜 신호. 실업률이 높아지고 일자리 구하기가 어려워지면 맥도널드에서 오래 일하는 근로자들이 증가하기 때문. 버거킹의 남자 점원이 면도할 나이가 됐으면 불황이라는 속설. 면도할 정도로 나이가 많은 점원이 버거킹에서 일하고 있다는 것은 그만큼 다른 곳에서 정규 일자리를 구하기 어렵다는 의미.

✓빨간 립스틱은 경기에 빨간 불?

경기가 나쁘면 여자들이 빨간 립스틱을 선호한다는 속설.경기가 좋지 않을 때 중년 여성들은 화장품을 많이 소비하지 못하고 립스틱만 사는 경우가 많은데, 빨간색 계통의 립스틱 하나만으로 화장을 대체할 수 있고 얼굴이 화사해질 수 있기 때문

✓개의 운명

경기가 나쁠수록 거리에 버려진 애완견이 증가. 경기가 나쁘면 사람 먹고살

기도 빠듯한데 개까지 돌볼 여유가 없기 때문.

✓달력

달력 구하기 힘들면 불황. 기업들이 만들어 배포하는 달력을 구하기 어려워짐. 경비 절감

✓보험 해약

불황 시기에 돈이 부족해진 고객들이 쉽게 선택하는 것이 보험 계약 해지이기 때문

이 외에

담배꽁초 길이가 짧아지면?

소주나 라면의 판매량이 증가하면?

성형외과나 치과병원의 환자 수가 적어지면?

당뇨병 발병률이 떨어지면?

애프터서비스 직원이나 수리공이 요청 전화를 받고 빨리 방문하면?

지하철 차내의 광고판에 빈자리가 있으면?

소형트럭이나 배달용 차량의 판매가 감소하면?

점을 치러 가는 사람이 많아지면?

가정의 쓰레기 배출량이 늘어나면?

커피맛으로 경기를 알 수 있다?

때로는 일상생활 속의 사소한 현상을 보고 현재와 앞으로의 경기를 판단할 수 있다. 폴 크루그먼(Paul Robin Krugman)은 사소한 일상생활 속에서도 현재의 경기 상황을 판단할 수 있다고 했다. 크루그만에 따르면 경기가 좋을 때에는 TV에서 코믹광고가 많이 나오고 경기가 나빠지면 TV광고에서 같은 상품 이름이 15번이나 반복된다고 주장한다. '1997년 미국 연례보고서'의 저자 메레디스 백비(Meredith Bagby)는 '스타벅스'의 커피 맛을 보고 경기를 진단할 수 있다고 했다. 그녀는 경기부진이 예상되면 대부분의 커피전문점들이 비용절감을 위해 커피 농도를 줄이기 때문에 보통 때 보다 커피 맛이 옅어진다고 말했다.자신이 마시는 커피 농도가 보통때보다 옅어진다면 앞으로 경기가 나빠질 것을 우려해야 한다는 것이다. 미국 코넬대의 로버트 프랭크(Robert Frank) 교

수는 버거킹에 들르면 메뉴판보다 남자점원들의 얼굴을 먼저 살핀다. 그래서 그들 가운데 면도할 나이의 점원이 많이 있으면 경기가 나빠지고 있다고 판단한다. 그 만큼 취업난이 심각해지는 증거로 보기 때문이다.

이밖에도 경기가 안 좋을 때에는 담배꽁초의 길이가 더욱 짧아지고 소주 소비량이 늘고 성형외과가 잘 안된다는 속설이 있다. 반면 신경정신과는 불황의 스트레스로 성황을 이룬다는 얘기들이 많다.그런가 하면 불황기에는 영화관을 찾는 손님이 늘어나고 부부관계가 좋아져 콘돔 판매가 증가한다는 설도 있다.

〈최상현, 헤럴드경제, 2008.12.6〉

짐바브웨의 미친 물가…계란 3개에 1000억 Z$!

최근 전국적으로 극심한 조류인플루엔자(AI) 질병으로 인해 국내 계란 가격이 크게 올랐다. 계란 가격이 상승한 걸 고려해 대략적으로 계산해 본다면, 종류에 따라 차이가 있겠지만 계란 한판을 구입하기 위해서는 대략 1만 원짜리 지폐 한 장이나 혹은 천 원짜리 지폐 몇 장을 좀 더 보태어 지불해야하는 상황이다.

그런데 계란 한판도 아닌, 단 3개의 계란을 구입하기 위해서 1,000억이라는 단위의 지폐를 사용해야 했던 나라가 있다. 바로 남아프리카에 위치한 짐바브웨라는 국가다. 짐바브웨는 2007년 이후로 엄청난 초인플레이션을 겪었다. 당시 미화 1달러가 200억 짐바브웨 달러가 될 정도로 화폐가치가 폭락했다고 한다.

우리나라 환율을 보자면 미화 1달러에 1,100~1,200원 정도로 거래되고 있으니 짐바브웨 달러의 경우 그 단위가 상상을 초월할 정도로 컸다는 것을 알 수 있다.

인플레이션은 물가수준의 지속적인 상승을 말한다. 물가수준이 오랜 기간 동안 지속적으로 상승하게 되면 화폐의 가치는 하락한다. 일반적으로 연간 물가상승률이 수백 %를 넘으면 초인플레이션(hyperinflation)이라고 판단한다.짐바브웨의 경우도 초인플레이션에 속한다. 당시 짐바브웨는 연평균 물가상승률이 2,200,000%에 달했다고 하니 물가가 얼마나 기하급수적으로 치솟았던 상황인

지 알 수 있다. 심지어 당시 화폐가치가 하락하는 속도가 매우 빠르다보니 지폐에 유통기한을 표시할 정도였다. 화폐를 가지고 있는 것이 손해이기에 불편하게 화폐를 사용하는 대신 물물교환을 하는 사람들도 있었고, 땅에 돈이 떨어져 있어도 웬만하면 줍지 않았다고 한다. 경제에서 교환의 매개수단이자 가치저장수단인 화폐의 본 기능이 고장 난 상황이 되어버린 것이다.

인플레이션의 원인과 종류에는 여러 가지가 있다. 통화량 증가나 가계의 소비, 기업의 투자, 정부지출 등 총수요가 증가하면서 물가가 상승되기도 하고, 인건비나 원자재 가격 상승 등 생산 비용이 증가함에 따라 물가가 상승하기도 한다. 1970년대에 발생한 오일쇼크로 인해 원자재 가격이 상승했던 상황을 대표적인 예로 들 수 있다. 우리나라의 경우에도 당시 석유가격 급등으로 인해 국내 생산비용이 증가하여 극심한 물가상승을 겼었던 적이 있다.

짐바브웨의 초인플레이션은 무리한 경제정책으로 인해 발생됐다. 당시 짐바브웨의 경제상황은 좋지 않았다. 외국인 자산과 기업 자산 등을 무리하게 회수하려던 시도로 인해 외국자본이 빠져나갔고 외환보유고가 심각한 수준으로 부족해지면서 많은 기업들이 도산위기에 빠졌다. 이로 인해 발생한 경제위기와 재정적자를 만회하기 위해 통화발행을 시행했으나 무리한 통화발행이 인플레이션을 증폭시킨 것이다. 시중에 과도하게 많은 양의 화폐가 유통되면 그만큼 통용되는 화폐단위는 커지고, 화폐가치는 하락한다.

결국 짐바브웨는 무색해진 자국 화폐의 기능을 되찾고자 몇 번의 화폐개혁을 단행했고, 2009년 2월에는 1조 짐바브웨달러를 1 짐바브웨달러로 화폐 단위를 절하하는 화폐개혁(디노미네이션, denomination)을 시행했다.

〈한국경제신문, 2017.2.13.〉

세계무역

제 13 장
세계무역

1 왜 무역은 일어나는가?

국제무역은 서로 다른 나라사이에 일어나는 물품의 교환이다. 이러한 교환행위는 교역쌍방 모두 자기가 제공한 물품보다 자기가 받은 물품이 각자에게 더 큰 가치가 있기 때문에 가능한 것이다. 그러므로 교환행위는 거래상대방 모두에게 이익을 가져오며 나아가 사회전체적으로 이익을 발생시키는 경제행위이다. 왜냐하면 이것은 우리 모두가 서 각자의 특기(特技)가 달라 특화를 함으로써 이득을 볼 수 있기 때문이다. 즉 모든 사람이 자신들의 특기를 잘 발휘할 수 있는 생산활동 종사하고 교환함으로써 모두 다 이익을 얻을 수 있는 것이다. 국가간 무역도 마찬가지이다.

국가간에는 기후, 자원의 부존, 습관 및 문물의 차이, 노동기술의 차이 등 국내에 있어서보다 더욱 두드러지므로 교환으로 얻는 이익은 국내에 있어서보다 더 크다.

2 절대 우위와 상대 우위[1)]

국내교역에서 각자가 자기 특성에 맞는 (자기가 다른 사람보다 더 잘 할 수 있는) 생산활동에 특화함으로써 교역에 의한 이득을 얻을 수 있는 것처럼 국제무역에 의한 이득도 효율적인 분업이 이루어 질 때에 발생한다. 예를 들어 우리나라에서는 섬유제품을 미국보다 싸게 생산할 수 있고 미국에서는 항공기를 우리나라보다 싸게 생산할 수 있다고 가정하자. 이 경우 미국은 항공기를 수출하고 우리나라는 섬유제품을 수출함으로써 두 나라가 모두 무역으로 인한 이익을 얻을 수 있다. 이것이 「아담 스미스」의 절대우위론이다.

그러나 만약 한 나라가 다른 나라보다 모든 물건을 싸게 또는 보다 능률적으로 생산할 수 있을 경우 즉 한나라가 2 재화에 절대적으로 우위를 가지고 있다고 할지라도 상대우위에 입각한 무역을 통하여 두 나라가 모두 이익을 얻을 수 있다. 이것이 바로 리카도의 비교우위론이다. 즉 한 나라가 2 재화 가운데서 한 재화의 생산에 더 효율적인 경우 그리고 다른 한나라도 2 재화의 생산에 모두 비효율적이나 2 재화가운데는 어느 한 재화의 생산에 덜 비효율적인 경우 두 나라는 각각의 재화생산에 상대적 우위(comparative advantage)를 가진다고 할 수 있다.

비교우위론은 무역을 자유화하는 데 있어서 결정적인 기여를 하였으나 야기시킨 문제 또한 적지 않다. 그 하나가 바로 남북문제이다. 예를 들어, 비교우위에 의하면 선진국은 항상 유리한 산업에 역점을 둔다는 논리가 적용된다. 선진국은 주로 고도의 기술집약적인 산업에 반면에 후진국은 경공업제품의 교역조건에 상대적으로 유리하다. 또한 후진국의 경우 극심한 경쟁으로 가격을 저하시키는 상황 하에서 선진국은 항상 선진국에 머물고 후진국은 항상 후진국으로 머물러 있어 국제적인 부익부 빈익빈의 현상이 심화되는 것이다. 따라서 리카도의 비교우위론에 의해 고도의 기술을 필요로 하는 자본집약적인 제품은 선진국에서 계속 생산해야 하고 후진국은 노동집약적 상품들만 만들어야 한다는 주장에

---

1) 주명건, 국제경제의 원리와 구조, 대한상공회의소, 알기 쉬운 경제시리즈 No.5, 1985에서 요약 정리

대하여 개발도상국이 반발하는 것은 당연한 것이다.

한편, 비교우위론은 노동이 산업간에 자유스럽게 이동한다고 가정하고 있는데 이러한 가정은 옳지 못한 것을 알 수 있다. 예를 들어 농사짓던 사람이 수입이 증대된다고 해서 갑자기 의류산업체로 전직할 수는 없다. 농사짓던 사람이 갑자기 봉제공장이나 전투기 생산회사의 기술자로 전직할 수는 없는 것처럼 산업구조의 개편은 그만큼 어렵다. 이와 같이 전직에는 많은 시간을 필요로 한다.

이처럼 맹목적인 비교우위에 의해서 무역의 이점을 설명하고 무역의 패턴을 결정하려는 것은 선진국들이 기득권을 고수하기 위한 주장밖에 되지 않으며, 비교우위론은 만병통치약처럼 모든 나라, 모든 시대에 적용되는 것은 아니다.

3 자유무역과 보호무역의 근거[2)]

1) 자유무역

(1) 규모의 경제

생산의 규모가 커지면 고정적 비용이 불변하므로 생산단가가 줄어들기 때문에생산비가 감소되고 국제경쟁력이 강화될 수밖에 없다. 규모의 경제는 가격경쟁의 절대선결조건이 되었으나 모든 나라의 국내시장이 다 큰 것은 아니다. 기술·자본집약적 산업인 우주항공산업이나 컴퓨터산업 또는 자동차산업은 전세계적 수요를 갖고도 한두 개의 회사가 경쟁하기에도 힘겨울 만큼 연구개발비(R&D)나 고정투자의 규모가 크고 위험부담률이 높다. 그러므로 자유무역을 통한 세계시장의 확대가 없이는 과학문명의 발달 자체가 불가능할 수도 있다. 그러므로 현대문명이 기술적 돌파구를 찾기 위해서는 세계시장이 개발됨으로써 규모의 경제를 달성해야만 가능하다. 더욱이 수백만 개의 부품을 필요로 하는 고도의 시스템산업이 주를 이루는 오늘날 자유무역이 토착화되고 시장규모가 확대되지 않는다면 그 가능성이 충분히 개발될 수 없을 것이다. 왜냐하면 어떠

2) 주명건, 자유무여과 국제경제전략, 상공회의소, 1984년에서 요약정리

한 나라도 국내시장만으로 이를 지탱할 수 없기 때문이다.

(2) 시장기구의 기본조건 조성

무역에 의한 시장의 개방이 없으면 국내독점기업이 가격과 품질 면에서 소비자에게 불리하게 움직인다. 자유자본주의는 시장기구의 원활한 작동을 전제로 하며 이는 곧 완전경쟁을 선결조건으로 하고 있으므로 비록 완전경쟁이 불가능하더라도 독점기업이 국내시장을 석권하게 되면 소비자의 주권이 유린될 수밖에 없으며 이것은 사사건건 정부가 간섭하여 보호할 수도 없는 일이다. 따라서 자유무역의 이해관계는 무엇보다도 소비자의 주권과 기업 및 노조의 이익대립에서 명확히 나타나게 된다.

(3) 자원의 효율적 운영

한 나라는 필요 없는 자원이 풍부한 반면 필요한 자원은 빈곤할 수 있다. 그러한 경우 교역이 전혀 없거나 있더라도 관세의 장벽이 높으면 충분히 활용될 수가 없으므로 교역은 자유로울수록 좋다. 만일 교역이 없다면 아무리 풍부한 자원이 있더라도 전혀 활용되지 않았을 것이다. 그러나 국제무역이 있기 때문에 비로소 쓸모없는 자원이 귀한 자원으로서의 가치를 지니게 되는 것이다. 그러한 의미에서 국제무역은 효용을 창출하고 증대시켜 국가와 개인은 물론 세계전체의 효용이 더욱 증대될 것이다.

(4) 국제평화의 초석

자유무역도 국가간 상호의존성을 높임으로써 전쟁의 도발가능성을 줄인다. 아무리 호전적 국가라도 전쟁수행에 절대 필요한 전략물자를 외국에서 수입해야 할 경우 이를 보장해 줄 수 있는 후견국이 없이는 함부로 전쟁을 일으키지 못한다. 이러한 상호의존성은 개별국가들에게 힘의 한계를 평소부터 피부로 느끼게 함으로써 전쟁을 미연에 예방하고 있다. 상호의존도가 높으면 높을수록 전쟁의 발발 가능성은 낮아지므로 국제무역의 자유화는 평화주의의 행동강령이며 국제평화의 초석이다.

2) 자유무역의 저해요인

(1) 신중상주의

수출을 많이 하고 수입을 적게 할수록 국민경제에 유익한 것은 자명한 사실이다. 그래서 신중상주의자들은 이른바 근린궁핍화정책(beggar－neighbor policy)으로서 자기 나라의 경제를 부강하게 할 수 있다고 믿는다. 그러나 문제는 모두가 그렇게 생각하고 있으므로 궁극적으로 전체가 궁핍화되고 자멸을 초래하게 되는 데 있다. 국민경제에 있어서도 저축이 미덕이라고 해서 모두 저축만 해도 경제가 마비되고 소비가 미덕이라고 해서 모두 소비만 하면 경기가 과열되고 생산성이 하락하고 공급이 미처 이를 따르지 못하여 물가는 앙등하고 국제수지는 악화된다. 한 나라만 수출만 하고 수입을 안 하면 잘 살 수 있을런지 모른다. 그러나 모든 나라가 국제수지 흑자를 영원히 계속할 수는 없다.

(2) 독과점기업

자유무역을 반대하는 가장 강력한 세력은 독과점기업이다. 왜냐하면 이들은 시장을 지배하고 있으므로 모든 비용증가분을 소비자에 전가해 수입제품과 경쟁하기 어렵기 때문이다. 자유무역은 곧 경영의 축소와 부단한 연구개발 및 생산비의 절감을 뜻하므로 규모의 경제상 독과점기업의 정치세력에 의해서 자유무역이 저지되고 있다. 그러므로 진정한 자유무역이 정착하려면 무엇보다도 모든 사람들에게 얼마나 절대적으로 중요하며 큰 이익이 되는가를 절실히 깨닫게 함으로써 자유무역을 추구하는 사람들의 목소리가 높아지고 정치적 추진력이 독과점기업보다 강하게 되는 것이 필요하다.

(3) 관료주의

관료주의의 풍토가 심화되면 될수록 기구의 확대와 직권의 강화도 심해지게 마련이다. 따라서 관료기구의 축소와 직권의 약화를 의미하는 자유무역과 관료주의는 상충관계를 피할 길이 없다. 자유무역이 실시된다면 수많은 통제기구가 그 존재가치를 상실하게 되며 직권의 근원도 증발하게 된다. 그러나 무역이 통제되면 국익에 앞서 기구의 확장과 직권의 강화를 정당화하는 명분이 서므로 이를 적극 옹호할 수 밖에 없다. 규정이 막연하고 복잡해지면 질수록 직권이 커지

고 행정수속이 어려워짐에 따라 기구의 확대와 부대인원의 부양능력이 강화된다. 또한 극소수의 전문가 이외에는 내용을 잘 모르므로 일반 기업가들의 판단을 어렵게 만들며 정보의 독점을 이용한 횡포가 일어나기 쉽다. 그러나 국민들의 부담은 가중되고 경제의 효율은 떨어지며 경제의 풍토는 악화되어 기업의욕이 감퇴되게 마련이다.

(4) 사양산업

물이 높은 데서 낮은 데로 흐르듯이 경제의 흐름도 자연의 순리대로 움직이게 마련이다. 경제가 발전하면 소득수준이 오르고 따라서 생산성이 낮은 산업은 상대적으로 국제경쟁력이 약화된다. 그러나 같은 산업이라도 나라에 따라서는 소득수준이 낮아서 임금부담이 적으면 성장산업이 될 수도 있다. 그러므로 선진국의 사양산업이 개발도상국에서는 성장산업이 될 수 있다.

각 나라마다 발전의 단계에 따라 한때의 성장산업은 시간이 경과하면 사양산업이 되게 마련이다. 그러나 모든 개인과 국가가 이기주의적이므로 성장산업은 성장산업대로 육성하면서도 사양산업까지도 보호하려고 하는 데에서 문제가 야기된다. 결과적으로 사양산업의 보호는 생계비를 증대시켜서 손해를 보고 성장산업으로 흡수될 인력을 비효율적으로 고용함으로써 생산성을 저하시켜서 이중의 손해를 보게 된다. 그러므로 사양산업은 단호하게 그러나 점진적으로 도태시킴으로써 산업구조를 개편해야 국가경제의 체질이 강화될 수 있다.

2) 보호무역

(1) 안 보

보호무역주의자의 가장 강력한 주장은 안보상 자급자족을 해야 하므로 국제경쟁력과 상관없이 전략산업을 육성해야 된다는 것이다. 그러나 세계경제의 상호의존 심화로 오늘날에는 전략산업이 아닌 산업이 없다. 경제도 고도로 발달하고 전문화될수록 상호의존도가 절대적이므로 한두 가지 산업만 조업중단되어도 경제전체가 마비될 수밖에 없다. 그러므로 안보상 자급자족정책이 본연의 목적을 달성하기 위해서는 모든 산업이 완전 자급자족하여야지 부분적으로 한다는 것은 별 의미가 없다. 따라서 안보적 차원에서 보호무역주의를 주장하는 것은 단지 명분을 위한 명분이다.

(2) 고 용

보호무역주의자들은 수입은 곧 실업의 수입을 뜻하고 수출은 실업의 수출과 직결된다고 주장하다. 이것은 물론 단기적이고 직접적으로는 옳은 말이다. 그러나 장기적으로 어느 나라는 계속 수출만 하고 어느 나라는 계속 수입만 할 수 없다. 오히려 장기적으로는 산업구조가 낙후되고 국제경쟁력이 약화되는 것만 재촉할 따름이다. 왜냐하면 산업구조의 개편에 따른 일시적 마찰실업을 두려워하고 무조건 보호무역을 고집하면 당장에는 고용효과를 거둘 수 있으나 국가경제전체의 생산성을 낮추어서 소득수준이 유지될 수 없기 때문이다.

(3) 유아산업 보호

유아산업은 보호무역주의자의 가장 설득력 있는 명분이다. 충분한 잠재력 비교우위를 갖고 있음에도 불구하고 아직 산업기반을 조성하지 못하였기 때문에 국제경쟁력을 기르지 못한 경우 잠정적 보호를 요구하는 것은 전혀 근거 없는 것은 아니다. 다만 유아산업이 만년 유아산업으로 남는 경향이 있으므로 출반부터 사양산업인 경우가 드물지 않은 것이 문제이다. 그러므로 이러한 문제를 해결하기 위해서는 절대시한부로 보호기간을 설정하고 단계적인 보호장벽의 제거를 예시함으로써 해당기업이 당황해 하거나 안이하게 생각하고 방만한 경영이나 무책임한 산업선정을 하는 일이 없도록 하여야 할 것이다.

(4) 보복주의

보복주의란 다른 나라가 무역을 부당하게 규제함으로 이를 징계하기 위하여 보복조치를 취해야 한다는 것이다. 보복조치는 징계를 목표로 한 나라뿐 아니라 다른 나라에게까지 영향을 주므로 새로운 보복조치가 연쇄적으로 파급될 가능성이 있으며, 상대방의 부당한 무역규제가 수출에 지장을 주어서 손해를 보았다면 보복조치는 사실상 수입부담을 가중시키거나 금지함으로써 국가경제적으로는 손해를 더욱 확대하는 것에 불과하다. 왜냐하면 수출업자와 수입업자는 분리되어 있고 각자는 자기의 이익에 충실하게 행동하고 있으므로 국제시세보다 비싸거나 불리하다면 결코 그 나라에서 수입하지는 않을 것이기 때문이다.

(5) 근린궁핍화주의(beggar – my – neighbor policy)

근린궁핍화주의는 가장 노골적이며 오랜 전통을 지닌 보호무역이론으로서 국제경제를 제로섬게임(zero – sum game)으로 전제한 것이다. 만일 그렇다면 한정된 자원과 소득 중에서 상대방을 가난하게 하지 않고는 자기가 잘 살 수 없기 때문에 무역전쟁은 불가피할 것이다.

그러므로 이러한 보호무역주의자의 명분들은 외면상 아무리 논리정연하고 객관성을 띤 것처럼 보이더라도 그 근본전제조건의 비현실성과 내재적 모순성 및 위장된 국수주의 때문에 그 정책적 반영은 필연적으로 세계를 극도의 혼란과 빈곤의 구렁텅이로 몰아 넣을 수밖에 없다. 따라서 아무리 어렵고 괴롭더라도 또한 아무리 오랜 시간과 노력이 수반되어라도 오늘날 당면한 국제경제의 문제들은 자유무역의 관점과 기본방향에서만 그 실마리가 풀어질 수 있다.

4 세계무역 트렌드

1) 세계무역의 추이3)

2005~16년 기간의 세계수출 추이는 <그림 8>에 나타나듯이 2005-08년 기간에는 연평균 15.6%의 증가율을 기록하였으나 2009년 -23.0%로 급격하게 감소하였다. 특히 세계금융위기의 기저효과에 힘입어 2010~11년 기간 동안 세계 수출은 연평균 21% 증가하였으나 2012~14년에 정체 상태(연평균 1.2% 증가)를 나타내다가 2015년과 2016년에는 전년대비 각각 12.5%와 3.1% 감소한 것으로 나타났다(2006년 1조 달러, 2008년 1조 5천억 달러, 2009년 1조 달러 미만, 2011년 1조6천억 달러, 2015년 1조 4천억 달러, 2016년 1조 2천억 달러).

3) KIEP, 세계무역 둔화의 구조적 용인분석과 정책 시사점, 연구보고서 17-08, 2017.

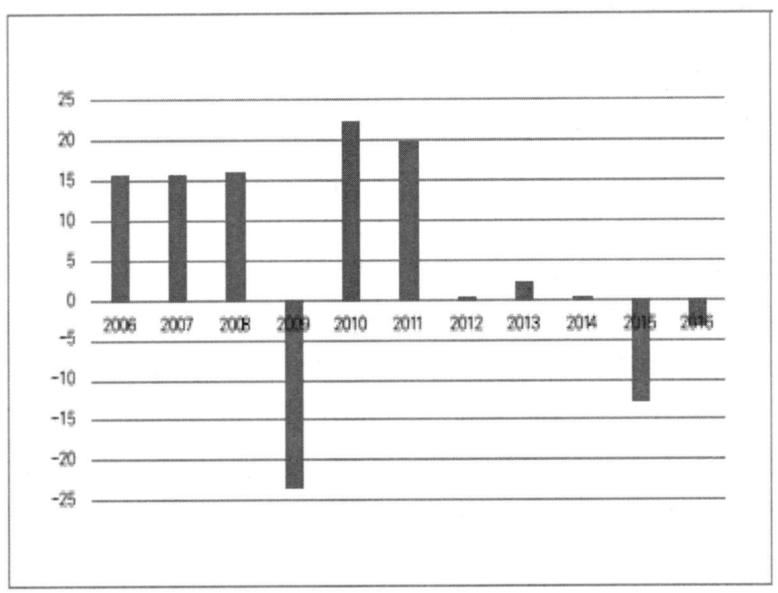

〈그림 8〉 **세계 수출의 연평균 증가율(2006~16)**

자료: IMF, Direction of Trade Statistics(DOTS), http://data.imf.org/?sk=9D6028D4-F14A-464C-A2F2-59B2CD424B85&ss=1390030109571(검색일: 2017. 4. 6).

세계무역이 둔화되면서 그동안 세계 경제성장의 견인차 역할을 해왔던 무역의 기능이 약화됨에 따라 세계무역이 GDP에서 차지하는 비중은 2005년의 22% 수준에서 2008년에는 25% 수준까지 상승했으나 2009년 세계금융위기의 여파로 크게 하락한 이후 2010년 이후 다시 반등했다. 하지만 세계무역의 GDP 비중은 2011년에 하락세로 반전된 이후 2015년에는 2005년과 비슷한 22% 수준까지 떨어졌다.

이처럼 세계무역이 거의 10년 가까운 기간 동안 답보 상태에 빠져 있는 것은 매우 이례적인 현상이다. 이는 2009년 미국의 금융 불안으로 인한 세계금융위기에서 출발했지만 그 이후로도 EU의 재정위기가 해소되지 않고 있으며 그동안 세계무역을 이끌던 중국의 무역둔화, 일본의 경기회복 지연 등 다양한 요인에 기인한 것으로 보인다.

한편 개도권 국가들의 무역 규모가 선진권에 비해 빠른 속도로 증가하면서 세

계무역에서 차지하는 경제권의 비중이 크게 변화하고 있다. 2005~15년 기간에 선진권이 세계무역에서 차지하는 비중은 55%에서 43%로 하락한 반면 개도권의 비중은 41%에서 52%로 증가하면서 개도권이 세계무역의 중심축으로 등장하고 있다.

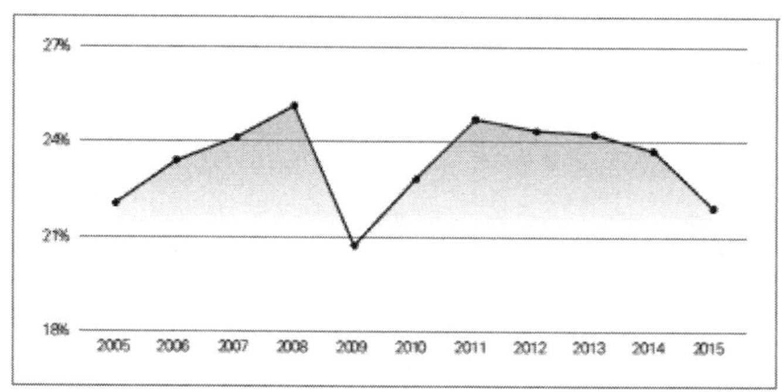

주: 세계수출입 평균치를 GDP로 나누어 산출.

〈그림 9〉 세계 무역의 GDP 비중 추이(2005~15)

2) 보호무역주의의 재등장4)

미국을 시발점으로 한 보호무역의 부상으로 지난 수십 년간 세계 경제의 메가트렌드였던 국제자유무역 기조에 이상 신호가 발생하였다. 미국이 2017년 북미자유무역협정(NAFTA) 재협상과 환태평양경제동반자협정(TPP) 탈퇴 등을 추진하면서 세계적인 보호무역 전쟁이 시작됨에 따라 자국우선주의를 내세운 트럼프 미국 대통령의 등장, 영국의 유럽연합 탈퇴 등은 반(反)세계화와 경제 국수주의를 더욱 심화시켰고, 이런 추세는 전 세계로 확산되었다. 특히 보호무역의 확산과 더불어 2017년 상반기 G20 국가의 반덤핑조사 개시 건수는 총 123건으로 2016년 같은 기간 대비 24% 늘어났으며 미국의 반덤핑조사 개시 건수도 42% 증가 (34건)하였다.

또한 미국은 2018년 3월 철강, 알루미늄에 고율의 관세를 매기기로 결정했고 중국산 1300여 제품군에도 고관세를 매기는 등 전방위적 보호무역 정책을 시행

4) 이승민 외 2인, 2018 글로벌 트렌드, 한국전자연구원, Insight Report 2018-03.

하였다. 이러한 미국의 공격적인 보호무역 주의에 대해 중국은 미국산 콩, 자동차 등 106개 제품에 고관세를 매기기로 하고 미국 국채 매입 중단을 시사하는 등 즉각적 보복 조치를 취하였다.

시기	대공황(1929~1933년)	닉슨 쇼크(1970년대 초)	트럼프 쇼크(현재)
보호무역 정책	• 미국 스무트-홀리법으로 2만개 품목 역대 최고 수준 관세 부과(1930년 6월) • 캐나다, 스페인 등 10여 개국 관세 인상	• 1971년 닉슨 대통령 수입품 10% 과징금 부과, 달러·금 교환 중단 • 일본 견제 위해 미국, 유럽 비관세정책 강화	• 미국 우선주의 내세워 관세정책 강화 • 자유무역협정(FTA) 전면 재검토
경제적 파장	• 1929~1933년 글로벌 교역량 63% 급감 • 경제 블록화와 보호무역주의 심화 • 파시즘 확산, 2차세계대전으로 이어져	• 브레턴우즈 체제(달러 중심 금본위제) 종식 • 1973년 1차 오일 쇼크 발생	• EU, 중국 등 보복조치 강구 • 글로벌 무역전쟁 발발 위기

〈그림 10〉 **과거 보호무역주의에 따른 경제 충격**

자료 : 매일경제(2018.03.04.)

보호무역주의의 부상은 특정 강대국 지도자에 의한 한시적 정책이 아닌 세계 경제의 구조적 변화를 반영한 것으로서 향후 세계 경제의 근본적 변화를 예고하고 있다. 제2차 세계대전 이후 GATT, WTO 체제 하의 보호무역은 주로 개발도상국들이 자국의 산업 보호를 위해 시행해왔으나 최근에는 미국, 영국 등 선진국들이 중심이 되고 있다. 또한 보호무역 정책이 이민, 해외직접투자 등 생산요소의 국가 간 이동에 대해서도 제한을 강화하려한다는 점에서 광범위한 자국우선주의를 지향하고 있다. 이러한 보호무역, 자국우선주의의 배경에는 개발도상국의 노동공급 증가, 해외업무 위탁 증가, 선진국 중간-중산층 공동화 등이 있다고 볼 수 있다.

우선 개발도상국의 수출 증가는 개발도상국 노동력이 세계에 공급된 것과 같은 효과를 내었고 이는 결국 선진국의 비숙련 노동에 지급되는 임금 하락을 야기하였다. 이와 관련한 연구에 의하면, 1990년부터 2007년까지 감소한 미국 제조업 고용의 4분의 1이 중국산 수입품 증가에 기인한다고 하였다. 또한 생산 프로세스 일부의 해외위탁 또한 주로 개발도상국에 노동집약적 업무를 위탁하는 형태로 나타나 선진국의 비숙련 노동자 임금 하락을 유인하였다. 그리고 개

발도상국 노동공급 증가로 말미암은 선진국 내 중간-중산층 공동화는 선거권자들이 투표를 통해 보호무역 정책을 실현하도록 유인하였다.

보호무역, 자국우선주의 등장에 대한 이와 같은 분석은 미국 트럼프 대통령이 경제 세계화에 따라 일자리를 잃은 러스트 벨트에 기반한 지지층을 가진다는 세간의 평에 부합된다. 그러나 이는 결국 강대국들을 중심으로 한 보호무역, 자국우선주의는 일시적 정책 변화라기 보다는 경제 세계화, 기술발전 등에 따른 반대급부로 등장한 구조적 문제이다. 그럼에도 불구하고 국제자유무역은 개발도상국, 저개발국 등에게 여전히 유효한 경제 성장의 전략일 수 있다.

3) 블록체인과 4차 산업혁명5)

2016년 다보스포럼에서는 전 세계 GDP의 10%가 블록체인에서 거래가 된다고 발표했다. 또한, 블록체인 기술을 적용할 경우 금융사는 거래 비용의 약 30%를 절감할 수 있고, 이는 2022년 기준으로 200억 달러에 달할 것으로 추정되고 있다. 세계경제포럼(WEF)에서는 2017년 안에 전 세계 은행의 80%가 블록체인 기술을 도입할 것이라고 전망했다.

외국 각국의 정부는 발 빠르게 블록체인 관련 규제를 풀고 달려가고 있고, 외국 글로벌 기업은 블록체인의 기술을 개발하고 확보하기 위해 사활을 걸고 치열하게 경쟁하는데, 정작 우리나라는 포지티브(Positive) 규제라는 낡은 틀에 갇혀 새로운 서비스를 시도조차 하지 못하고 있는 실정이다.

예를 들어 2016년 영국에서는 사물인터넷 지원 규제 계획을 수립하고, 역량 확대를 위한 IoTUK 정책을 개시하고 블록체인 기술의 연구·개발에 2015년에는 약 140억 원(2015년), 2016년에는 약 212억 원을 투자했으며, 호주는 블록체인을 국가 미래 기반 기술로 선정, 블록체인 전용 연구센터를 설립하고 다양한 시범 사업(CSIRO's Data61)을 진행 중이다. 중국은 위안화를 위한 블록체인 기반 전자화폐를 추진하고 31개의 중국 회사를 묶어 블록체인 협의체인 China Ledger Alliance를 발족했으며, 일본은 비트코인을 전자화폐로 인정하고 2020년 하계올림픽을 위해 다양한 시범 사업을 진행하고 있다.

---

5) 코인리더스, 2017-11-29.

하지만 우리나라는 블록체인 기술의 중요성을 아직 인식하지 못하고 있다. 그나마 금융위원회 주도로 은행권 블록체인 컨소시엄과 자본시장 블록체인 컨소시엄이 만들어져 시범 사업을 논의 중에 있다. 하지만 앞서 지적했듯이 포지티브 규제로 인해 새로운 서비스를 시도해 볼 수 없는 상황이다. 예를 들어 기획재정부는 지난 1월 13일, 블록체인 기반의 최초 전자화폐인 비트코인을 이용한 국외 송금을 외국환 관리법에 위반된다는 이유로 불법으로 규정했다.

블록체인 기술의 개발은 우리나라의 정보 주권을 지키는 길이다. 메인프레임이 개인용 컴퓨터(PC)로 바뀌는 시기에 마이크로소프트(Microsoft)가 윈도우(Windows)라는 운영 체제로 전 세계 컴퓨터 시장을 장악했고, 인터넷과 모바일 시대로 바뀌면서 Google의 Android라는 운영 체제로 스마트폰 시장을 장악했다.

이제 사물인터넷 등 4차 산업혁명의 시대가 되었다. 4차 산업혁명의 운영 체제라고 할 수 있는 블록체인을 누가 주도하느냐에 따라 세계 경제의 판도가 바뀔 수 있다. 이것이 우리가 블록체인 기술의 개발 및 확보에 사활을 걸어야 하는 이유다. 만약 실패한다면 우리나라 국민의 금융 자산이나 헬스 데이터가 외국 기업이 주도하는 블록체인에 저장, 관리, 거래가 되어 의존도가 심화될 것이다.

"변화는 참으로 어렵다. 그러나 살아남으려면 변해야 한다."

시스코의 존 챔버 최고경영자의 말이다. 우리는 지금까지 성공 방식을 고집하지 말고 새로운 환경에 맞도록 우리 모두 변해야 한다. 4차 산업혁명 시대에는 단순히 기술 개발만으로 성공할 수 있는 것이 아니라 조직 문화를 바꿔야 성공할 수 있다.

패스트 팔로워(Fast-Follower)에 적합한 중앙 집권적, 수직적, 통일적인 톱타운(Top-Down)의 사고에서 벗어나 퍼스트 무버(First-Mover)에 적합한 분권적이고 수평적이며 자율적인 Down-Up 방식으로 바꿔야 한다. 블록체인은 이런 분권적, 수평적, 자율적 사고방식을 시스템으로 지원해 줄 것이다.

혁신은 새로운 시장을 만드는 것이 아니라 시장의 주체를 바꾸는 것이다. 블록체인 기술로 금융, 헬스 케어, 사물인터넷, 공공 및 행정 서비스, 정치 등 모든 분야의 주체가 바뀌고 있다. 다가오는 미래에는 세계 시장을 선도하는 선진 대한민국을 기대한다.

"블록체인, 세계 무역에서 1조 달러 가치 창출할 것"

블록체인과 같은 분산원장 기술이 향후 10년 동안 세계 무역에서 1조 달러 이상의 가치를 창출할 것이라는 보고서가 나왔다.

13일(현지시간) 블록체인 전문매체 코인텔레그래프 등 외신에 따르면 글로벌 컨설팅 업체 베인앤컴퍼니는 세계경제포럼(WEF)과의 공동 보고서를 통해 이 같이 주장했다.

세계 무역금융에서의 분산원장 기술 전망을 평가한 이 보고서는 분산원장 기술을 비롯한 새로운 기술 혁신이 무역과 관련 금융에 있어 비용을 절감하는 동시에 업무를 보다 쉽고 간편하게 만들어 줄 것으로 기대했다. 블록체인이 세계 무역에서 획기적인 발전을 이끌 수 있다는 얘기다.

베인앤컴퍼니와 WEF는 또 분산원장 기술이 현재의 무역금융 적자를 1조 5000억 달러 가까이 줄일 수 있을 것으로 내다봤다. "분산원장 기술이 무역의 장벽을 제거하면서 1조1000억 달러의 새로운 교역량이 발생하고 기존 거래 중에서 9000억 달러가 더 나은 서비스와 낮은 수수료를 찾아 분산원장 기술을 적용할 것"이라고 보고서는 예상했다.

실제로 세계 무역에서 블록체인 기술의 도입은 이미 가시화됐다. IBM이 세계 최대 해운회사인 머스크와 손잡고 만든 대규모 물류 블록체인 프로젝트 '트레이드렌즈'는 지난달 총 94개의 회사가 참여하기로 했다고 발표했다. 여기에는 전 세계의 항만운영사, 물류회사, 세관당국 등이 이름을 올렸다.

트레이드렌즈는 블록체인 기술을 통해 실시간으로 선박 도착 시간, 세관 통과, 송장, 선하증권 등 물류 운송 정보에 접근할 수 있도록 해 효율적인 업무 진행을 가능하게 한다. 이를 통해 화물 운송 절차를 단순화하고 무역 거래의 투명성을 제고할 수 있다. IBM과 머스크의 블록체인 프로젝트는 미국 관세국경보호청, 네덜란드 관세청 등에서 시범적으로 운영된 바 있으며 올해 말 완전한 상용화가 가능할 것으로 전망된다.

〈아시아경제, 2018.9.14〉

4) 디지털 경제와 산업 구조 변화[6)]

4차 산업혁명 등이 시대적 화두로 부상하면서 디지털 기술에 기반한 경제활동인 디지털 경제의 중요성과 영향력이 지속적으로 증가하고 있다. 전자상거래, O2O 등 디지털 기술에 기반한 경제활동의 규모와 범위가 확대되어 가면서 기업 운영 방식, 정부의 정책 설계와 추진 등 사회 전반적 변화가 진행되고 있다.

2008년부터 2015년까지 ICT 상품의 세계 무역 규모는 12% 증가했고 2010년부터 2016년까지 OECD 회원국의 ICT 서비스 수출 규모는 40% 증가하였다. 전자상거래의 규모 또한 지속적으로 증가하고 있어 2020년에는 국가 간 전자상거래 규모가 9940억 달러에 달할 전망이다.

이러한 디지털경제의 확대는 국경 간 데이터의 이동 또한 급격히 증가시키고 있는데 2021년에는 국경 간 데이터 이동량이 초당 1.9테라바이트에 달할 것으로 예측되고 있다.

전통적 국가 간 경제 교역을 대체해내가고 있는 디지털경제의 성장에 따라 세계경제 내에서 전통적 재화와 서비스의 비중은 2007년을 정점으로 감소하였다. 국제무역 증가에 따라 재화와 금융 서비스의 세계 교역량은 세계 GDP 대비 비중은 53%를 차지했으나 이후 디지털 재화 증가 등에 의해 40% 수준으로 감소하였다.

디지털경제의 확대는 새로운 비즈니스 모델과 시장을 창출하면서 산업 구조 자체를 바꾸는 원동력으로 작용하였다. 디지털 기술 혁신은 기업의 진입장벽 해제, 거래비용 절감, 가격 투명성 증가 등을 통해 기업환경을 변모시켜 역동적인 혁신 창업 생태계를 성립하였다. 한편으로는 디지털기술의 자본편향적 특성, 네트워크 효과 등으로 인해 거대 다국적 기업이 세계 시장을 지배하는 현상도 발생하였다. 디지털경제의 발전은 업무 방식, 부가가치 생산 방식을 변화시키면서 유연한 노동, 임시적 고용, 시간제 고용 등 고용 시장에 새로운 변화를 유인하였으며, 디지털기술의 발전으로 비용이 감소하고, 글로벌 가치사슬을 통한 분업이 활성화되면서 무역이 성장하였으며, 특히 서비스 무역의 성장세가 크게 나타났다.

---

6) 이승민 외 2인, 2018 글로벌 트렌드, 한국전자연구원, Insight Report 2018-03.

중국을 위한 기도문

차이나 쇼크가 전 세계 금융시장을 강타한 가운데 당신이 미국 일본 유럽 러시아 등의 지도자라면 매일 밤 어떤 기도를 하며 잠자리에 들겠는가. 뉴욕타임스의 칼럼니스트 토머스 프리드먼은 2일 세계 지도자들이 중국 경제의 연착륙을 간절히 기원하는 '중국을 위한 기도문'이라는 내용의 컬럼을 게재하였다.

"하늘에 계신 우리 아버지, 중국의 후진타오(胡錦濤) 주석이 건강과 안정을 유지할 수 있도록 해주소서. 그가 중국의 금융구조조정을 추진하고, 막대한 부실채권과 만연한 부패를 제거하는 데 꾸준하고 주도면밀하게 움직일 수 있도록 보살펴 주옵소서. 그에게 갑작스런 수입중단과 일방적 수출이라는 미친 듯한 경기억제책 없이 중국의 과열경제를 진정시킬 수 있는 지혜를 허락하소서. 주여, 우리가 최근 수년간 중국의 지도부를 '베이징의 도살자들'처럼 나쁜 말로 묘사한 것을 용서해주소서. 그것은 우리의 진의가 아니었나이다. 우리는 '베이징의 은행가들'이라는 말을 사용하려 했나니, 이는 중국의 경제가 아시아 전역의 성장을 촉진하고 일본을 고무시킬 뿐만 아니라 세계 전역의 수입품을 빨아들이고 있기 때문이옵나이다. 부디 중국의 지도자들이 120세까지 살게 하여 주옵시고 그들이 살아 있는 동안 중국이 매년 9% 경제성장률을 유지할 수 있도록 해 주옵소서. 아멘."

〈헤럴드경제, 2004.5.3〉

한국, 중국의 하청기지로 전락할 수 있다

당·정·군의 삼위일체 권력을 장악한 시진핑 시대가 열렸다. 특히 국가에 대한 당의 지도를 분명히 했고 마르크스주의의 길을 제대로 가고 있다는 자신감을 드러냈다. 또 국가주석의 임기 제한을 폐지했다. 민주화 없는 제도화를 통해 '체제 내 변화'를 추구한 중국식 정치 개혁 맥락에서도 크게 후퇴한 것이다. "인민만 보고 가겠다"는 시 주석의 결기에서 마오쩌둥 시기 동원 정치를 떠올리게 된다. 이런 징후는 지난 19차 당대회에서 '극히 평범하지 않은 5년' 동안 쌓은 자신의 성과를 설명할 때 예견된 것이었다. 즉 업적 없는 곳에 권력이 없고, 업적을 통해서만 권력은 정당화될 수 있다는 것이었다.

강력한 권력 기반 속에서 중국은 무엇을 하고자 하는 것일까. 우선 불확실성이 커진 거친 환경 속에서 중화민족의 위대한 부흥을 실현하고자 했다. 2049년 건국 100주년을 맞아 중진국 함정을 돌파하고 사회주의 현대화 즉 선진국에 진입하겠다는 것이다. 또 부상한 힘을 바탕으로 자신의 방식으로 세계를 해석하기 시작했다. 미국의 역(逆)세계화에 맞서 중화 국제화를 선언했고 미국의 가치가 보편성을 잃고 있는 공간을 파고들어 중국 방안을 선보이기 시작했다. 중국 싱크탱크의 핵심이자 시 주석의 심복인 왕후닝을 정치국 상무위원에 포진시킨 것도 '생각의 힘'을 구체적인 정책으로 만들겠다는 의지의 표현이다. 이번 제13기 전국인민대표대회에서 국가 개조의 방향을 제시하고 국가 기구를 크게 개편했던 이유도 여기에 있다.

시진핑 장기 집권 시대는 새로운 도전이다. 벌써 미·중 관계가 출렁이고 있다. "중국은 영원히 패권을 추구하지 않을 것"이라고 다시 강조하고 미·중 협력의 중요성을 강조했지만, 트럼프 대통령은 기다렸다는 듯이 중국에 500억 달러에 달하는 관세 폭탄을 던졌다. 중국도 비록 저강도 보복 관세로 맞불을 놓았지만 "참깨 줍기 위해 수박을 잃지 말라"는 경고를 보냈다.

경제적 상호 확증 파괴가 작동하는 상황에서 중국은 미국의 압박에 쉽게 물러서지 않을 것이다. 이러한 미·중 관계의 변화는 한반도에 깊은 그림자를 드리우고 있다. 미국의 칼끝은 항상 중국을 겨누고 있고, 중국은 여기에 대응하는 구조가 작동하면서 미·중 관계가 협력이든 갈등이든 한반도 문제는 강대국 정치의 영향을 받고 있다. 다분히 미국을 겨냥한 깜짝 북·중 정상회담으로 한반도의 판이 단번에 흔들리는 것은 이러한 한반도 안보 구조의 취약성을 보여주고 있다.

한·중 관계는 지난해 한·중 정상회담을 통해 관계 개선의 모멘텀을 찾았다. 여기에 시 주석의 외교 정책 장악력이 높아지면서 대(對)한반도 정책에서도 매몰 비용을 줄이고 지속가능성을 높였다. 북한과 북핵 문제에 대한 양국의 정책 유사성이 높기 때문에 협력 공간도 넓어졌다. 그러나 남북, 북·미 관계의 발전이 그대로 한·중 관계나 북·중 관계로 이어지지는 않을 것이다. 특히 한반도 비핵화 단계와는 달리 평화체제로 전환하는 단계에서는 정전협정의 당사국으로서 중국은 적극적 역할을 찾을 것이고, 필요하면 우리에게 사안별로 까다로운 선택을 강요할 수 있을 것이다.

또 이런 상태로 가면 한국 경제가 10년 내 중국의 하청기지로 전락하지 않으리라는 보장이 없다는 점도 문제다. 사실 중국에서 한국의 주력 산업이 고전을

면치 못하는 것은 본질적으로 경쟁력을 잃어가고 있기 때문이다. 여기에 중국은 유능한 정부와 효율적 시장을 결합하면서 미래 산업을 장기 기획하며 '중국 속도'에 가속을 붙이고 있다. 이미 5G와 드론, 전략 물자 등은 제4차 산업혁명과 긴밀하게 결합했다. 우리가 시장의 혁신에만 의존해 이 위기를 극복할 수 있을까 하는 우려가 있다.

우선 한반도 문제가 미·중 관계의 종속 변수가 되지 않기 위해서라도 어렵게 만든 기회의 창을 적극 활용해야 한다. 한국 현대사를 되돌아보면 저절로 찾아 든 해방과 민주주의, 평화는 없다. 한반도 문제와 남북 관계에 대한 전략적 지렛대를 잃으면 누구도 우리를 주목하지 않을 것이다. 한반도의 봄을 향한 문재인 정부의 돌파가 국제사회를 향한 인정(recognition) 투쟁으로 보이는 이유도 여기에 있다. 또 우리의 자산인 민주주의와 시장경제의 틀 속에서 장기 기획, 리더십, 유능한 정부, 혁신적 시장, 국민 에너지를 결집해야 한다. 중국을 우회할 수 없다면 중국에서 혁신하고 살아남는 생존 방정식을 다시 풀어야 한다. 앞차를 따라가는 안전 운행만으로는 이 변화를 따라잡기 어렵다. 곡선 주로를 활용하고 차선을 변경하는 대담한 발상을 더는 미루기 어렵게 됐다.

〈중앙일보, 2018.04.02〉

미 · 중 통상전쟁 시대, 한국이 살아남는 길

하루 10억 달러씩 무역수지 적자를 미국에 안기는 중국을 손보려는 트럼프 행정부의 통상 폭탄 공세가 시작됐다. 장기 집권 기반을 구축하고 21세기 중반까지 미국을 추월해 세계 최고 강대국을 선언한 시진핑은 물러서지 않을 태세이다. 미·중 통상전쟁은 이제 시작이다. 그 파편은 고스란히 한국에 날라올 전망이다.

그 파편의 경로는 중국에 투자한 한국 기업, 그리고 한국에서 중국으로의 중간재 수출이다. 중간재를 해외에 의존하는 조립 중심의 중국 경제구조가 빚어낸 결과이다. 한국의 대중국 수출의 70% 이상이 중간재라는데 심각성은 더 커진다. 반도체·디스플레이 등 주력 수출품이 타격을 받고, 한국의 경제 성장에도 파문을 몰고 올 것이다.

미·중 통상전쟁은 어디까지 갈 것인가. 미국의 선전포고는 트럼프 이전부터

준비된 것이다. 지금까지 미국은 중국 제품과 자본에 개방된 천혜의 시장이었지만, 중국 시장은 세계 기업에 조금만 열린 '기회의 땅'이었다. 세계 무역 체제에 편입된 중국의 경제 발전이 계속되면 중국의 개방이 가속화되고, 덜 억압적인 정치 체제로 바뀔 것이라는 미국의 전략적 계산은 실패했다. 지금 미국에서는 중국의 감추어진 야심을 미국이 과소평가했음을 반성하는 고해성사가 이어지고 있다. 중국의 추격이 미국의 턱밑까지 따라온 지금, 중국의 야심을 저지하지 못하면 미국은 쇠퇴하고 중국의 시대가 열린다는 위기의식이 미국 정가에 흐르고 있다.

퓨리서치센터 여론조사에 따르면 지난 10년 동안 중국에 반감을 가진 미국인은 26%포인트 증가했다. 작년 조사에 미국인의 22%가 중국이 미국의 적대국, 43%는 심각한 문제라고 답했다. 미국의 쇠락한 공업 지대인 러스트벨트 지역에 사는 가난하고 소외된 백인 하층민의 자전적 이야기인 『힐빌리의 노래』는 지난해 미국을 울린 최고의 책이었다. 러스트벨트의 곤궁한 삶이 중국 때문이라는 트럼프가 대통령이 된 지금, 그들은 행동을 원하고 있다. 그들에게 이 전쟁은 불공정과 약탈을 끝내는 정의로운 성전이다.

미·중 통상전쟁 시대, 무역의존도가 높은 한국이 난세를 견뎌낼 전략적 지혜는 무엇인가. 첫째, 중국의 미국 수출 장벽이 높아진 만큼 한국의 반사적 이익도 있다. 한·미 자유무역협정(FTA)의 존재는 여기서 빛날 수 있다. 문제는 FTA로 확보한 저관세의 혜택을 미·중 통상전쟁 구도에 휘말려 날려버리지 않아야 한다. FTA 혜택을 무력화시키는 미국의 자의적 무역 제재를 하지 않겠다는 약속을 한·미 FTA 최종 타결 전에 받아내야 한다. 한국이 중국과 유사한 경제 체제가 아니라는 확신을 미국에 주어야 가능한 일이다.

둘째, 미국 정가에서 한국이 '중국 편'이라는 어설픈 오해를 받지 않아야 한다. 한국 정치 못지않게 양극화된 미국 정치이지만, 유독 중국 견제에는 초당적 합의가 있다. 국가 안보와 연계된 미국 기술의 해외 유출을 규제하려는 강력한 법안이 공화·민주 양당의 지지를 받으며 추진되고 있다. 퀄컴을 인수하려던 브로드컴의 인수 계획 불허는 이런 배경에서 나왔다. 브로드컴의 배후에 아른거리는 중국 정부의 그림자를 미국은 본 것이다. 한국이 명확한 태도 표명을 주저한다면 한국 기업의 미국 투자도 암초를 만날 가능성이 높다.

셋째, 통상 네트워크를 강화해서 방화벽을 높이 쌓아야 한다. 미국이 빠져나갔지만, 여전히 살아남은 포괄적·점진적 환태평양경제동반자협정(CPTPP)의 가입을 전향적으로 검토해야 한다. CPTPP는 국가 통제 하의 중국 경제를 개방

과 혁신의 길로 들어서게 하는 전략이다. 한국이 CPTPP의 바깥에 머문다고 중국이 한국에만 자국 시장을 열어줄 리 만무하다. 저자세 통상 외교는 중국의 허장성세를 더 키울 따름이다.

넷째, 중국 리스크를 최소로 줄여야 한다. 사드(THAAD) 보복에서 교훈을 찾지 못한 한국 기업들은 여전히 중국기회론에 올인하고 있다. 독립성이 보장된 규제 기관, 입법·사법의 견제와 균형, 언론의 자유, 정부 견제를 자임한 시민단체 등 민주주의 시장경제 체제에는 있지만, 중국에 없는 것은 중국 리스크로 전이된다. 중국의 본질을 외면하는 기회론은 나중에 돌이킬 수 없는 손실로 귀착된다.

미·중 통상전쟁에서 살아남으려면 1997년 외환위기 이후 20여년 한국을 지배한 '안보는 미국, 경제는 중국'(안미경중) 프레임 속에 자신을 가두지 말아야 한다. 궁극적으로는 경제 판 바꾸기를 시도해야 한다. 지금까지 제조업이란 한 날개로 날아 오른 한국은 또 다른 날개를 달아야 한다. 절대 다수의 일자리를 만들어내는 서비스업을 고급화·수출화하는 비전이 필요하다.

〈중앙일보, 2018.03.26〉

'경제 대통령' 美 연준 의장

2013년 초 미국에서 액면가 1조 달러짜리 동전을 발행하자는 청원이 진행됐다. 미국 정부의 부채를 해결하기 위해 이 동전을 연방준비제도(Fed·연준)에 예치하고 그만큼의 달러를 받아내자는 것이다. 노벨 경제학상 수상자인 폴 크루그먼 프린스턴대 교수까지 청원에 동참할 정도였다.

허무맹랑해 보이는 이런 논의가 가능한 것은 미국 화폐 발행 제도 때문이다. 연준은 미국 재무부 채권을 담보로 잡고 그 가치만큼 '빌려주는' 형식으로 달러(지폐)를 발행한다. 이자도 받는다. 다만 지폐가 아닌 동전만큼은 미국 정부가 주조한다. '1조 달러 동전 발행론'이 대두된 이유다. 미국 대통령이 의장과 이사를 임명하기 때문에 연준을 국책은행으로 생각하기 쉽지만 실제로는 JP모건, 씨티은행 등이 주주인 사(私)기업이다. 주주들은 수입의 6%가량을 배당금으로 받아간다. 예산도 의회와는 관계없다. 연준이 철저하게 독립성을 지킬 수 있는 배경이다. 연준 의장이 달리 '경제 대통령'으로 불리는 것이 아니다.

1987년 8월부터 2006년 1월까지 18년 넘게 재임한 앨런 그린스펀은 역사상 가장 유명한 연준 의장이다. 경제 호황기에 의장을 맡아 '과도하게 많은 업적을 인정받았다'('불황의 경제학' · 폴 크루그먼)는 평가도 있지만 그의 말 한마디 한마디가 시장을 뒤흔든 것이 사실이다. 그게 부담스러웠는지 스스로 "내 영향력이 과대평가됐다"고 말할 정도였다. 월스트리트저널은 그를 "매파(통화 긴축 선호)와 비둘기파(통화 완화 선호) 사이의 타협을 찾아내는 데 명수"라고 평가했다. 그린스펀 뒤를 이은 벤 버냉키 전 의장과 현 재닛 옐런 의장은 비둘기파로 분류된다.

도널드 트럼프 대통령이 2일 차기 연준 의장을 지명한다. 친(親)시장적인 제롬 파월 현 연준 이사를 지명할 가능성이 높고, 후보로 거론됐던 매파 존 테일러 스탠퍼드대 교수는 가능성이 낮다고 한다. 연준 의장이 비둘기파냐 매파냐에 따라 한국은행 금리 정책도 영향을 받을 수밖에 없다. 정치와 마찬가지로 미국 '경제 대통령' 취임도 남의 나라 이야기가 아니다.

〈동아일보, 2017.11.01.〉

세계금융

제 14 장
세계금융

1 세계 금융시장의 불안[1)]

2008년 글로벌 금융위기 이후 미국 등 경제 대국의 중앙은행은 '양적완화' 정책을 펼쳤다. 늘어난 돈은 실물경제보다 금융시장으로 쏟아졌다. 이러한 정책은 '새로운 취약성'을 낳았다.

해충을 잡으려면 살충제를 개발해야 한다. 다만 세월이 흐른 뒤 그 살충제에 면역력을 가진 더 강한 해충이 창궐할 수 있다. 문제를 해결하기 위한 수단이 새로운 문제를 일으킨다. 2008년 글로벌 금융위기가 발생한 지 10년이 된 2018년 가을, 세계 금융시장에서 실제로 일어나고 있다.

2008년 위기의 근본 원인은 미국 대형 은행들의 방만한 부동산 대출이었다.

1) 시사IN, 2018.11.8.에서 재정리.

2000년대 초반 이후 미국 은행들은 가계에 대한 고액 부동산 담보대출에 혈안이 되어 있었다. 상환 능력이 없는 저소득 가계에도 '겉으로만 유리한 조건(고금리를 저금리인 것처럼 포장)'으로 대출을 '살포'했다. 은행으로서는 일단 대출하면 이후 수년에 걸쳐 채무자로부터 일정한 금액을 받을 수 있다. 예컨대 10억원을 빌려주면 10년에 걸쳐 15억원(연 금리 5%로 가정)을 상환받는 권리를 갖게 되는 것이다. 은행들은 이 권리를 합치고 쪼개서 만든 '파생금융 상품'을 여러 나라의 다양한 금융투자자들과 사고팔면서 적잖은 재미를 누렸다.

빈사 상태에 빠진 세계경제를 구하기 위해 미국 등 경제 대국의 중앙은행은 이른바 '양적완화(중앙은행이 금융기관 보유 국채를 매입)'로 금융기관들에 엄청난 규모의 통화를 공급했다. 지난 10년 동안 미국 · 유럽연합(EU) · 일본 · 중국의 중앙은행이 금융기관에 뿌린 돈이 무려 10조 달러를 훌쩍 넘는 것으로 추산된다. 이렇게 통화 공급이 늘어나면서 그 (본원)통화의 가격이라 할 수 있는 기준금리 역시 선진 각국에서 '사실상 0%'로 고정되었다. 이와 함께 은행들이 방만한 대출과 위험한 거래를 하지 못하도록 금융 규제를 강화했다.

문제는, 금융위기를 수습하기 위한 이런 정책이 '새로운 취약성'을 낳았다는 점이다. 선진 각국이 기준금리를 사실상 0%로 고정한 취지 중 하나는, 은행들이 싼 금리로 실물경제 부문에 대출해서 경기를 살리라는 것이었다. 언제나 그렇듯 현실은 기대와 매우 다르게 전개되었다. 늘어난 돈은 실물경제보다는 금융시장으로 쏟아져 들어갔다.

지난 10년은 금리가 극도로 낮은데도 불구하고 실물경제는 활성화되지 않은 시기이다. 비금융 기업들의 매출액 성장 역시 매우 느린 편이었다. <블룸버그>에 따르면, 이런 상황에서 기업들이 쉽게 성장할 수 있는 방법은 어떻게든 거액을 빌려 경쟁 기업을 인수함으로써 단번에 기업 규모를 확대하면서 시장점유율까지 높일 수 있는 길이다.

예를 들어 세계 최대 통신회사인 미국의 AT&T는 올해 들어 미디어그룹 타임워너 등을 인수하는 데 모두 1900억 달러(약 216조원)를 투자했다. 그 자금 중 상당 부분이 빌린 돈이다. 순식간에 AT&T의 부채는 EBITDA(이자 · 세금 · 감가상각비 등을 빼기 전의 순이익의 4.4배에 이르렀다. 부채가 EBITDA보다 많을수록 해당 기업이 영업에서 번 돈으로 빚을 갚기는 어렵게 된다. 신용평가사 무디스와 S&P는 AT&T의 신용등급을 A-에서 BBB로 두 단계나 떨어뜨렸다.

신용등급은 '해당 기업에 돈을 빌려줘도 되는지'를 투자자들에게 알리는 지표라고 할 수 있다. BBB 이상을 '투자등급'이라고 부르는데 '빌려줘도 떼먹힐 위험이 크지 않다'로 해석할 수 있다. 다만 안심하고 빌려주는 대신 많은 이자를 기대해서는 안 된다. BBB 이하는 '투기등급'이다. '상환받지 못할 위험이 큰 대신 높은 이자를 받을 수 있다'라는 의미다. AT&T는 투자등급의 최하위(BBB)로 떨어지는 수모를 감수하면서까지 타임워너를 인수한 것이다. 식음료 부문 거대 기업인 닥터페퍼스내플 그룹은 큐리그그린마운틴(커피머신 제조사)과 합병하면서 170억 달러의 빚을 졌다. 합병회사(큐리그닥터페퍼)의 부채는 EBITDA의 5.6배로 평가된다. 신용등급 역시 BBB+에서 BBB로 떨어졌다. <블룸버그>는 미국 기업들이 BBB 등급으로 빌린 돈이 2조4700억 달러에 이르는 것으로 추산한다. 금융위기가 터진 2008년 말의 3배에 달하는 규모다. 지난 10년 동안 기업 부문의 악성 부채가 폭증한 것이다. 그 이유는, 기업과 투자자의 이해관계가 맞아떨어졌기 때문이다.

금융투자자들은 지난 10년 동안 지루하게 이어진 '저금리의 세계'에서 다소 위험하더라도 높은 수익률을 얻을 수 있는 투자처를 찾아 세계를 헤맸다. 기업 입장에서는 차라리 신용등급을 낮춰 투자자에게 더 많은 이자를 지급하는 쪽이 거액을 빌리기엔 유리했다. AAA보다 BBB 등급의 기업이 자금을 쉽게 조달할 수 있었다는 얘기다. 더욱이 기준금리 자체가 워낙 낮았기 때문에 투자자에게 이자를 더 줘도 그 금액의 절대 규모는 크지 않았다.

IMF 보고서는 이외에도 '새로운 취약성'이 선진국 자산(주식·부동산 등) 시장과 이머징마켓 등에서 축적되어왔다고 지적한다. 양적완화로 대량의 자금을 확보한 선진국 금융기관들이 실물경제보다 높은 수익률이 기대되는 자산시장과 이머징마켓에 투자하면서 거대한 거품을 만들어놓았다는 것이다. 이러한 취약성들이 특정한 계기를 만나 현실화되면 세계경기 침체, 나아가 금융위기로 이어질 수 있다. 불행히도 그런 계기가 형성되고 있다.

무엇보다 주요국들이 통화 긴축(기준금리 인상)을 이미 진행 중이거나 준비하고 있는 것으로 보인다. IMF 보고서는 "수년에 걸쳐 구축된 취약성이 금융 환경의 갑작스러운 긴축으로 현실화할 수 있다"라고 우려한다. 지난 2016년부터 인

상되기 시작한 미국의 기준금리는 지금도 역사적으로 낮은 수준이지만 내년까지 계속 오를 전망이다. 지난 50여 년의 경험에 비춰보면 미국의 기준금리가 오르면 크든 작든 금융위기가 발생했다. 가장 먼저 타격을 입은 새로운 취약성은 이머징마켓이다. 남미의 아르헨티나는 이미 국가부도 상태다. 터키·인도네시아·인도·파키스탄·남아프리카공화국 등도 위태롭다.

미국도 악성 기업 부채들이 산적되어 결코 안전하지 않다. 폭증한 BBB 등급의 기업들은 금리 인상이 진행되는 가운데 발생 가능한 외부 충격을 감당하기 힘들다. 부채비율을 개선하지 못해 투기등급으로 강등되면 기존 빚의 이자율이 오르는 한편 새롭게 돈을 빌리기도 힘들어진다. 이런 상황이 미국의 주요 기업에서 발생하면 미국은 물론 세계 금융시장이 혼란에 빠지게 된다. 10년 전 위기의 발원지는 가계의 주택담보대출이었다. 다음 위기는 미국 기업의 악성 부채로 시작될 수 있다.

IMF는 미국 트럼프 행정부가 중국 등 여러 나라에 개시한 무역전쟁에 대해서도 “세계경제에 심대한 리스크를 안길 것이다”라고 경고한다. 크리스틴 라가르드 총재는 세계무역기구(WTO) 개혁 및 국제무역 시스템의 개선을 요청했다. 그러나 트럼프 행정부가 바라는 것은 ‘규칙에 근거한(rules-based)’ 국제무역 질서의 개선이 아니다. 경제와 군사 부문의 라이벌로 찍은 중국의 기세를 꺾는 것이다. 트럼프 행정부가 최근 북미자유무역협정(NAFTA)을 개정해 타결한 미국·멕시코·캐나다 협정(USMCA:United States-Mexico-Canada Agreement)은 노골적으로 중국을 겨냥한다. 캐나다와 멕시코가 중국과 자유무역협정을 체결하지 못하도록 했다. 글로벌 차원에서 전개되는 국제분업 체계에서 ‘세계의 공장’ 구실을 해온 중국의 지위를 박탈해 핵심 제조업 및 하이테크 산업을 미국으로 되돌리는 것이 트럼프 행정부의 장기적 목표다. 라가르드 총재의 충고가 트럼프 대통령에게 통할 것으로 기대하기 어려운 이유이다.

2008년 금융위기에 대한 해결책이 다음 위기로 이어질 수 있는 취약성들을 만들어냈다. 취약성이 현실화될 계기들도 돌출하고 있다. 세계 각국이 새로운 국제협력 체제를 구축해서 금융위기의 가능성을 차단할 수 있을지는 아직 미지수다.

신용등급 기준

구분	등급
투자등급	AAA
	AA+
	AA
	AA-
	A+
	A
	A-
	BBB+
	BBB
투기등급	BBB-
	BB+
	BB
	BB-

※무디스와 S&P의 신용등급 기준
※신용등급이 높을수록 안정성 ⇧, 투자자가 받는 이자는 ⇩

금리 · 유가 · 무역전쟁 3중고… 비관론 고조

세계 경제에 대한 비관론이 고조되고 있다. 최근 뱅크오브아메리카(BoA)-메릴린치가 펀드매니저들을 대상으로 실시한 설문조사에서 '세계 경제가 경기확장 사이클의 끄트머리를 지나고 있다'는 의견이 85%를 차지했다. JP모건체이스도 최근 발간한 투자보고서에서 3년 내 미국에서 경기침체가 발생할 가능성이 80% 이상이라고 관측했다. 1년 내는 28%, 2년 내는 60%로 추산됐다. 실제 경제지표도 둔화 신호를 보내고 있다. 제조업과 비제조업을 통틀어 세계 경기를 보여주는 JP모건·마킷 종합 구매관리자지수(PMI)는 2월부터 하락했고, 9월(52.8)엔 2년 만의 최저 수준으로 떨어졌다.

세계 경제 전망이 어두워진 배경으로는 고금리와 고유가, 그리고 무역전쟁이 꼽힌다. 2008년 금융위기 이후 경기를 부양하려고 주요국들이 추진해온 이른바 '제로(0) 금리' 시대는 10년 만에 막을 내리고 있다. JP모건체이스가 집계하는 주요 선진국 중앙은행의 평균 기준금리는 최근 1%를 넘었다.

미국 연방준비제도(Fed·연준)는) 기준금리를 연 2.00~2.25%로 0.25%포인트 인상했다. 올 들어 세 번째 인상이다. 연준은 2020년까지 인상 기조를 유지

할 의사를 내비쳤다. 유럽중앙은행(ECB)은 연말 양적완화를 종료할 예정이고, 일본은행도 출구전략을 모색하고 있는 것으로 알려졌다.

미국의 기준금리 인상은 세계 시장금리의 기준인 미국 10년물 국채금리를 7년래 최고로 끌어올렸다. 이 여파로 뉴욕 3대 지수가 폭락했고 뒤따라 세계 각국의 증시도 급락했다. 연준이 계획대로 금리를 빠르게 올린다면, 수년 안에 각국 주가 붕괴와 세계 경제 침체가 현실화할 수 있다는 우려가 제기된다.

현재 미국 증시는 기술주 중심으로 지나치게 고평가됐다는 시각이 일반적이다. 국채 등 장기금리가 낮아 투자자들이 주식시장에 너무 몰려서다. 따라서 장기금리가 정상화하면서 주식시장에서 돈이 흘러나오기 시작했다는 분석이다. 주가 하락은 가계자산 감소, 소비 하락, 실물경제 타격, 투자 위축이라는 악순환을 불러올 공산이 크다. 장기금리 상승에 따른 경기침체는 마땅한 경기부양 수단이 없기에 장기간 전개될 가능성이 높다.

미·중 무역전쟁도 세계 경제에 먹구름을 드리우는 중요 원인이다. BoA-메릴린치 조사에서 펀드매니저들은 근심의 최대 원천으로 무역전쟁을 지목했다. 도널드 트럼프 미국 대통령은 '미국 우선주의'를 밀어붙이며 7월 이후 2천500억 달러어치의 중국 제품에 고율관세를 부과했다. 이로 인해 '세계의 공장'이자 세계 경기를 견인해온 중국 경제는 둔화 추세가 뚜렷해지고 있다.

문제는 트럼프 대통령이 전선을 더 넓힐 태세란 점이다. 트럼프 대통령은 한국, 캐나다, 멕시코와 새로운 경제협정을 체결한 데 그치지 않고 일본, 유럽연합(EU), 인도, 브라질, 베트남 등과도 무역 역조를 개선하겠다고 벼르고 있다. 국제통화기금(IMF)은 미국발 보호무역주의 확산으로 세계 GDP가 장기적으로 0.1~0.4% 감소할 것이라고 분석했다.

국제유가 급등도 세계 경기 회복에 찬물을 끼얹는 요인이다. 2015년 배럴당 45달러대였던 두바이유는 최근 90달러에 육박하고 있다. 고유가는 인플레이션을 유발하고 원유 수입국의 경상수지 적자를 확대하며 환율에도 부정적 영향을 끼친다. 현대경제연구원에 따르면 유가가 10% 오를 경우 석유제품의 제조원가는 7.5% 상승 압력을 받는다. 반도체, 전자, 자동차 등의 산업에서도 원가상승 압력이 0.1~0.4% 생긴다.

최근 유가 급등세는 미국의 대(對)이란 제재가 촉발했다. 미국은 핵합의에서 탈퇴한 데 이어 이란의 달러화 매입 금지 등을 포함한 1단계 제재를 복원했다. 미국은 다른 나라들에도 이란과의 원유 거래를 끊으라고 압박했다. 비잔 남다르 잔가네 이란 석유장관은 "사우디아라비아, 러시아의 산유량이 현재 최고치

라 이란의 공백을 메울 여력이 없다"며 "유가가 더 오르면 세계 경제가 침체할 수 있다"고 경고했다.

석유 한 방울 나지 않고 개방 경제인 한국은 3중고 모두가 치명타가 될 가능성이 크다. 그러나 내수시장은 작고 수출 의존도는 높아 대응책이 마땅치 않은 실정이다.

〈연합뉴스, 2018.10.23.〉

2 국제수지

1) 국제수지란?[2)]

국제수지는 일정기간 동안에 다른 나라의 거주자와의 경제적 거래를 화폐단위로 표시한 개념이다. 여기서 거주자란 국적과는 관계없이 그 나라에 거주하는 사람을 가리키며, 경제적 거래란 모든 상품, 용역 및 자산의 이동을 뜻한다.

2) 국제수지의 균형의 중요성

국제수지는 균형을 이루는 것이 바람직하다. 국제수지는 외화를 벌어들이는 항목인 상품수출, 해외건설, 관광수입 등과 외화를 지출하는 항목인 상품수입, 대외이자 지급, 해외여행 경비 등으로 구성되어 있는데, 이것은 항상 일치되어야 한다. 그러나 현실적으로 외환의 수취와 지급이 일치하는 경우는 거의 없다. 외환의 수취가 지급보다 큰 경우를 국제수지 흑자, 그 반대의 경우를 국제수지 적자라 한다. 따라서 국제수지 균형은 외환의 수취와 지급이 일치하는 경우이며, 국제수지 불균형은 외환의 수취 또는 지급이 초과하는 경우이다.

국제수지가 지속적으로 적자를 나타낼 경우 외채가 늘어나 그 원금상환과 이자지출 부담이 커지고 나중에는 신용이 떨어져 빚을 얻기조차 힘들게 된다. 이

2) 배기형. 세계경제 입문, 두남에서 재정리.

러한 예는 멕시코, 브라질, 아르헨티나 등 외채불이행 선언을 한 남미의 주요국에서 찾아볼 수가 있다. 그러나 국제수지 흑자가 반드시 좋다고만 할 수 없다. 왜냐하면 국제수지 흑자는 국내통화를 증가시켜 물가상승을 초래할 우려가 있기 때문이다. 1986년 이후 우리나라는 국제수지 흑자로 국내물가가 상승하는 예가 있었다. 따라서 국제수지 균형은 물가안정과 더불어 안정적인 경제성장의 두 기둥이며 국제수지의 균형은 경제정책의 주요 목표인 것이다.

세뇨리지 효과

'세계경제의 불균형'이 몇 해째 국제사회의 화두다. 핵심은 미국의 쌍둥이 적자다. 천문학적인 재정적자와 경상적자를 메우려 미국이 끌어들인 부채(외채)는 2조5천억달러에 이른다. 국내총생산의 20%를 훌쩍 넘었다. 선진국 기준으로 보면 위험 수준을 넘어 파산을 걱정할 할 만하다. 그런데도 재무부는 계속 채권을 팔고 세계 각국은 미국 자산을 사들이는 데 여념이 없다. 아무도 미국의 지급불능을 우려하지 않는다. 본디 돈을 찍으면 교환가치에서 발행비용을 뺀 만큼의 이익(화폐주조 이익)이 생긴다. 그 중에서도 기축통화국, 곧 국제통화를 보유한 나라가 누리는 이익을 통상 '세뇨리지 효과'라 일컫는다. 단순히 말해 1달러짜리 지폐의 액면가에서 제조비용을 뺀 차액이 그것이다. 과거 중세 때 군주(프랑스 말로 '세뇨르')가 재정을 메우려 금화에 불순물을 섞어 유통시킨 데서 온 말이다. 세계경제의 불균형은 이런 달러의 지위가 크게 위협받고 있음을 에둘러 표현한 것이다. 쉽게 말해 중국의 최대 흑자를 미국의 최대 적자로 버티는 불균형 상태를 더는 '달러 찍어내기'로 지탱하기 힘들어졌다는 얘기다. 이젠 다른 나라가 미국 국채나 회사채를 사주지 않으면 달러는 붕괴하는 구조가 고착화했다. 세계경제가 오랫동안 미국에 편중된 단극 성장을 한 결과다. 이런 구조의 '갑작스런 조정'이 단지 미국만의 문제가 아닌 것도 비극적 현실이다. 과거에도 미국이 적자 구조를 조정할 때마다 세계는 큰 홍역을 치렀다. 1980년대 일본의 자산거품과 장기침체, 90년대 중남미와 아시아 나라들의 금융위기 등은 달러 자산의 가치 조정과 밀접히 연관된 문제였다. 교과서적인 해법은 미국이 총수요를 억제하는 길이지만, 미국의 행보는 그리 급해 보이진 않는다. 투자의 귀재 워런 버핏이 3년 전부터 지속적으로 달러를 팔고 있는 이유를

곰곰이 생각해 볼 때이다.

〈한겨레, 2006.1.22〉

가마우지 경제

중국 계림이나 일본 마쓰야마 지방에서는 '가마우지 낚시'로 고기를 잡는다. 가마우지는 전라도 보길도나 낙동강 하구에서도 볼 수 있는 겨울 철새. 끝 부분이 갈고리처럼 생긴 기다란 부리를 물 속에 재빨리 처넣어 고기를 낚아챈다. 낚시꾼은 가마우지의 목 아랫부분을 끈이나 갈대 잎으로 묶어 가마우지 목에 걸린 고기를 가로챈다. '재주는 곰이 넘고 돈은 되놈이 버는' 격이다. 고무로 나오키라는 일본 경제평론가는 1980년대 말『한국의 붕괴』라는 책에서 한국들이 3저(저금리, 저유가, 저달러)에 힘입은 대미수출 호조로 엄청나게 많은 달러를 벌어들였으나 수출품 제조에 들어가는 핵심 부품들은 거의 다 일본산이므로 한국은 입맛만 다시고 실익은 일본이 다 보고 있다는 뼈아픈 지적을 하였다. 1970년대부터 줄기차게 추진해온 부품·소재 산업 육성이 10년이 다 돼 가도록 이렇다 할 효과를 거두지 못했다는 사실을 보여준다. 그로부터 다시 20년이 지난 한국 경제는 여전히 애처로운 가마우지 처지를 벗어나지 못했다. 한국이 중계하는 달러의 흐름만 '미국→한국→일본'에서 '중국→한국→일본'으로 바뀌었을 뿐이다. 2005년 대중 무역수지 흑자는 230억 달러, 대일 무역적자는 240억 달러이다. 한 마디로, 중국에서 돈을 벌어 고스란히 일본에 갖다 준 꼴이다. 반도체, 자동차 등 우리나라의 수출 주력 업종들은 핵심 설비와 부품을 일본에 절대적으로 의존하고 있다. 그러니 수출이 늘수록 대일 무역적자가 자연히 늘어나는 구조이다. 2005년 부품·소재 산업에서 생긴 대일 적자가 161억 달러로 전체 대일적자의 66%에 이른다. 2000~2005년 전체 대일 적자는 1039억 달러였으며, 이중 부품·소재 산업은 794억 달러로 76.4%를 점했다. 첨단업종일수록 대일 의존 구조는 더욱 단단히 고착돼 있다. 우리나라 수출 전체의 30%가량을 차지하고 2000~2005년 경제성장 기여도가 40%에 가까운 IT 부문의 경우 원자재의 50% 이상을 수입에 의존하고 있다.부문별로 보면 반도체 78.8%, 평면 디스플레이 67.7%, 무선 통신기기 66.8%, 컴퓨터 및 주변기기 50.9% 등이다. 가마우지형 경제 체질은 부존자원과 자본이 많지 않은 상황에서 최종재 수

출 위주로 압축성장을 추진해온 데 따른 역사적 귀결이다. 오늘날 같은 글로벌 시대에 모든 것을 자급하는 경제 시스템을 고집하는 것은 어리석다. 하지만 '경제의 허리'라고 할 수 있는 부품·소재 산업의 경쟁력 향상 없이 우리 경제의 내실을 기하기는 어렵다.

〈이철용, LG경제연구원, 주간경제, 2006.3.24〉

3 환 율

1) 환율이란?

환율은 하나의 화폐로 표시한 다른 화폐의 가격이다. 환율은 어느 나라 돈을 기준으로 허느냐에 따라 자국통화표시법과 외국통화표시법이 있다. 자국통화 표시법은 외국 돈 1단위가 자기 나라 돈 몇 단위와 교환되는가를 나타내는 방법이고 외국통화표시법은 자기 나라 돈 1단위가 외국 돈 몇 단위 교환되는 가를 나타내는 방법이다. 예를 들어 1달러=1000원으로 표시하면 자국통화표시법이고 1원=1/1000원으로 표시하면 외국통화표시법이다. 이때 앞에 나타나는 통화를 기준통화, 뒤에 나오는 통화를 표시통화라 한다. 일반적으로 외환시장에서는 미국의 달러화가 기준통화이나 예외적으로 영국의 파운드화가 기준통화가 되기도 한다.

우리나라의 환율제도

우리나라의 대미달러 환율은 해방과 더불어 고정환율제도로 운영되어 왔으나, 1960년대 초반 경제개발계획시행과 더불어 단일변동환율제도로 전환되었다. 우리나라의 경제규모가 확대되면서 정부는 환율의 국제수지조절기능을 제고하기 위하여 1980년초에 복수통화바스켓페그 제도를 채택하였다. 그러나 1980년대 후반에 이르러 국제수지 흑자규모확대와 더불어 미국 등으로부터 환율조작의 비난을 받기 시작했으며 또한 우리나라 외환시장의 육성이 최대현안 문제로 대두되자 환율의 가격기능제고를 위해 환율제도를 다시 개편하여 1990년3월부터 시장평균환율제도를 시행하기에 이르렀다. 그러나 1997년 12월 외환위기로 IMF의 자금지원을 받는 대가로 환율제도는 시장의 수요와 공급에 의해 결정되는 완전변동환율제도를 채택하고 있다.

2) 환율의 종류

환율은 은행이 누구를 상대로, 어떤 방식으로 외국 돈(외환 또는 외국환)을 교환하느냐에 따라 여러 가지 종류로 나누어진다. 은행이 고객으로부터 외환을 살 때 적용하는 환율을 매입률이라 하고 고객에게 팔 때 적용하는 환율을 매도율이라고 한다.[1)]

외환거래는 은행이 누구를 상대로 하느냐에 따라 은행간 거래와 대고객거래로 나누어지는데 은행이 다른 은행과 거래(은행간 거래)를 할 때에는 은행간 환율을 적용하며 개인이나 기업 등 고객과 거래(대고객거래)를 할 때에는 대고객환율을 적용한다.

은행간 거래는 고객과의 거래 결과 부족한 외국 돈을 조달하거나 남은 외국 돈을 운용하기 위해 큰 규모로 매매가 이루어지는 도매거래로서 여기서 결정되는 은행간 환율은 소매가격이라 할 수 있는 대고객환율의 기준이 된다.

유로달러는 미국의 영토 밖에서 거래되는 달러로 1950년대 초 국제통화로서 파운드의 지위 쇠퇴, 미국을 제외한 세계주요국의 외환통제 및 미국의 저금리

1) 배기형. 세계경제 입문, 두남에서 재정리.
매도율이 매입률보다 높은 이유는 은행이 외환을 매매하는 데 드는 비용을 충당하고 수익을 남기기 위해 일정금액을 수수료로 부과하기 때문이다.

정책 등으로 인해 소련이 미국에 예치한 달러를 낮은 금리의 단기자금으로 유럽의 여러 은행에 제공한 데서 비롯되었다. 오일달러는 1973년 유가상승으로 산유국들이 석유거래통화를 달러로 하면서 달러 보유가 급증하게 되면서 유래되었다. 따라서 석유수출국은 막대한 양의 오일달러를 유로은행에 예입하였으며, 유로은행은 그것을 개발도상국에 대출하고, 개발도상국은 차입한 달러로 석유와 자본재를 구입하게 되었다. 아시안 달러는 1969년 Bank of America의 싱가폴지점이 비거주자의 예금을 수취하여 이를 아시아지역의 기업체에 융자해 줌으로써 비롯된 것으로, 싱가폴을 중심으로 한 금융자산을 아시안달러라 한다.

그리고 은행간 환율은 은행간 거래가 이루어질 때마다 수시로 바뀌지만 대고객환율은 아침에 정해 놓은 환율이 하루 종일 그대로 적용되는 경우가 대부분이다. 대고객환율은 은행이 고객으로부터 어떤 형태의 외환을 사고 파느냐에 따라 다시 여러 가지 환율로 나누어진다. 즉 은행이 현찰을 사고 팔 때에는 현찰매매율, 전신으로 자금을 주고 받을 때에는 전신환매매율, 여행자수표를 사고 팔 때에는 여행자수표매매율을 적용하는데 이들 각각의 경우 은행이 외환을 조달하여 운용하는 데 드는 비용이 다른 만큼 적용하는 환율도 다르다. 예를 들어 현찰매도율은 은행이 외국으로부터 현찰을 운송하여 보관하는 데 비용이 소요되므로 여행자수표매도율이나 전신환매도율보다 높다. 따라서 해외여행을 하는 사람은 필요한 외국 돈을 현찰로 매입하는 것보다 여행자수표로 매입하는 것이 유리하다 하겠다.

3) 환율의 결정

(1) 외환시장

외환시장은 외환이 거래되는 시장으로 다수의 수요자와 공급자들 사이에서 서로 다른 통화간의 매매거래를 연결시켜 주는 시장이다.[2] 외환시장에서 외환

2) 세계의 주요 외환시장은 크게 극동 및 중동시장, 유럽시장, 북미시장으로 구분될 수 있는데 극동 및 중동시장은 동경, 싱가폴, 바레인이 중심이 되며, 유럽시장은 프랑크푸르트, 파리, 취리히가 중심이 된다. 북미시장은 뉴욕, 샌프란시스코 등이 중심이 된다. 이러한 외환시장은 24시간 시장이 개방되어 있으며 거래시간대가 중복되는 경우에는 양

의 수요나 공급을 결정하는 경제주체는 크게 은행, 정부, 개인과 일반기업 등으로 나눌 수 있다. 이들 경제주체들이 각각 어느 만큼 외환을 팔고, 구입하느냐에 따라서 환율이 결정된다.

환율은 외환의 거래가 이루어지는 외환시장에서 결정된다. 외환시장에서 은행, 기업, 개인, 중앙은행 등이 참가하며 이들은 각각 다양한 목적으로 외환시장에 참가한다. 은행은 외환시장에서 제일 중요한 역할을 담당하며 주로 고객이 필요로 하는 외국 돈을 사거나 고객으로부터 매입한 외국 돈을 팔기 위하여, 또는 외국 돈의 매매를 통하여 이익을 얻기 위해 외환시장에 참가한다. 기업, 개인 등 고객은 수출입거래, 해외여행 등을 위하여 외환시장에 참여하며, 중앙은행은 외환시장의 안정 등 정책적인 목적을 달성하기 위하여 외환시장에 참가한다. 외환시장은 시장참가자가 누구냐에 따라 은행간에 거래가 이루어지는 은행간 시장과 개인, 기업 등 고객과 은행 사이에 거래가 이루어지는 대고객시장으로 나누어지는데 보통 외환시장이라고 하면 은행간 시장을 의미한다.

외환시장, 즉 은행간 시장의 거래는 대부분 은행이나 외환중개업자에 의해 이루어진다. 거래참가자들은 각자의 거래실에서 전화나 컴퓨터단말기로 사거나 팔려고 하는 외국 돈의 가격을 제시하여 제시가격이 서로 일치하는 상대와 거래를 하게 되는데 이렇게 거래가 이루어질 때 마다 환율은 시시각각 변동하는 것이다.

우리나라 원화와 외국 돈의 환율은 원화가 국제적으로 통용되지 않고 있어 국제외환시장에서 결정되지 않고 우리나라 외환시장(은행간 시장)에서 결정된다. 우리나라의 외환시장에는 국내은행, 외국은행 국내지점, 종합금융회사 등의 금융기관과 한국은행 등이 참가하고 있는데 이들 간의 거래는 대부분이 원화와 미

시장간의 거래가 활발하다. 예를 들어 런던시장은 런던어음교환소 가맹은행(clearing bank)인 6개 은행과 머천트뱅크, 외은지점 등 약 4백개의 은행이 참가한 국제적으로 세계최대규모의 외환시장이며, 뉴욕시장은 미국의 상업은행, 외국은행지점등 약 300개의 은행으로 형성되어 있으며, 제2차 세계대전이후 미국의 정치적·경제적 지위가 향상으로 미 달러화가 세계적인 기축통화로서 통용되기 시작하면서 세계적인 외환시장이 되었다. 동경시장은 1964년 4월 일본이 국제통화기금(IMF)협정 제8조국으로의 이행함께 본격화되어 세계외환시장에서 런던, 뉴욕에 이어 제3위를 점하기에 이르렀다. 동경시장은 대고객거래의 비중이 약 30%, 미달러대 엔화의 거래비중이 약 80%이다.

국 달러화의 거래로서 주로 금융결제원(자금중개실)의 중개를 통하여 이루어지고 있다.[3)]

3) 환위험 관리

환율은 여러 가지 요인에 의하여 시시각각 변동함으로써 외화자산이나 부채를 보유하고 있는 개인이나 기업, 금융기관 등의 손익에 영향을 미치게 된다.[4)] 특히 자유변동환율제도하에서는 환율의 변화에 대비하여 환관리를 제대로 못할 경우 기업은 파산으로 이어질 수도 있다. 환위험은 미래의 예상치 못한 환율변동으로 인해 기업이 입을 수 있는 손실로 이를 피하기 위해서는 선물환거래, 통화선물, 통화옵션거래 등을 이용할 수 있는데 이 중 우리나라에서 가장 널리 쓰이는 방법이 선물환거래이다. 선물환거래란 미래의 일정시점에 주고 받게 될 외국 돈의 가격(환율)을 현재시점에서 미리 정해둠으로써 미래의 환율변동으로 인한 손실을 회피하는 방법이다. 예를 들어 우리나라 수출업자가 환율이 1달러=1,000원일 때 미국에 1백만달러의 자동차를 수출하고 그 대금을 3개월 후에 받기로 계약을 맺었다고 하자. 1개월 후 환율이 1달러=1,000원이면 수출대금은 10억원(1백만달러×1,000원=10억원)이지만 1개월 후 환율이 하락하여 1달러=800원이 되면 8억원을 받게 되어 2억원의 손실(환차손)을 보게 될 것이다. 이와 반대로 환율이 상승하여 1달러=1,100원이 되면 11억원을 받을 수 있어 1억원의 이

---

3) 중개수수료를 받고 외국환은행간 거래나 외국환은행과 고객과의 거래를 중개하는 외환브로커가 있는데 세계외환시장의 은행간 거래의 약1/3이 이들을 통해서 이루어 지고 있다.(김상경·최기억, 환율, 제대로 알면 진짜 돈된다, 거름,199년 p.148)

4) 일반적으로 환위험은 환율변동을 인해 손실이 발생할 가능성을 말하나 환차익까지 발생할 가능성을 포함하고 있는 보다 포괄적인 개념이 환노출이다. 환노출은 예기치 못한 환율변동으로 인해 미래 현금흐름이 영향을 받음으로써 기업의 가치가 변할 수 있는 불확실성을 의미하며, 이에는 거래노출, 환산노출, 경제적 노출 등이 있다. 거래노출은 거래시점과 결제시잠의 환율 차이로 인해 생기는 환노출로 흔히 수출입이나 외화자금의 대차거래에 있어 발생한다. 환산노출은 외화표시 자산이나 부채를 결산시기에 자국통화로 환산하여 재무제표에 기표할 때 발생한다. 그리고 경제적 노출은 환율변동으로 인해 생산원가와 매출액이 달라지고 이로 인해 미래의 현금흐름이 영향을 받을 가능성이다.(홍갑수, 환율상식, 매일경제신문사,1990년,pp.188－189와 이창선, 환노출, LG경제연구원, 주간경제, 1999)

익(환차익)을 보게 될 것이다.

외환보유액이란 국가의 비상금으로 중앙은행과 정부가 갖고 있는 '외화 지급 준비 자산'이다. 즉 우리나라의 중앙은행인 한국은행이 갖고 있는 돈을 의미한다. 외환보유액은 한국은행과 정부(외국환평형기금)가 다양한 수단을 통해 마련한 외국 돈(외화 자산)이 기초가 된다. 외환보유액에는 이 밖에도 우리나라가 IMF에 외국 돈이나 우리 돈을 맡기고 받은 'IMF 포지션'(달러 등으로 뽑아 쓸 수 있는 권리)도 포함된다. 외환위기 직후인 98년에 온 국민이 참여해 모은 금을 한국은행이 사들였는데 이를 포함한 금도 외환보유액에 들어간다. 외환보유액은 환율도 안정시키고 국가신용도를 높이는 데도 기여한다. 나라마다 경제 사정이 다르기 때문에 외환보유액이 많다거나 적다고 판단할 일률적인 기준은 없지만 달러 가치의 변화가 잦기 때문에 무작정 많이 갖고 있다고 이로운 것은 아니다. 다만 국가 부도 위험까지 겪은 우리나라는 가급적 넉넉하게 갖고 있는 게 바람직하다는 의견이 많다.

〈중앙일보, 2006.1.26〉

따라서 수출업자가 환율이 1달러=1,000원 이하로 될 경우의 손실을 피하기 위하여 3개월 뒤에 은행에 달러를 1달러=1,000원의 환율로 팔기로 하는 계약(3개월 만기 선물환매도계약을 현재시점에서 미리 체결해 둔다면 3개월 뒤에 환율이 하락하더라도 손실을 보지 않게 된다.[5)] 수출업자 또는 수입업자들이 이러한 선물환거래를 통하여 장래의 환율변동이 가져올 위험을 피하는 행위를 헤징

5) 선물환시장은 투기에도 이용된다. 오늘의 현물환시세는 800원 대 1달러이고 3개월 후의 선물환시세는 1,000원 대 1달러인데, 만약 어느 사람이 3개월 후의 현물환시세가 언화의 가치가 지금보다 더 오른 800원이 될 것이라고 믿는다 하자. 그러면 이 사람은 오늘의 선물환시세(1,000원=1달러)로 3개월 후의 10만달러를 매각하는 계약을 체결한다. 그리고 3개월 후에 10만달러를 100만원에 팔고, 현물환시장에서 즉시 다시 원화를 매각하고 달러를 구입할 수 있다. 그런데 이때의 현물환율이 예상대로 800원이라면 이 사람은 1달러당 200원의 이익을 얻게 된다. 즉 10만 달러가 125,000달러로 늘어나 25%의 수익을 얻을 수 있다. 물론 3개월 후의 현물환시세가 1,000원=1달러보다 엔화의 가치가 떨어져 예컨대 1,200원=1달러가 된다면, 오히려 손실을 보게 되는 것이다.

(Hedging)이라고 한다.

그 외에 환위험을 피할 수 있는 방법으로는 개인이나 기업 등이 환율변동에 대비하여 외국돈의 수취와 지급시기를 통화별과 만기별로 일치시키는 매칭(matching) 또는 그 시기를 앞당기거나 지연시키는 리드와 래그(leading and lagging) 등이 있다[6]. 즉 수출업자는 환율상승이 예상될 경우 수출품의 선적 시기나 수출환어음의 매도시기를 지연시킴으로써 이익을 증대시킬 수 있으며, 수입업자는 반대로 수입대금을 앞당겨 지급함으로써 수입대금의 지급부담 증가를 방지할 수 있다.

4) 평가절하

환율은 한 나라의 돈과 다른 나라 돈 사이의 교환비율로 외환시장에서 외환의 수요와 공급에 의해 결정된다. 원－달러 환율을 예로 들면, 달러화에 대한 수요가 증가할 경우, 달러화 가치는 오르고, 원화 가치는 내린다. 공급 면에서는 그 반대로 작용한다.

우리나라의 원화가 평가절하될 경우 수출업자는 채산성이 좋아져 수출가격을 조금 내리는 대신 수출량을 늘릴 수 있다. 또한 전에는 채산성이 맞지 않아 수출을 하지 못하던 생산자도 이제는 수출할 수 있게 될 것이다. 뿐만 아니라 수입경쟁적 제품을 생산하는 기업도 수입제품의 국내가격의 상승으로 전보다 많은 상품을 판매할 수 있으며. 약간의 가격인상을 한다하더라도 전보다 판매량을 증가시킬 수 있게 된다. 한편 수입상품은 가격상승으로 국내수요가 떨어지므로 수입량이 줄어들게 된다.

그리고 수출업자나 수입경쟁업체에서 생산에 필요한 원자재를 수입에 의존한다면 이들 업체의 생산비는 인상되나 수입원자재의 코스트가 평가절하비율만큼

6) 이외에도 자회사와 모회사간 발생한 채권, 채무관계를 개별적으로 결제하지 않고 일정기간이 지난후 이를 상계한 후 차액만을 정기적으로 결제하는 상계(Netting), 거래상품가격의 표시통화를 신축적으로 선택함으로써 환리스크를 피하는 통화표시 거래약관(Currency Clauses), 거래이행 여부의 선택권을 보유함으로써 환위험을 방지하는 통화옵션 거래(Currency Option),장기외화차입에 따른 환율변동 위험을 피할 수 있는 통화스와프 거래(Currency Swaps) 등이 있다.(홍갑수, 환율상식, 매일경제신문사, 1990년, pp.174－179)

높아질지라도 수출이나 수입경쟁에서의 채산성은 평가절하에 의해 좋아진다.

<평가절하의 경제적 효과>

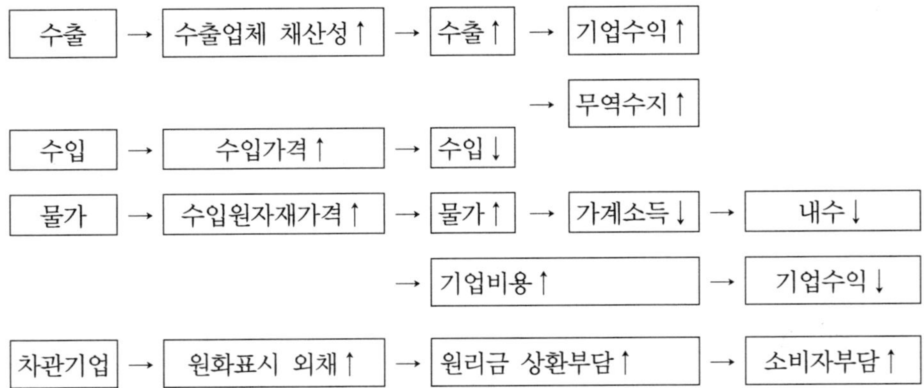

예를 들어 운동화 한 켤레 생산함에 있어서 천연고무 등 원자재가 2달러어치 필요하다면 원자재 비용은 2,000원(1달러=1,000원)에서 2,200원(1달러=1,100원)으로 200원이 증가한다. 그러나 운동화 한 켤레의 수출가격은 10,000원(한 켤레당 10달러)에서 11,000원으로 1,000원이 증가하므로 800원의 이익이 발생한다.

그러므로 평가절하는 국내의 생산활동을 촉진시키는 동시에 국제수지를 개선시키는 효과를 갖는다. 평가절하로 수익성이 높아진 수출업체나 수입경쟁업체에서는 전보다 더 많은 생산을 하기 위해 더 많은 노동력과 원료와 중간재를 필요로 하며, 또한 공장의 가동율이 높아질 것이고 경우에 따라서는 설비의 확장이 필요하게 된다. 그러나 이러한 확장은 임금과 원자재 가격의 상승을 초래한다.

평가절하로 인한 수출의 증가와 수입의 감소는 소득을 증가시키고, 이 증가된 소득이 수요를 증가시키게 되므로 경제성장은 촉진된다. 즉 자국의 통화가치를 떨어뜨리면 외국은 물론 자국내에서도 자국상품에 대한 수요가 높아지게 되고, 이러한 증가된 수요가 생산을 촉진하고 고용을 증대시키는 효과를 가져온다.

장기적으로 평가절하는 경제성장을 촉진시키나 자국과 외국에서 동시에 같은 정책을 실시할 경우 불가능하다. 왜냐하면 모든 나라가 외국의 희생 위에서 자국의 성장을 촉진시키려고 하는 소위 Beggar My Neighbor 정책[7]을 실시한다면,

7) 네 이웃을 거지로 만들지 않고서는 자신이 부자가 될 수 없다는 중상주의적 사고 방식

경쟁적 평가절하에 의해 세계경제의 혼란만을 가중시키기 때문이다.

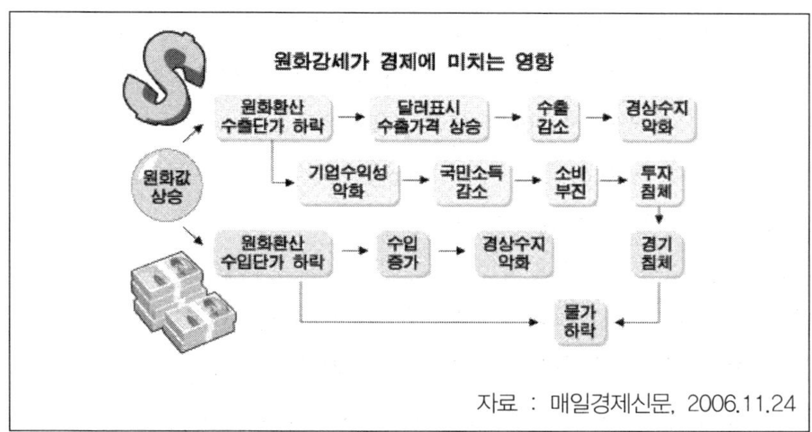

자료 : 매일경제신문, 2006.11.24

4 국제자본이동

1) 국제자본이동이란?8)

국제자본이동은 나라와 나라 사이에 이동하는 자본의 흐름으로 무상원조, 이민에 의한 본국송금, 자본재, 신기술 및 경영능력 등을 포함하고 있다. 이러한 국제자본 이동은 후진국의 경제발전과 국제거래의 불균형을 해소시키는 데 중요한 역할을 하고 있다. 대표적인 예가 직접투자이다.

2) 직접투자

직접투자란 기업경영권을 지배할 목적으로 단독으로, 또는 그 나라의 자본과

으로 대외무역을 통한 자국의 부의 증대는 교역상대국의 부의 감소를 의미하기 때문에, 타국의 희생을 통하여 자국의 번영을 추구하는 대외무역정책을 근린궁핍화 정책(beggar－my－neighbour policy)이라고 부른다. 자국 통화의 평가절하가 그 대표적인 수단이다. 근린궁핍화 정책은 교역상대국이 동일한 정책으로 대응할 경우 경쟁적인 평가절하의 악순환에 빠질 수 있다.

8) 배기형. 세계경제 입문, 두남에서 재정리.

합작하여 공동경영을 하는 경우, 경영 또는 통제를 수반하는 외국에의 투자를 말한다. 이러한 직접투자는 목적과 동기에 따라 4가지 형태로 나눌 수 있다. 첫째, 시장지향적 형태이다. 이는 수출시장의 개척 또는 확대를 위한 투자로서 수출에 따른 경제적, 법적 어려움을 피하기 위해 현지 생산시설에 직접 투자하는 것을 말하는데 자본과 기술면에서의 선진국형이다.

둘째, 자원지향적 형태이다. 이는 국내에서 부족한 원자재를 장기적인 측면에서 안정적으로 조달하기위한 투자이다.

셋째, 기술획득 및 이전을 위한 투자이다. 이는 투자국이 직접투자를 현금으로 하는 것이 아니라 특허나 기술을 빌려주고 대가를 받는 것이기 때문에 국방산업 등 전략산업을 제외하고는 큰 영향을 받지 않는다.

마지막으로 이익추구를 우선으로 하는 투자로 외국의 부동산과 주식투자이다. 금융기관에 대한 투자 등이 이에 속한다.

직접투자는 자본의 국제적 이동인 만큼 국제수지와는 밀접한 관계가 있으며 국제수지 적자에 시달리고 있는 수혜국으로서는 단기적으로 이의 해결에 도움이 되나 장기적으로는 이에 대한 자본수익이 투자국으로 이전되어 오히려 국제수지 적자의 요인이 될 수 있다.

직접투자가 수출압 미치는 효과는 양면적이다. 직접투자를 통해 해외현지 생산제품이 국내수출을 대체하게 되는 수출대체도 발생한다. 물론 효과와 현지에서 생산된 제품이 국내로 유입되는 역수입효과가 발생한다.

엑슨 – 플로리오법

미국의 엑슨–플로리오법은 정부가 국가 안보를 이유로 외국인 투자를 제한할 수 있도록 한 법으로 1980년대 일본계 기업의 인수 · 합병(M&A) 공략에서 미국 기업들을 보호하기 위해 상원의 엑슨 의원과 하원의 플로리오 의원이 공동 발의해 1988년 제정되었다. 즉 외국인의 자국 기업 인수를 외국인투자심의위원회가 조사해 국가 안보를 손상할 수 있다고 판단되면 대통령이 이를 중단, 금지할 수 있도록 한 장치이다. 우리나라에서도 2008.2월 외국인투자촉진법 시행령을 개정하여 외국인투자가 '국가안보위해'에 해당하는 경우 정부가 이를

제한할 수 있도록 하였다.

〈한국경제신문, 2007.11.5〉

헤지펀드

헤지펀드는 원래 여러 나라와 여러 상품에 투자해 위험을 회피.분산(헤지)하기 위해 만들어진 펀드로 짧은 시간에 높은 수익을 노리는 투기자본이다. 전 세계적으로 4000개가 넘으며 주로 100명 미만 투자가의 돈을 끌어다가 펀드를 만들고 펀드운영회사를 운영한다. 이를 사모투자회사라 하며. 세금을 피하기 위해 본사는 형식적으로 카리브해의 버뮤다나 말레이시아 라부안 등 세금을 안 내도 되는 곳(텍스헤븐.조세회피지역)에 설립한다. 우리나라에도 이런 헤지펀드가 많이 활동하고 있다. KT&G(옛 담배인삼공사)라는 회사의 주식을 사들인 뒤 경영에 참여하겠다고 요구한스틸파트너스 펀드, 2003년 SK그룹의 경영권을 넘봤던 소버린, 제일은행을 팔아 1조원이 넘는 이익을 챙겼던 뉴브리지캐피털, 한미은행 대주주였던 칼라일펀드 등이 국내에서 돈을 벌어 간 대표적 헤지펀드이다.

〈중앙일보, 2006.4.27〉

따라서 직접투자의 효과를 높이기 위해서는 이익발생의 가능성, 현재 및 미래의 시장 또는 원료공급의 전망, 기존시장의 보호, 외환의 자유, 투자국의 안정성, 현지국의 투자에 관한 법령과 태도, 관세 및 수입제한조치, 조세 등이 검토되어야 한다.

3) 다국적기업

(1) 다국적기업이란?

다국적기업이란 한 국가의 국경을 넘어서 생산과 마케팅을 확대하고 있는 외국 자회사를 지닌 다국적 기업을 가리켜 MNC(Multinational Corporation)라 한다[9]. MNC의 기원은 학자마다 견해가 다르지만 17세기 상업 자본주의가 발전함에 따라 설립된 서인도 회사를 그 출발로 보는 견해가 일반적이다. 그러나 현대적 의미의 다국적 기업은 2차 세계 대전 이후 미국 기업들에 의해 본격화 되었다고 볼 수 있다. 제2차 세계대전 이후 선진국의 대기업들은 자국의 모회사 이외에 여러 국가에 걸쳐서 그들의 자회사를 현지 설립하여 범세계적인 생산, 시장, 경영 및 조직망을 갖추어 무역, 금융, 투자 등에 있어서 국제 경제질서에 새로운 변화를 일으키고 있다.

다국적기업은 본국의 모회사와 외국에 소재하고 있는 몇 개의 자회사들로 구성되어 있는데, 이들간에는 지휘통제, 기업정보 보고, 이익송금 등 경영관계를 중심으로 수직적 관계가 있으며, 자회사끼리는 중간제품의 공급, 정보교환 등 내부거래 관계를 중심으로 수평적 관계를 유지하고 있다.

(2) 다국적기업의 진출동기

다국적기업은 세계경제의 확대, 자본이동의 자유화, 기술이전, 그리고 기업자체 내의 생산능력 확대해 성장하였다.

이러한 다국적기업은 어느 특정국에서 투자손실을 다른 지역에서 보완할 수 있으며, 각국의 시장 및 기업정보를 활용함으로써 계열회사간의 자금이전을 통한 환위험 분산의 용이 그리고 다른 제품과의 경쟁에서 우위성을 가질 수 있다. 또한 다국적기업은 생산지점의 현지진출로 관세 및 비관세장벽을 우회할 수 있어 시장의 경쟁력을 제고시킬 수 있으며, 저임금의 개도국의 노동력을 확보할 수 있으나, 본국에서는 고용기회의 상실로 실업문제가 발생하여 노동조합의 반발을 야기시킬 수 있다.

(3) 다국적기업의 경제적 효과

다국적기업은 초기 주로 미국이 캐나다나 EU지역 등으로 진출하였으나, 최근에는 EU 및 일본기업들도 개발도상국을 중심으로 이루어지고 있다. 이러한 다국적기업들의 개발도상국으로의 진출은 해당국가의 경제규모와 성장관계 등 여러 요인에 의하여 그 경제적 효과는 차이가 있다.

9) 이외에도 MNE(Multinational Enterprise), TNC(Transnational Corporation) 등이 다국적기업을 지칭하는 용어들로 사용되지만 가장 일반적인 용어가 MNC 이다.

첫째, 다국적기업은 개발도상국들이 필요로 하는 자본, 기술, 경영능력 등에 개발도상국들의 유휴자원 및 노동과 결합함으로써 개발도상국의 경제개발을 촉진하고 고용을 증대시킨다.

둘째, 개발도상국들은 다국적 기업들의 특허권, 노하우, 신기술 및 산업정보 등을 접할 수 있고, 기술의 국내파급을 통하여 기술수준의 향상을 꾀할 수 있다.

셋째, 투자수혜국인 개발도상국의 입장에서 볼 때 선진기업의 자본과 기술을 이용함으로써 국내고용과 생산량의 증대, 그리고 이를 바탕으로 한 수출의 증가로 국제수지 효과를 얻을 수 있다.

마지막으로, 다국적기업의 투자는 특히 투자수혜국이 지닌 저렴하고 특수한 생산요소가 결합하여 국제적으로 자원배분의 개선이 이루어져 국제경제의 효율성이 제고될 수 있다.

이러한 다국적기업의 개발도상국으로의 진출은 정(+)의 경제적 효과를 얻을 수 있으나 개발도상국의 국내시장이 잠식될 우려가 있으며, 다국적기업이 기업규모의 거대성과 기술적 우위를 이용하여 개발도상국의 국내정치에 관여함으로써 정치적 혼란을 야기시킬 수 있다.

엔캐리 트레이드

엔캐리 트레이드(Yen carry trade)란 금리가 낮은 엔화를 빌려 상대적으로 금리가 높은 미국, 유럽 또는 신흥 아시아 국가의 통화나 금융자산 또는 실물자산에 투자하여 이익을 얻는 금융기법을 말한다. 한편 엔캐리 트레이드의 청산이란 이렇게 세계 금융시장에서 투자되거나 운용되고 있는 자금이 일본으로 되돌아가는 것을 말한다. 일본의 금리가 높아져 일본 금융시장에서 투자해도 높은 수익을 올릴 수 있다면, 또는 현재 투자를 하고 있는 국가에서의 투자수익률이 떨어진다면 투자자 입장에서는 이런 자금의 일부를 회수하려고 할 것이다.

국경이 없는 세계 금융시장에서 금리가 낮은 나라에서 자금을 조달하여 이보다 높은 수익을 올리기 위해 자금거래가 이루어지는 것은 자연스런 현상이나, 특별히 일본 엔화를 대상으로 엔 캐리 트레이드가 발생한 근본 원인은 과거 10여년간 일본이 저금리 상태를 지속하고 엔화가 약세를 보인 때문이다.

일본은 1985년의 플라자합의 이전까지 미국이나 유럽과의 무역에서 대규모 흑자를 기록하였으나 환율이 하락(엔화강세)하지 않고 인위적으로 약세를 유지하자 미국과 서방 선진국은 1985년 플라자합의를 통하여 일본 엔화의 환율을 바로잡기로 결의하였다. 그 결과 달러당 엔화 환율이 급격히 떨어지자 수출이 급감하고 경제성장이 둔화되는 어려움을 겪게 되었고, 일본은 경제 회복을 위해 초저금리 정책을 쓰면서 부동산 버블이 발생하고 버블이 꺼지면서 금융부실이 발생하여 1990년대의 소위 잃어버린 10년이라 불리는 장기불황을 겪게 되었다.

그런데 불황 극복을 위한 일본의 저금리정책은 일본의 국내경기를 부양하는 데는 큰 효과가 없었으나 엔캐리 거래를 유발하여 경제적으로 큰 효과를 거두는 결과를 가져왔다. 즉 엔캐리 거래가 확대되면서 엔화가 해외 금융시장으로 빠져 나간 덕분에 엔화약세가 발생, 이로 인해 일본 수출기업들은 가격경쟁력이 높아졌다. 아울러 막대한 자금이 해외에서 운용되어 투자수익을 올림으로써 국제수지가 장기적으로 흑자구조를 이루는 데에도 기여를 하였다.

또한 엔캐리 트레이드는 중국이나 인도 등 신흥국가의 주식 및 부동산 시장, 미국의 주식시장은 물론 남미나 아프리카 등 세계의 모든 금융시장 및 실물시장에 유입되어 그 나라 경제 기초여건보다 더 높게 가격이 형성되는 버블 발생요인으로 작용하였다. 또한 엔캐리 거래의 확대로 인한 엔화의 지나친 약세는 세계 시장에서 무역 상대국들의 원성을 초래하게 되었다.

한편 엔캐리 트레이드가 국내 경제에는 상대적으로 원화가 강세가 되는 효과를 가져와 우리나라 수출기업들이 국제시장에서 가격경쟁력이 떨어져 어려움을 겪게 되는 요인으로 작용해 왔다. 물론 엔캐리 자금이 국내 증시 및 부동산시장에도 영향을 준 것으로 생각되지만, 그 효과는 중국 인도 베트남 등 신흥 국가에 비해서는 크지 않은 것으로 생각된다.

예)

일본 A은행에서 100엔 대출(이자율 1%) → 800원 채권에 투자(이자율 4%) → 채권투자 원금과 이자(840원)회수

원화로 환전 800원

→ 일본 A은행에 대출원금 이자(100엔+1엔)상환 → 수익 3엔 발생

엔화로 환전 104엔

※ 100엔 = 800원, 환율변화와 환전비용 없음

〈안형순, 한국은행, 2008.12.17〉

윔블던 효과(Wimbledon Effect)

윔블던 효과(Wimbledon Effect)란 언뜻 테니스와 관련이 있을 것 같지만 '국내 시장에서 외국 기업들이 활개를 치고 다니는 반면 자국 기업들은 부진을 면하지 못하는 현상'을 의미한다. 윔블던 효과의 어원은 물론 테니스에서 왔다. 널리 알려진 대로 윔블던 테니스 대회의 주최국은 영국이다. 하지만 남자부는 1950년대 이후, 여자부는 1970년대 이후 영국 선수가 우승컵을 차지한 적이 없다. 이 말이 경제와 연관을 맺게 된 것은 1986년 영국 정부가 대대적인 금융시장 규제 완화를 시행하면서부터다. 당시 영국 정부는 런던 금융시장이 국제 금융거래의 중심에서 밀려날 위기에 처하자 은행 구조조정과 함께 대규모 규제 완화 조치를 취했다. 이 과정에서 자생력이 부족한 영국 은행들은 외국 금융기관에 합병되는 처지에 놓였다. SG워벅, 베어링 등 대형 은행들이 외국계 금융회사에 인수되었고, 동시에 외국의 대형 금융사들이 영국에 본격 진출했다. 이런 상황에서 영국은 윔블던 테니스에서처럼 다국적 금융사에 거래 장소만 제공한다는 자조 섞인 뜻으로 '윔블던 효과'란 말이 등장하였다.

그런데, 윔블던 효과가 우리경제의 주요 화두로 떠오르고 있다. 금융 부문의 규제 철폐를 통해 외국 자본이 국내 금융 시장에 본격 진출하기 시작했기 때문이다. 지난해 증시에서 외국인들이 차지한 비중은 시가총액의 40%를 넘어섰다. 은행권의 경우 한미은행을 합병한 미국계 투자은행 씨티은행이 한국씨티은행을 출범시킨 데 이어 영국계 투자은행인 스탠다드차타드은행(SBC)이 최근 제일은행 인수를 확정지었다. 외환은행의 경영권은 독일계 투자은행인 코메르츠방크에서 미국계 펀드인 론스타로 넘어가 있다. 외국계 자본의 행보는 당연히 국내 은행가를 초긴장 상태에 몰아넣었다. 일부에서는 토종과 외국계간의 '은행 전쟁(Bank War)'이란 용어까지 공공연하게 사용하고 있다. 외국계 금융사들은 앞으로 40조원 규모인 국내 인수합병(M&A) 시장에서의 영향력도 더욱 강화할 전망이다. 이에 따라 국내 금융시장에서 윔블던 효과는 갈수록 심화될 전망이다. 현재 국내에서 쓰이고 있는 윔블던 효과는 다소 부정적인 뉘앙스가 강하다. 그러나 외국 자본의 국내 금융시장 참여는 장단점이 모두 있는 '양날의 칼'에 가깝다. 국내 주요기업의 대주주가 된 외국계 자본이 거액의 배당이나 자본이득을 본국으로 과도하게 송금하거나 주가를 띄우기 위해 사업 확장보다는 인원 감축 등 손쉬운 구조조정에만 매달리는 것은 국내 경제를 주름지게 한다. 하지만 국내 금융회사의 기업 지배구조를 개선해 투명경영을 촉진하고 국내 금융시장에 선진 금융기법을 이식하는 것은 윔블던 효과의 긍정적인 측면이다. 영국의 경우에도 빅뱅에 따른 외국계 자본의 적극적인 진입에 힘입어 씨티(the City, 런던 금융가)가 세계 채권시장의 허브로 부활하는 등 영국 금융산업의 경쟁력이 한 단계 업그레이드 됐다는 평가이다.

〈문권모, LG주간경제, 824호, 2005.3.18〉

조세피난처

조세피난처는 각종 세제상의 특혜와 금융 거래의 익명성으로 인해 전세계를 떠도는 불법 자금의 온상이 되기도 한다. 조세피난처(Tax haven)란 법인세, 개인소득세에 대한 원천과세가 전혀 없거나, 있다 해도 15% 미만의 세율을(실제는 보통 2－5% 내외) 부과하는 방식으로 세제상의 특혜를 제공하는 국가나 지역을 말한다. 조세피난처는 크게 세 가지로 분류된다. 첫째, 실질적 세금 부과가 거의 없는 택스 파라다이스(tax paradise)로 바하마, 버뮤다, 케이맨 제도 등이 이에 속한다. 둘째, 외국에서 들여온 소득에 대해 전혀 과세를 하지 않거나 극히 낮은 세율을 부과하는 나라 또는 지역으로 홍콩, 라이베리아, 파나마 등을 들 수 있는데 이들은 택스 쉘터(tax shelter)라 불린다. 셋째는 택스 리조트(tax resort)로 특정 기업이나 특정 사업 활동에 대해 세제상의 혜택을 인정하는 곳인데 룩셈부르크, 네덜란드, 스위스 등이 이에 속한다. 단, 조세피난처에서 제공되는 각종 세제상의 혜택은 그 지역 거주자에게는 원칙적으로 적용이 안 되고 역외 지역 거주자에게만 해당이 된다는 특징이 있다. 일반적으로 조세피난처에는 세제상의 우대뿐 아니라 외국환 관리법, 회사법 등의 규제가 적고 금융 거래의 익명성이 철저히 보장되기 때문에 탈세와 돈세탁용 자금 거래의 온상이 되기도 한다. 한국의 경우, 말레이시아의 라부안섬을 주요 조세피난처로 이용하는 경향이 있는데, 관세청이 2000년도에 실시한 조사에 따르면 840여 개의

국내 기업이 라부안섬에 1,100여 개의 현지법인 또는 지사를 설립, 운영하고 있는 것으로 나타났다. 또한 당시 조사에서 라부안섬을 이용한 8310억 원 상당의 불법 외환거래가 적발되기도 하였다. 또한 최근 제일은행 매각후 거대 차익을 남기고도 과세 대상이 아니라는 논란을 빚고 있는 뉴브리지캐피탈 역시 라부안섬에 설립해 둔 역외회사를 통해 과세 회피를 하고 있다는 비난을 받고 있다.조세피난처에 설립되는 회사를 일반적으로 역외회사(off-shore company)라 부르는데, 이런 역외회사들 중 상당수는 실체가 없는 유령회사(paper company)인 경우가 많고, 특히 카리브 연안이나 지중해 연안 국가 등 작은 군도와 같은 곳에서 운영되는 역외회사들의 경우는 불법 자금 조성의 온상으로 많은 지적을 받기도 한다.

해양스포츠 천국이자 세계적 휴양지인 케이맨군도는 세계 5위 금융중심지이기도 하다. 각국의 280여개 은행, 780여개 보험회사, 560여개 자산운용사와 함께 8만여개 기업이 이곳에 등록돼 있다. 5만3000명 인구보다 기업이 더 많다. 대부분 기업은 직원이 한 명도 없는 서류상 회사, 페이퍼 컴퍼니다. 작은 건물 하나에 서류상 입주업체가 1만개가 넘는 경우도 있다. 케이맨군도에선 수입품에 대한 관세를 빼고는 세금이 전혀 없다. 그래서 기업들은 케이맨군도에 서류상 회사를 만든 뒤 이 회사가 실제 영업을 하거나 투자를 한 것처럼 회계처리를 해 본국에서 내야 할 세금을 피하고 있다.

OECD는 케이맨군도처럼 세금이 아예 없거나 아주 적고, 자금 흐름이 불투명한 30여개 국가·지역을 조세피난처로 지정했다. 이 조세피난처들에 흘러들어간 돈은 5조~7조달러에 이를 것으로 추정된다. 조세피난처 때문에 세계 각국이 입는 세수(稅收) 손실이 한 해 2000억달러가 넘는다는 주장도 있다. 이 때문에 글로벌 금융위기 이후 재정 적자에 시달리는 미국과 유럽은 조세피난처와의 전쟁에 적극 나서고 있다. 국세청은 작년에 국내 기업들이 해외로 빼돌린 6224억원을 찾아내 세금 3392억원을 추징했다. 올해는 역외(域外) 탈루소득 색출 목표를 1조원 이상으로 정해놓고 있다. 작년에 국내 기업들이 조세피난처 국가·지역에서 수입했다고 신고한 금액은 428억달러였다. 그런데 이들이 실제 수입대금으로 지출한 돈은 1317억달러였다. 조세피난처로 돈을 빼돌린 것으로 의심해 볼 만한 부분이다. 국내 30대 그룹 해외계열사 1800여개 중 230여개가 조세피난처에 설립돼 있다는 조사도 있다. 역외 탈세를 조사할 인력과 시스템, 국제 공조체제를 강화해 일부 기업과 부유층의 자본 유출과 재산 도피를 철저히 파헤치고 일벌백계로 다스려야 한다.

조세피난처를 통한 외국자본들도 우리 국내에 많이 들어오고 있다. 재경부 자료에 따르면 지난 1992년 국내 자본시장 개방 이후 올 2월 말까지 네덜란드, 말레이시아, 룩셈부르크, 아일랜드, 버진아일랜드, 케이맨제도 등 6개 조세피난처 국가를 통해 약 10조원 가량의 투기성 자본이 국내에 유입돼 국내 주식을 순매수하였는데, 이는 이 기간 동안 총 외국자본 주식 순매수 금액(62조원)의 16%를 넘는 적지 않은 금액이다.한편, 조세피난처로 인한 폐해의 심각성을 인식하고 경제개발협력기구(OECD) 회원국을 중심으로 이를 해결하기 위한 국제적 움직임도 강화되고 있다.

〈김기천, 조선일보, 2011.2.27〉, 〈오영일, LG경제연구원, 2005.5.20, 주간경제 833호〉

적대적 M&A 방어 전략

적대적 M&A를 방어하기 위해서 서양에서는 “독약처방”, “차등의결권 주식”, “황금 낙하산” 등 다양한 방법을 동원하고 있다.

- 독약처방(Poison Poll)은 적대적 M&A시도가 있을 때 이사회 결정만으로 신주를 발행해서 인수자를 제외한 모든 주주에게 시가 절반 이하 가격으로 살 수 있도록 해서 M&A를 저지하는 방법. 이렇게 되면 상대편은 경영권 확보를 위한 주식을 사모으는데 훨씬 많은 돈이 들어가게 됨. 적대적 M&A의 가장 강력한 방어 수단으로 각광 받고 있음.
- 황금낙하산(Golden Parachute)은 새로운 대주주가 대표이사나 임원을 해임할 경우 거액의 퇴직금을 주도록 정관에 규정해 적대적 M&A를 어렵게 만드는 경영권 보호 기법.
- 황금주는 1984년 영국 정부가 브리티시텔레콤을 민영화할 때 처음 선보인 것으로 주요 의사결정에 대해 거부권을 행사할 수 있는 권한을 가진 특별주.
- 백기사(白騎士) 전략은 공격 대상 기업이 자신에게 우호적인 주주들을 확보하는 것임. SK 텔레콤은 의결권 없는 자사주 (10.23%)를 우호 세력인 포스코에 매각, 우호 지분을 늘려 경영권을 보호하는 방안을 검토하기도 했음.
- 황금알은 공격자가 노리는 핵심 사업 부문을 독립시켜 M&A 의욕을 없

애버리는 전략(알을 낳아 분리시킨다는 의미).

- 여론 호소 전략은 말 그대로 여론에 호소하는 전략으로 가장 효과적인 M&A 방어수단으로 활용됨. 지난 93년 6월 삼성그룹이 기아자동차의 지분을 매집하자, 기아자동차측은 '재벌그룹이 자금력을 이용해 기업을 탈취하려 한다'는 부정적인 여론 조성에 나서 결국 삼성의 인수 시도를 무산시키기도 했음.

그 밖에 M&A 관련 주총결의는 평상시보다 더 많은 찬성표를 요구하는 '특별다수결' 제도와 모든 이사를 일괄적으로 바꾸지 못하도록 금지하는 '이사시차선임' 제도도 있다.

넛크래커

넛크래커 현상(Nutcracker Phenomenon)은 '높은 기술수준과 생산 효율성의 일본 그리고 낮은 요소 비용을 무기로 한 중국 사이에 끼어 있는 한국경제와 기업의 처지'를 호두까는 기계인 넛크래커에 빗대 표현한 말이다. 넛크래커 상황은 샌드위치 현상이라고도 하며 사용하는 사람마다 표현의 다양함은 있으나, 그 핵심은 한국경제와 기업의 위기상황을 표현하기 위함이다. 한마디로 선진국과 중국을 필두로 한 개도국 사이의 틈새에 끼어 있는 최근 우리나라 상황을 총칭한다. 중국은 이미 고도성장을 통한 자본 축적과 기술 향상을 달성하고 있으며, 일본도 1990년대의 소위 '잃어버린 10년'에서 벗어나 한국을 전방위적으로 압박하고 있다. 이에 비해 한국경제는 지속적인 경제성장률 하락, 고유가 및 원부자재비 상승부담, 투자부진 및 정치사회적 불안, 수출과 내수의 괴리 현상 등 악재가 겹치면서 지속 가능한 성장에 대한 조심스러운 비관론까지 일고 있다. 북한 핵문제는 그 본질상 통제 불가능한 외생변수로 남겨 놓더라도 이러한 현상의 본질은 우리 경제의 구조적 문제로 볼 수 있다.

〈홍성빈, 주간경제, LG경제연구원, 2007.4.20〉

기축통화를 꿈꾸는 위안화

중국이 부상하고 있다. 이미 잘 알려진 대로 세계의 공장이요 제2의 경제대국이라는 실물부문의 굴기(?起)로서는 물론이거니와 금융부문에서도 위상을 가파르게 높여가고 있다. 중국은 '우공이 산을 옮긴 이야기'(愚公移山)처럼 당장은 불가능할지 모르지만 언젠가는 실현될 위안화 국제화라는 거대한 꿈을 꾸고 있다. 글로벌 금융위기 이후 미달러화의 위상이 흔들리고 있는 절묘한 타이밍에 위안화 국제화를 추진하고 있는 것이다.

그렇다면 중국이 왜 위안화를 국제화하려는 것일까? 중국이 글로벌 위기의 직접적인 영향권에서 벗어나 있었지만, 그때 느낀 위기감만은 다른 나라 못지 않았던 데서 그 원인을 찾을 수 있을 것이다. 즉 2008년 중반에만도 2조달러에 가까운 막대한 외환보유액을 가진 데다 외환금융시장이 개방되지 않았기 때문에 금융위기의 직격탄은 피했다. 그러나 30여년간 수출시장으로 삼아 왔던 미국,유럽 등이 위기에 빠지자 수출이 급감하면서 성장이 크게 둔화되었다. 게다가 국제금융시장이 불안해지면서 땀 흘려서 곡간에 차곡차곡 쌓아 온 막대한 부가 하루아침에 휴지조각으로 변할 수도 있다는 우려가 현실이 될 수 있음을 깨달은 것이다. 즉 미국은 기축통화국으로서의 특권(시뇨리지)을 누리며 막대한 무역적자에도 불구하고 허리띠를 졸라매지 않는 반면 중국은 달러가치의 하락으로 국부가 급속하게 줄어드는 위험에 직면하게 된 것이다. 이에 중국은 중앙은행에 위안화 국제화를 추진할 전담부서를 설치하고 위안화 국제화에 눈을 돌리게 되었다.

먼저 금융위기 당시 아시아 주변국들이 외화유동성 부족으로 어려움을 겪게 되자 중국인민은행은 내심 위안화 국제화의 호기로 보고 주변국 중앙은행과 통화스왑 체결을 확대해 나갔다. 2008년말부터 2010년중반까지 한국, 인도네시아 등 8개국과 총 8천억위안 규모의 통화스왑을 체결하였는데 이는 향후 위안화 국제화의 사전포석으로도 볼 수 있다.

또한 작년 여름부터 홍콩과 상하이 등 일부지역에서 실시한 위안화 무역결제를 베이징 등 20개 성(省)으로 확대하고 해외 대상지역에 대한 제한을 폐지한 뒤로는 위안화 무역결제가 빠른 속도로 늘어나고 있다. 한편 위안화가 국제통화로 거듭나기 위해서는 무역뿐만 아니라 국제금융거래의 표시통화로 사용되거나 다른 나라의 외환보유액 운용통화로 활용되어야 할 것이다. 그러나 이렇게 되기 위해서는 위안화의 자유태환 보장, 자유변동환율제 도입, 자본시장

개방 등이 진행되어야 하겠으나 중국의 신중한 태도에 비추어 아직은 넘어야 할 산이 한두 개가 아닌 것 같다.

위안화 국제화는 무역결제를 제외한다면 아직은 꿈에 지나지 않는다. 위안화가 진정한 국제통화가 되려면 상당한 시간이 필요하며, 한 나라의 통화가 국제통화가 되느냐는 그 나라의 경제실력을 반영하여 시장이 결정할 것이다.

〈김진용, 한국일보, 2010.11.22〉

국부펀드

국부 펀드(Sovereign Wealth Fund)가 전 세계 금융시장의 '큰손'으로 부상하고 있다. 국부 펀드에 대한 사전적 정의는 없지만 일반적으로 정부가 공적 외환보유액과 별도로 재정 흑자 등의 잉여 자금을 재원으로 조성해 수익성 위주로 운용하는 투자 기구를 의미한다.

공적 외환보유액은 환투기 공격 등 유사시 바로 사용할 수 있도록 현금으로 바꾸기 쉽고 안전한 선진국 정부 채권의 형태로 가지고 있는 것이 보통이다. 이와 달리 국부 펀드는 좀 더 장기간 돈이 묶이더라도 보다 높은 수익을 거둘 수 있는 고수익 채권, 주식, 부동산 등 다양한 자산에 투자한다.

쿠웨이트가 1953년 석유 판매 수입을 재원으로 쿠웨이트 투자위원회를 설립하고 런던에 투자사무소를 개설한 것이 국부 펀드의 시작이다. 현재 세계 최대 국부 펀드는 아랍에미리트의 아부다비투자공사(ADIA)로 8700억 달러를 굴리고 있다. 전 세계적으로 100억 달러(약 10조원) 이상의 자산규모를 가진 국부 펀드만 20개 정도에 이르고 있다. 외환보유액 세계 1위를 자랑하는 중국도 2007.9월 2000억 달러 규모의 국부 펀드인 외환투자공사를 발족시켰다. 강남 파이낸스센터(구 스타타워) 빌딩은 싱가포르의 또 다른 국부펀드 싱가포르투자청(GIC)이 소유이다.

모건스탠리 자료에 따르면 전 세계 국부 펀드의 총 규모는 2조5000억 달러로 추정된다. 이는 전 세계 외환 보유액 5조1000억 달러의 절반에 달하는 규모다. 헤지펀드 운용액인 1조5000억 달러보다도 많은 데다 5년 후에는 공적 외환보유액보다 커질 것으로 전망된다. 국부 펀드는 2000년대 들어 산유국과 신흥시장국들을 중심으로 크게 늘어나고 있다. 이는 국제 유가 상승으로 석유 수출

국부펀드(혹은 정부 관련 기업)의 기업인수 사례

- 외환투자공사(중국):
  - 미국계 사모펀드 블랙스톤 투자(2007.5)
- 두바이인터내셔널캐피털(아랍에미리트):
  - HSBC 지분 매입(2007.5)
- 델타 투(카타르):
  - 영국 슈퍼마켓체인 세인즈베리(Sainsbury) 인수 제의
- 중국개발은행(중국) 및 테마섹(싱가포르):
  - 네덜란드계 ABN- 암로 은행 인수자금 지원을 위한 바클레이즈 (Barclays) 지분 매입
- 러시아대외무역은행(러시아):
  - EADS(에어버스 모기업) 주식 5% 매집(2006.9)
- 가즈프롬(러시아):
  - 센트리카(영국 최대 가스회사) 지분인수 논의

국의 정부 재정 수입이 많이 늘고 또한 편으로 신흥시장국들이 무역으로 돈을 벌어들였기 때문이다. 현재는 세계 국부 펀드에서 석유 수출국과 신흥시장국의 자산 비중이 7 대 3이지만 앞으로는 신흥시장국 비중이 점차 커질 것으로 예상된다.

국부 펀드는 국제 금융시장에 대규모 유동성을 공급하는 새로운 자금원 역할을 하고 있다. 그러나 최근 일부 국가의 국부 펀드 부상을 바라보는 각국, 특히 선진국의 시각은 그리 호의적이지만은 않다.

국부 펀드를 경계하는 선진국들은 정부의 관리를 받는 국부 펀드가 순수한 경제적 목적 이외에 정치적 목적에 따라 투자할 수도 있다는 데 주목한다. 전통적인 외환보유액 운용 방식과 달리 부동산 주식 등 고수익 자산의 투자 비중이 높아지면서 정부가 채권자가 아니라 소유자로서 다른 나라기업의 경영에 관여할 여지가 생기기 때문이다.

〈한국은행, 2008.12.16〉

양적완화정책의 의미와 역사

미국 연방준비제도이사회(FRB)는 지난 3일 경기회복을 지원하기 위해 내년 상반기까지 6천억 달러 규모의 유동성을 시중에 공급하는 양적완화정책을 발표하였다. 이는 2008년 글로벌 금융위기 대응책으로 미국이 대규모의 양적완화정책을 시행한데 이어 두 번째 조치이다. 이에 따라 영국, 일본 등 주요국 중앙은행들도 양적완화를 재개하려는 움직임을 보이고 있으며 신흥시장국들은 양적완화로 인해 향후 증가될 글로벌 유동성이 자국내 금융시장으로 유입되어 통화가치 상승, 급격한 자본유출입 등이 유발될 것을 우려하고 있다.

양적완화(quantitative easing)는 중앙은행의 정책금리가 제로수준에 가까워져

금리를 추가로 인하하여 경기를 회복시키기 어려워짐에 따라 저금리정책을 유지하면서 동시에 국채 등 민간부문의 특정자산을 매입하여 시중에 유동성을 공급하는 정책을 말한다. 양적완화정책이란 개념은 2001.3월 일본은행이 제로금리하에서 장기국채를 매입하여 금융시장에 유동성을 공급하는 정책을 도입함으로써 처음 사용하게 되었다. 당시 일본은 1990년대 이후의 장기침체에 대응하여 정책금리를 0% 수준까지 인하한 상태에서 2000년대 들어 전세계적인 IT 버블 붕괴 등으로 금융시장이 크게 동요하자 일본은행이 장기국채를 매입하여 유동성을 추가 공급하였다. 이후 2008년 글로벌 금융위기로 인해 전세계 금융시장이 급속도로 경색되자 주요국 중앙은행들은 큰 폭의 금리인하에 이어 각국의 경제상황에 맞춰 시중에 유동성을 공급하는 양적완화정책을 실시하였다. 미국 연준은 담보대출, 위험자산 및 장기채권 매입 등을 통해 금융기관에 유동성을 공급하였으며 영국 영란은행도 장기국채 및 민간기업이 발행한 우량 채무증서 등을 매입함으로써 금융기관 및 기업에 유동성을 공급하였다.

양적완화정책은 단기적으로 시장금리를 하락시키고 금융시장의 불안을 해소함과 동시에 경기회복을 유도할 수 있다. 한편 미국의 금번 양적완화정책에 따라 과잉유동성으로 인한 자산시장 버블, 미 달러화 절하에 의한 각국간 환율분쟁, 신흥시장국의 자본유출입 변동성 확대 등을 우려하는 시각도 크다.

〈민숙홍, 충처투데이, 2010.11.10〉

서구 “첨단 기술 빼가는 차이나머니 막아라”

중국 첨단기업들의 ‘기술 확보’ 공세에 미국과 유럽연합(EU) 등 서방 선진국이 경계감을 드러내며, 중국 자본의 관련 기업 인수에 제동을 걸고 나섰다.

미국 외국인투자심의위원회(CFIUS)는 6일(현지시간) 싱가포르에 설립된 통신기기 개발사 브로드컴의 미국 퀄컴 인수를 검토하기 위해 주주총회를 일시 유예하라는 명령을 내렸다고 밝혔다. 첨단기술 업계 사상 최대 거래가 될 수 있었던 이번 인수가 가로막힌 건 중국 정보기술(IT) 업체 화웨이에 대한 공포 때문이다. 영국 파이낸셜타임스는 브로드컴이 화웨이와 오래 관계를 맺어온 점을 지적하며 중국 IT업계가 5세대 이동통신(5G) 표준 경쟁에서 미국 실리콘밸리를 앞서는 상황까지 미국 정부가 우려하고 있다고 관측했다.

이런 상황은 처음이 아니다. CFIUS는 최근 중국 자본의 미국 첨단기술업체 인수에 꾸준히 제동을 걸고 있다. 첨단기술은 안보 문제와 떼놓고 생각하기 어렵다는 게 미국 논리다. 올해 1월 중국 IT기업 알리바바 계열사인 앤트파이낸셜의 미국 송금회사 머니그램 인수를 불허한 게 대표적이다. 미국 정부는 당시 '경제안보 위협'이라는 논리를 내세웠다. 미 의회는 지난해 말 '외국인 투자 위험 심사 현대화' 법안도 제출했는데, 중국 기업의 첨단기업 인수는 물론 미국의 중국 투자와 합작까지도 들여다 보겠다는 내용이다. 유럽에서도 최근 비슷한 경계심이 고개를 들었다. 지난달 중국 지리자동차가 독일 메르세데스벤츠 브랜드를 보유한 다임러 지분 약 9.7%를 인수하자, 브리기테 치프리스 독일 경제장관이 견제구를 날렸다. "독일의 개방된 시장이 타국에 남용돼선 안 된다"고 말했다. 지리는 다임러에 전기차 및 자율주행 개발 노하우 공유를 요구하고 있는데, 이 기술이 군사분야에 적용될 가능성을 경계하고 있는 것이다. 독일과 프랑스는 유럽연합(EU) 집행위원회에 중국 투자 규제책을 마련하라고 촉구했다.

2016년 중국의 대미 투자는 460억달러(약 49조원)로 전년도 대비 3배가 뛰었는데 상당수가 첨단제조·정보·통신분야로 들어갔다. 미국 싱크탱크 스트랫포는 "20세기 냉전 당시 미국과 소련이 우주개발 경쟁을 내세워 미사일 경쟁을 벌였듯, 21세기 미국과 중국도 첨단기술 경쟁을 벌일 것"이라고 예측했다.

물론 서방의 경계가 과도하다는 지적도 있다. 미국 IT기업 IBM은 "미국 기업의 해외 투자를 막게 되면 오히려 미국 기업의 기술 개발 능력이 뒤처질 것"이라며 투자 규제에 공개 반대 의사를 표명했다. 버락 오바마 정부 때 백악관 경제고문이었던 미국 싱크탱크 카네기국제평화재단의 크리스토퍼 스마트 선임연구원도 "도둑을 막으려고 손님조차 들이지 않는 격"이라며 득보다 실이 많다고 비판했다.

실제 중국의 기술력이 이미 상당 수준까지 올라왔다는 지적도 나온다. 미국 국립과학재단(NSF)이 2018년 발표한 과학·공학지표에 따르면 2015년 중국의 연구개발(R&D) 지출은 구매력평가지수 기준 4,088억달러로, EU(3,865억달러)를 제치고 1위 미국(4,966억달러)을 빠르게 뒤쫓고 있다.

〈한국일보, 2018.3.8.〉

신 플라자합의

2일 달러당 원화 환율이 심리적 마지노선이라던 달러당 1060원 선이 무너져 3년 5개월 만에 최저인 1056원까지 떨어졌다. 미국 무역대표부(USTR)는 지난달 말 한미 자유무역협정(FTA) 개정 협상에 대해 "평가절하와 환율 조작을 금지하는 조항에 대한 합의가 마무리 단계에 와 있다"는 내용을 홈페이지에 올렸다. 환율 시장에서는 이 문구가 앞으로 한국 외환당국의 운신을 제한할 수 있다고 받아들였다. 이를 두고 신(新)플라자합의, 제2의 플라자합의, 한국판 플라자합의, 트럼플라자(Trump+Plaza)라는 말까지 등장했다.

1985년 9월 22일 미국 영국 독일 프랑스 일본 등 주요 5개국(G5) 재무장관이 뉴욕 플라자호텔에 모였다. 합의 내용은 "달러화 가치를 내릴 수 있도록 서로 노력하고 대외 불균형 축소를 위해 재정 통화정책에 공조한다"는 단 두 줄이다. 이 영향으로 달러당 260엔대였던 것이 1987년 말에는 122엔대, 1995년 4월에는 79.75엔까지 떨어졌다. 잃어버린 20년이라고 불린 일본 경제 비극의 출발점이 바로 플라자합의다. 일본의 한 대학교수는 "제2차 세계대전 패배와 맞먹을 만큼 충격적"이라고 평가했다.

합의에 서명하고 돌아온 당시 다케시타 노보루 대장상은 "미국이 일본에 항복했다"고 했다. 강한 엔이 약한 달러를 이겼다는 정치적 수사에 불과했는데 나중에 실수였다고 인정했다. 당시 총리였던 나카소네 야스히로는 "엔화 환율이 10~15% 정도 떨어지고 이는 견딜 수 있는 수준이라고 판단했다"고 회고했다. 미일 안보 문제도 얽혀 있어 그 정도는 양보해야 했다는 해명이었다.

환율 이면합의설과 관련해 정부는 "환율 문제와 한미 FTA는 전혀 관련 없는 사항"이라며 "별도 논의는 해오고 있다"고 해명했다. 만에 하나 우리의 환율주권을 심각하게 침해할 소지가 있는 문구에 합의했거나 앞으로 한다면 그 당국자는 한국 경제를 망친 주범으로 기록될지도 모르겠다.

〈동아일보, 2018.04.09.〉

"분수 넘치게 살았다"

최근 아르헨티나 중앙은행은 기준금리를 60%로 인상했다. 페소화 폭락을 멈추려는 안간힘이었다. 이에 앞서 정부는 2001년에 이어 다시 한번 국제통화기금(IMF) 구제금융에 손을 벌렸다.

"아르헨티나는 분수에 넘치게 살았다." 마우리시오 마크리 대통령이 3일(현지시간) TV담화에서 주요 곡물 수출세 도입, 정부부처 절반 축소 등 초강도 긴축정책을 발표하며 한 말이다. 버는 것보다 덜 써야 했는데 그러지 못했다는, 이미 늦은 후회다. 대통령은 "이번 위기는 아르헨티나의 마지막 위기가 돼야 한다"고 강조했으나 아무도 아랑곳 않는 분위기다. 노조원과 공무원들은 이날 거리에 뛰쳐나와 시위를 벌였다. 대통령이 고통 분담을 호소한 지 4시간 만이었다.

20세기 초 프랑스 독일보다 국민소득이 앞섰던 나라가 IMF 중환자실로 되돌아간 것은 포퓰리즘 정책의 후유증 탓이다. 대통령이던 남편에 뒤이어 당선된 크리스티나 페르난데스 전 대통령(2007~2015년)은 분수를 몰랐던 대표적 인물. 그의 재임기간 중 경제가 수렁으로 곤두박질쳤음에도 학생들은 공짜 노트북을 지급받고, 연금 수급자는 360만 명에서 두 배 넘게 불어났다. 현직 상원의원인 그는 최근 뇌물수수 혐의로 재판에 불려갔다. 전 고위 공직자의 운전사가 공공사업 입찰자와 공무원 사이의 뇌물 심부름을 기록한 노트 8권이 공개됐는데 그 시기는 페르난데스 전 대통령 재임기간과 겹쳤다.

혹시 국민 입장에선 "이게 나라냐!"고 따지고 싶은 마음이 굴뚝같을지 모른다. 그러나 상당수 국민 역시 되풀이되는 비극의 책임에서 자유롭지 못하다. 마크리 대통령은 취임 이후 공공요금 등에 대한 보조금 삭감, 연금 삭감 등을 추진했으나 고통을 수반한 개혁은 번번이 거센 반발에 부딪쳤다. 나라곳간은 어찌됐든 간에, 칼날에 묻은 달콤한 꿀을 탐하듯 국민들이 무상복지의 단맛에 취해 있는 것이다. 경제잡지 이코노미스트는 이 나라 상황을 이렇게 진단한다. '선진국에 가장 가까이 다가섰다가 몰락했던 지난 역사를 이해하는 것이 더 나은 미래를 위한 출발점'이라고. 그게 벌써 4년 전 일이다. 지구 반대편 먼 나라 일이라고 치부할 것만은 아니다.

〈동아일보, 2018.09.06.〉

우리 경제에 가장 중요한 변수였던 환율

우리 경제에서 환율만큼 중요한 거시경제 변수를 찾기는 어려울 것이다. 환율이란 자국 화폐와 외국 화폐의 교환비율이다. 즉 세계시장에서 자국의 상품 또는 화폐를 교환할 수 있는 비율을 의미한다. 이 때문에 환율은 국가 간의 교류가 어느 정도 규모와 어떤 방식으로 전개될지 결정하는 가장 주요한 변수다. 이런 환율이 우리 경제에서 더욱 중요하게 여겨지는 이유는 우리 경제가 그만큼 수출지향적인 경제구조, 대외지향적인 경제구조를 갖고 있기 때문이다. 6·25전쟁 이후 지금까지 우리나라 수출은 연평균 16.2%(실질가치 기준) 증가해 왔다. 이 같은 증가 추세를 같은 기간 우리나라의 1인당 국내총생산(GDP) 증가율과 비교해 보면, 우리 경제에서 수출이 차지하는 비중이 얼마나 절대적인지 쉽게 확인할 수 있다.

우리나라는 6·25전쟁 이후 지금까지 1인당 실질 GDP가 30배 가까이 증가하며 세계적으로 그 유례를 찾기 어려울 만큼 가파르게 증가했다. 하지만 같은 기간 1인당 수출액은 무려 2000배 넘게 늘었다. 이처럼 우리 경제는 대외지향적인 경제구조를 갖고 있다 보니, 수출을 좌우하는 요인인 환율은 우리 경제 전반에 영향을 미치는 결정적인 요인으로 작용해 왔다.

일반적으로 환율이 어떻게 한 나라의 경제활동에 영향을 미치는지는 다음과 같은 방식으로 쉽게 이해할 수 있다. 예를 들어 우리가 해외여행을 가거나 어학연수를 가기 위해서는 우리 돈을 달러로 바꿔야 한다. 이런 행위는 달리 표현하면 우리 돈을 주고 달러를 산다고 한다. 이때 환율이 상승한다는 것은 동일한 외화를 더 많은 돈을 내고 구매한다는 의미와 같다. 예를 들어 환율이 1달러에 1000원에서 1달러에 2000원으로 상승한다는 것은 1달러 지폐를 1000원을 더 주고 구매했다는 의미가 된다. 따라서 환율이 오른다는 것은 외화의 가격이 오른다는 의미이고, 환율이 하락한다는 것은 외화 가격이 떨어진다는 의미다. 환율 변화는 상품의 수출과 수입의 변화를 이해하는 데도 주요하다. 일반적으로 환율이 상승하면 수출은 늘고 수입은 줄어든다. 예를 들어, 환율이 1달러에 1000원일 때 외국인이 1달러를 들고 국내에 방문한다면 그는 1000원만큼의 구매력을 갖게 된다. 하지만 환율이 1달러에 2000원일 때 국내에 방문할 경우 구매력이 두 배가 된다. 이는 다시 말해 국내 물건 가격이 상대적으로 저렴해졌다는 의미이며, 국내 기업은 수출 상품의 가격을 낮출 수 있다는 의미다. 따라서 환율이 상승하면 수?하기에 용이한 환경이 조성되는 것이다.

하지만 환율이 오른다고 해서 무조건 좋은 것은 아니다. 환율 상승은 수입 원자재와 수입 상품의 가격을 오르게 하는 요인이다. 환율이 달러당 1000원에서 2000원으로 상승하면 해외에서 1달러어치 원자재를 사오기 위해서는 이제 1000원이 아니라 2000원을 지급해야 하는 것이다. 따라서 환율 인상은 물가 인상을 유발하거나 수입 자체를 줄어들게 하는 요인으로 작용한다.

우리나라와 같이 수입을 많이 하는 나라는 환율이 상승하면 물가가 오르게 된다. 또 외국 돈을 빌려온 경우에 환율이 상승하면 갚아야 할 빚이 늘어난다. 환율이 떨어지면 우리나라의 수출은 불리해지지만, 수입 원자재 가격은 하락해 국내 물가가 낮아진다. 특히 우리나라와 같이 원자재의 대외의존도가 높은 나라에서는 환율 하락이 물가 안정에 크게 도움이 된다. 실제로 국제시장에서 달러로 표시되는 원유 가격이 올라가더라도 환율이 더 빠르게 떨어지면 국내 석유 가격은 오히려 떨어지기도 한다.

그렇다면 보다 구체적으로 환율이 시기별로 우리 경제에 어떠한 의미를 지니고 있었는지 살펴보자.

먼저 광복 이후 우리 정부가 선택한 환율 기조는 저환율 정책이었다. 우리나라는 비록 독립은 했지만, 나라살림을 꾸려 나갈 자금이 턱없이 부족했다. 일본인 기업가, 기술자들이 철수해 많은 공장이 가동을 중단했다. 이로 인해 기초적인 공산품을 거의 대부분 수입에 의존해야 했다. 그나마 가동이 가능한 공장 등 산업 시설을 돌리는 데 필요한 기초 자원은 대부분 수입에 의존해야 했다. 즉, 달러가 절실히 필요했던 것이다. 우리 경제는 해외 원조자금에 절대적으로 의존할 수밖에 없었다.

해외 원조만이 실질적으로 필요한 외화를 조달할 수 있는 유일한 수단인 상황에서 우리 정부는 저환율 정책을 선택했다. 그것은 저환율 기조가 보다 많은 달러를 확보할 수 있는 수단이었기 때문이다. 당시 정부는 수차례 원조를 제공하는 국가들로부터 환율 인하 요구 압박을 받았다. 하지만 당시 정부는 지속적으로 저환율 기조를 유지하면서 보다 많은 외화를 확보하기 위해 노력했다. 특히 6·25전쟁 과정에서 우리 정부가 UN군에 빌려준 차입금이 있었는데, 환율을 올리게 되면 이들로부터 받는 액수가 줄어든다. 하지만 저환율 기조를 유지할 경우 이들로부터 더 많은 액수를 받을 수 있었다.

저환율 기조는 1960년대 들어 우리 경제 상황은 급변하면서 함께 변하게 된다. 1960년대 들어 해외로부터 받는 원조 자금이 급격히 줄어든 것이다. 이런 상황에서 우리 경제는 수출만이 살 길이었다. 자원도 없고, 자본도 없는 상황에

서 해외로 나가 어떻게든 외화를 벌어오는 것이 무엇보다 중요한 상황이 도래한 것이다. 당시 정부는 수출에 기여할 수 있는 다양한 정책을 도입했다. 수출을 위한 제품을 만드는 데 사용되는 원자재를 구매할 때 세금을 면제해주고, 수출을 많이 한 기업들에 장려금을 주었다. 심지어 수출 관련 서류인 신용장만 은행에 갖고 가도 대출을 받을 수 있었다.

이런 조치들과 함께 환율 또한 수출에 도움이 되는 형태로 조정했다. 1964년 5월3일 달러당 130원에서 255원으로 올리면서 고환율 기조를 선택한 것이다. 수출에 유리한 환경을 조성해 우리 경제에 기여할 수 있는 환율 환경을 조성하기 위한 노력이었다.

〈한국경제신문, 2016.5.6.〉

경제통합

제 15 장
경제통합

1 경제통합의 의의와 유형

1) 경제통합의 의의

일반적으로 경제통합이란 지리적으로 인접한 2개국 또는 그 이상의 국가들이 대등한 지위하에서 경제적 이익의 공동추구를 목적으로 동맹을 결성하여 회원국간에는 어떠한 차별적인 조치도 존재하지 않는 하나의 경제권이다. 경제통합은 가회원국간의 무역장벽의 제거로 보다 넓은 시장에서 자유무역의 이익을 추구하고자 하는 하나의 조치라 할 수 있다. 그러나 비가맹국에 대한 차별조치로 세계전체의 입장에서 볼 때 경제적 손실 내지는 자원배분의 비효율성을 수반한다. 이처럼 경제통합은 역내우선, 역외차별의 행동을 취하기 때문에 이에 가입하지 못한 제3국가는 불리한 입장에 놓이게 됨으로 WTO의 무차별대우의 원칙에 위배되는 것이나, 궁극적으로 회원국간의 무역장벽을 철폐하여 무역의 자유화를 달성하는데 목적이 있으므로 WTO는 예외로 규정하고 있다.[1])

2) 경제통합의 유형

경제통합은 가맹국의 정치, 경제적 주권행사에는 큰 영향을 미치지 않는 범위 내에서 통합의 효과를 효율적으로 달성할 수 있는 특정분야에 국한하여 통합을 단행할 수도 있고, 회원국간의 시장을 전면 개방하여 하나의 시장으로 통합할 수도 있다.

(1) 자유무역지역

정치적, 경제적으로 밀접한 관계에 있는 2개국이상의 국가가 상호간에 관세를 인하 또는 철폐하고 무역의 수량적 제한조치를 제거함으로서 역내에서는 무역의 자유화가 실현되나, 역외국에 대해서는 가맹국의 독자적인 관세 및 수량제한이 실시되는 경제통합의 가장 초보적인 형태이다.

(2) 관세동맹

관세동맹이란 2개국이상의 국가가 회원국간의 관세 및 수량제한을 철폐하여 경제적 단일체를 형성하고 대외적으로는 역외공동관세를 적용하는 것을 말한다. 이것은 자유무역지역과 비슷하나 다만 대외적인 관세까지도 회원국들이 공동보조를 취함으로써 자유무역지역보다 전진된 경제통합이다.

(3) 공동시장

공동시장이란 관세동맹보다 더욱 발전된 경제통합의 형태로서 역내에 있어 무역제한 뿐만 아니라, 노동과 자본을 비롯한 생산요소들의 자유이동을 보장한 것으로 EU가 바로 이 단계에까지 도달하였다. 즉, 공동시장이란 역내의 생산물, 생산요소의 자유이동, 역외의 공통통상정책 실시로 거의 한 나라와 같은 상태하에 있다고 하겠다. 따라서 공동시장은 회원국이 갖는 정치, 경제, 문화 및 사회적인 동질성이 가장 중요한 요인으로 등장하며 궁극적으로는 제경제정책의 조정을 통하여 경제 및 통화동맹으로의 발전을 도모하게 된다.

---

1) 배기형. 세계경제 입문, 두남에서 재정리.

(4) 경제동맹

경제동맹이란 공동시장의 진일보한 단계로 회원국 각국의 경제정책까지도 상호조정, 운영할 만큼 밀착된 경제통합의 형태이다. 따라서 제반 경제정책의 불균형을 야기시키는 차별대우를 회원국간에 조정. 통일시킴으로써 경제적 단일화를 꾀하고 있다. 현재 EU는 이 단계로 진입하는 과정에 있다.

(5) 완전한 경제통합

완전한 경제통합이란 제반 경제정책의 통일을 전제로 하며, 각 회원국들의 의사결정이 수렴하는 초국가적 기구의 설립을 통하여 경제적 측면 뿐만 아니라 정치적인 측면에서의 통합까지도 수반하는 경제통합의 형태이다. 따라서 완전한 경제통합은 각 회원국들의 경제주권을 포기하고 하나의 단일경제단위가 되는 경제통합의 최종단계로서 현실적으로는 회원국의 주권포기와 관련되어 있기 때문에 실현가능성은 희박하나 모든 경제통합이 궁극적으로 목표로 하고 있는 이상형이라 할 수 있다.

2 경제통합의 조건

전후 4반세기동안 세계경제는 IMF. GATT체제를 중심으로 한 자유무역체제를 수립, 유지하려고 노력을 기울여 왔다. 그러나 1970년대에 들어오면서 선진국간의 통상마찰, 남북문제의 심화로 자유무역체제는 붕괴되고 세계경제는 혼미의 와중에서 지역적 결합의 강화가 싹트기 시작하였다.

이에 따라 지리적으로 근접한 국가들은 역내의 무역자유화, 역외의 무역차별정책을 실시하는 경제통합체를 형성하게 되었으며 특히 EU의 형성은 아프리카, 남미 및 유럽국가들에게 영향을 줌으로써 각 지역 많은 경제통합체가 설립되었다.

EU는 선진국간의 통합으로 경제적, 정치적 이익의 필요성에 의해 결성되었으나 남미, 아프리카 등의 개발도상국가들의 경제통합은 단순한 모방의 동기보다는 국가의 경제적 자립을 위한 경제성장의 유일한 처방책의 하나로 형성된 것이

라 하겠다. 이러한 필요성에 의해 형성된 경제통합은 그 통합관계가 (+)적인 효과를 실현하기 위해서는 경제적, 정치적, 사회적, 문화적 여러조건들이 충족되어야 한다.

경제통합의 조건은 다양하나, 일반적으로 경제적, 정치적 공동이익의 추구 하에서 경제발전단계의 동질성, 지리적 근접관계, 제정책의 조화 가능성 및 문화적, 역사적 동질성 등이 구비되어야 한다. 물론 이 외에도 공통적으로 사용할 수 있는 언어가 존재하거나, 통화에 있어서 공통된 화폐가 있을 경우 경제통합의 가능성은 보다 현실적으로 크다고 하겠다.

3 경제통합의 제효과

경제통합은 회원국 상호간의 각종 경제적 장벽을 제거하여 역내무역의 자유화를 꾀하며 나아가 공통의 제정책을 실시하여 경제, 정치, 사회 모든 분야에서 협력하는 것으로 현재 150여개가 존재하고 있다. 이처럼 각국들이 경제통합을 하는 이유는 첫째, 무역창출효과 및 무역전환효과이다. 무역창출효과는 효율이 높은 공급원으로부터 보다 안전하게 재화를 수입하는 효과이고 무역전환효과는 생산효율이 높은 나라에서 적은 나라로 전환되는 효과이다. 무역창출의 경우에는 자원이용의 효율화를 가져와 경제적 후생은 높고, 무역전환인 경우에는 자원이용의 비효율화를 가져와 경제적 후생에 손실을 초래한다.

둘째, 소비효과이다. 경제통합 전에는 자국내 소비자들은 수입상품에 대한 수요가 제한되었으나 경제통합 후 자국상품과 회원국상품사이의 차별폐지로 보다 높은 가치가 있는 수입상품을 더 구입하고 보다 가치가 적은 자국상품을 덜구입하므로써 소비를 조절할 수 있다.

셋째, 교역조건의 효과이다. 경제통합으로 역내관세의 철폐로 인한 무역형태의 변화는 교역조건에 영향을 끼치는데 특히 제3국의 대외교섭력에 영향을 끼친다. 즉, 역외국가의 통상협정의 실시로 무역거래지역이 확대됨으로써 무역규모에 따라 무역조건은 개선된다. 그리고 UN등 국제기구에서의 발언권이 강화되어 무역조건의 개선에 영향을 미친다.

넷째, 규모의 경제이다. 경제통합에 따른 역내관세의 철폐로 시장이 확대됨에 따라 규모의 경제는 실현될 수 있다. 즉, 경제통합으로 역내의 각국의 시장을 통합함으로써 동맹지역내에서 각 회원국의 비교우위산업은 시장이 확대됨에 따라 생산시설의 확장에 의한 분업화, 전문화, 대규모생산이 가능케 되고 생산비가 절감되어 대규모 생산의 이익을 얻을 수가 있다.

다섯째 경쟁의 격화이다. 경제통합은 동맹지역내의 시장구조를 변화시켜 동종산업간의 경쟁을 격화시킨다. 이러한 역내의 경쟁격화로 동종상품간의 가격이 인하되어 소규모생산은 지양되고, 대량생산이 이루어지며, 또한 가격의 하락으로 인한 소비자의 실질소득의 증가로 일반대중의 소비가 증가되어 이익이 발생한다. 또한 경쟁의 격화는 기술적 개선의 유인을 제공하고 비효율적인 산업의 제거를 초래함으로써 고도의 생산합리화를 이룩하여 생산능률의 향상에 기여할 수 있다.

여섯째 신투자의 유발이다. 경제통합은 역내 관세를 비롯한 제반무역제한장치가 철폐시킴으로써 역내시장의 안정에 그만큼 기여되어 역내 가맹국간의 경제활동에 대한 위험성과 불확실성은 감소되고 나아가서는 수요의 안정적 확대를 도모함으로써 높은 저축율의 증가 및 새로운 투자에 대한 불확실성과 위험의 감소를 이끌어 역내 가맹국간의 무역의 증대에 기여하게 된다. 또한 대규모 광역시장의 형성에 따른 투자환경의 개선으로 역내시장 확보를 목적으로 한 새로운 외국투자가 증대되어 통합지역내에서의 자본형성의 큰 원천으로 등장하게 된다.

일곱째, 신기술의 개발 및 외부경제효과이다. 경제통합에 의한 역내관세철폐와 대규모의 광역시장의 형성은 각국의 산업에 자극을 주어 각 산업은 고도의 신기술개발에 전념케 하며 경제자원의 개발 및 역내의 기술교류의 확대를 통하여 동맹전보다 급속한 산업기술의 발달을 촉진시킴으로써 경제발전을 꾀할 수가 있다. 즉, 경제통합후 시장확대로 각 기업은 그 규모를 크게 하기 위하여 연구 및 개발비 지출을 확대하여 기술발전을 꾀할 수 있다.

마지막으로 역외국에 대한 영향이다. 경제통합으로 역내국은 상호 관세의 철폐로 관세상 특혜대우를 하지만 역외국은 역내국으로의 수출감소로 그만큼 불리하게 된다. 이것은 역외국의 무역조건이 악화됨을 의미하며 이때에 역외국의

수출이 수입보다 한층 더 감소된다면 역외국의 무역수지는 더욱 악화된다.

4 세계경제통합의 현황

EU의 성공은 유럽, 중남미, 아프리카, 아시아지역에서 지역경제 통합의 열기를 불어넣었다. 특히 경제발전의 어려움을 겪고 있었던 중남미, 아프리카, 아시아지역의 개도국들은 여러 가지 형태로 경제통합을 형성케 하였다. 2004년 5월 현재, 총 208개의 지역경제협정 발효 중이며, 이 중 자유무역협정이 142개, 관세동맹이 15개이다.

지역별로 살펴보면, 유럽이 총 108개로 지역무역협정이 가장 많이 체결된 지역으로 이는 EU 확대 과정에서 새로운 회원국의 가입협정과 1991년 이후 EU와 중·동구 유럽국가와의 FTA체결이 주된 것이다. 이밖에 중동 및 아프리카 지역이 7개, 아시아는 26개, 아메리카 지역은 17개 지역무역협정이 발효 중이다

1) 유럽지역[2)]

2004년 5월 1일, 중 · 동유럽 소재 폴란드, 체코, 헝거리, 슬로바키아, 슬로베니아, 에스토니아, 라트비아, 리투아니아, 키프러스, 몰타 등 10개국이 그리고 2007년에는 불가리아, 루마니아가 새로 가입함으로써 EU는 회원국 27개국, 인구 4억 8천만명, GDP 9조 달러에 이르는 세계 최대의 단일 경제통합체를 형성하게 되어, 세계 초강대국인 미국과 맞먹는 거대 경제 블록의 탄생이라는 의미뿐만 아니라, 유럽이 명실공히 하나의 유럽으로 통합된다는 중요한 역사적 의미를 포함하고 있다.

유럽에서 전쟁 재발을 막기 위해서는 유럽 통합을 통해 평화체재를 구축하고 경제적으로 공동번영을 이룩해야 한다는 프랑스 Jean Monnet의 사상을 기반으로 1952년 프랑스와 독일을 중심으로 서유럽 6개국이 모여 출범한 유럽석탄철강공동체(ECSC)가 유럽통합의 시작이자 EU의 모태이다. 그동안 EU는 6차례에

2) 김판수, 수운해외경제, 한국수출입은행, 2004년 6월.

걸친 지리적 확대와 통합의 심화과정을 거치며 성장해 왔는데 하지만, EU의 확대가 여기서 그치지는 않을 전망이다. 그리고 크로아티아, 일부 CIS국가 등도 가입을 희망하고 있어 앞으로도 EU는 지속적으로 확대될 가능성이 크다.

2) 중남미지역

중남미지역은 역사적, 문화적, 종교적 측면에서 다른 국가에 비하여 공통점이 많으며 이를 바탕으로 1950년대부터 지역경제협력기구를 설립하여 국가간 경제협력을 강화하여 왔으나 각 국가간 이해관계의 대립으로 지역경제 통합의 활성화 달성은 이루지 못하였다. 즉 중남미지역은 경제성장에 필요한 투자재원의 부족과 국내시장의 협소, 불충분한 사회간접자본 등 경제적 빈약성을 지니고 있어 경제통합에 의한 경제적 효과를 얻지 못하고 있다. 그러나 중남미국가들은 대부분 미국의 정치·경제적인 면에서 밀접한 관계를 맺고 있고 석유 등 다양하고 풍부한 천연자원을 보유하고 있어서 경제개발 잠재력은 다른 어느 지역의 국가보다 큰 편이다.

현재 중남미 지역에는 안데스공동시장(ANCOM) 및 중미공동시장(CACM), 카리브공동시장(CARICOM) 및 중남미통합연합(LAIA)등이 형성되어 역내국가의 경제협력의 긴밀화를 꾀하고 있다.

특히 브라질, 아르헨티나, 파라과이, 우루과이 등 남미 4개국은 1991년 3월 아순시온협정을 체결하여 1995년 남미공동시장(MERUCOSUR)을 창설하였다[3]. 남미공동시장은 남미인구의 2/5이상인 2.5억명, 남미 GDP의 50% 이상인 약7천억 달러를 차지하는 거대한 단일 시장의 등장으로 회원국간 관세 및 비관세장벽 철폐는 물론 역외국수입상품에 대한 역외공동수입관세[4]를 적용하며 농업, 공업, 환율 등 기타정책의 시행에 있어서 각국의 공동보조를 취함으로써 실질적인 경제통합을 추구하고 있다.

중남미 지역은 지역주의 현상이 극심하여 2중, 3중의 지역협정으로 연결되어 있는 실정이다.[5] 이러한 지역주의의 심화로 역외국 상품에 대한 고관세 적용,

3) 준회원국으로 칠레가 1996년10월에, 볼리비아가 1997년1월에, 페루가 2003년12월에 각각 가입하였다.

4) 자본재는 14%, 정보통신분야는 16%의 역외공동관세를 부과하고 있음

국제입찰 응시자격 제한 등으로 중남미지역 시장진입이 갈수록 어려워지고 있는 가운데 향후 북미와 남미가 하나의 시장으로 통합된다면 북미사장에 유입되던 아시아산 경공업제품은 중남미로, 중남미시장에 유입되던 아시아의 첨단 중화학공업제품은 북미제품으로 상당부문 전환 될 것으로 우려되고 있다.

현실적으로 대부분 중남미 국가들이 자국산업의 보호를 위해 역외 국가들에 대해서는 고율의 관세를 부과하는 반면, 역내 국가간에는 남미공동시장(MERCOSUR), 안데스공동체(ANCOM), 중미공동시장(CACM) 같은 경제통합을 통해 무관세 및 특혜관세 혜택을 부여하고 있어 수출활로 타개를 위해서는 동시다발적인 대중남미 FTA 추진과 함께 새로운 수출기법과 상품개발이 무엇보다도 시급한 실정이다.

3) 아시아 지역

현실적으로 아시아태평양지역은 지리적 광범위, 경제력 격차, 제도·관습 등의 차이로 인해 현실적으로 전 지역을 포함하는 공동시장 내지 자유무역지대와 같은 단일화된 경제협력체계 형성이 용이하지 않다. 다만, 특정목적이나 특수한 경우를 위한 경제협력(ad hoc funcional type of regional cooperation)은 가능할 것인바 최근 동남아시아, 동북 아시아 등 소규모 경제통합체 결성의 움직임이 대두되고 있을 뿐이다. 그러나 최근에는 유럽 및 미주지역에서의 지역주의화 움직임으로 아시아 지역에서도 지역 내의 경제협력을 위한 노력이 가시화되고 있다. 특히 일본을 중심으로 한 동아시아 경제공동체, 중공의 동북아경제권(황해경제권) 및 대중화경제공동체의 모색 등 일련의 경제통합의 움직임이 활발히 진행되고 있는 가운데 ASEAN은 2008년 까지 역내관세를 5~10%로 인하함으로써 아세안자유무역협정(AFTA)체결에 합의하였다. ASEAN 자유무역협정은 경제발전 단계가 비슷한 국가간의 수평적 통합으로 태국, 말레이시아, 인도네시아, 싱가포르, 필리핀, 부르나이,베트남,라오스,캄보디아,미연마 등 10개국으로 구성되어 있으며 인구 5.2억명,GDP 규모 5,512억 달러로 EU, 북미자유무역협정에

5) NAFTA, MERCOSUR, Andean Group, The Caribbean Community(CARICOM), Central American Common Market(CACM) 등 기존 무역협정(RTA)에 Free Trade Area of Americas(FTAA), Central America Trade Agreement(CAFTA)등 추가 논의 중이다.

비해 그 경제규모는 작으나 ASEAN국가들의 경쟁력은 AFTA의 결성으로 보다 강화될 것이다[6].

남아시아 7개국은 1980년대 들어 빈곤퇴치와 더불어 역내 빈곤국들의 권익옹호를 위하여 지역협력체 창설을 추진, 1985년 SAARC를 창설하였으나 회원국간 경제력 격차 및 정치적 갈등 등의 이유로 실질적인 협력을 강화하기 위한 구체적인 방법을 제시하지는 못해 실질적인 진전을 하지 못했다. 그러나 전세계적으로 지역무역블록이 증가하는 추세를 보이자, SAARC는 EU와 같은 형태의 경제통합을 목표로 삼고 그 전 단계로 남아시아 특혜무역협정(SAPTA) 및 자유무역협정(SAFTA)을 추진키로 하였다. 이에 따라 14억 인구를 지닌 남아시아 지역에 자유무역지대가 창설될 경우 규모 및 지역적 특성상 EU와 유사한 지역블록으로 성장할 것이라는 기대가 모아지고 있으며, 이를 위한 회원국의 적극적인 노력이 요구된다.

또한 걸프만협력협의회(GCC)는 1981년 5월 중동국가 6개국[7] 정상회의에서 회원국간 정치적 협력, 경제통합, 상호 방위협력을 목적으로 설립되었는데, GCC 국가들은 역내 GDP의 1/3을, 정부재정수입과 수출의 3/4를 석유에 크게 의존하고 있다. GCC는 2003년 회원국의 관세를 5%로 단일화시키고, 3년간의 완충기간을 거쳐 2006년부터 관세동맹을 시행할 예정이며, 유로화의 성공적인 출범에 자극받아 2008년까지 "아랍 디나르"를 단일통화로 도입할 예정이다. 이를 위해 GCC회원국들은 서로 다른 재정 및 무역구조를 통합해 나가며, 국가별로 차이가 큰 경제정책 목표도 단일한 지역개념으로 조정해 단일통화의 사용을 위한 인프라의 구축에 노력하고 있다. 또한 GCC는 2005년 5월 브라질에서 남미공동시장과 자유무역지대의 창설을 위한 정상회담을 개최하여 거대한 자원대륙인 중남미와 중동지역간 경제협력에 역점을 두고 있다. 이 밖에 중동지역에서는 2005년1월 아랍연맹 22개 회원국중 17개국이 회원국간 관세철폐를 골자로 하는 아랍자유무역지대 창설에 합의함으로써 정식 출범되었는데 향후 3년안에 역내

---

6) ASEAN은 1967년8월 방콕에서 태국, 말레이시아, 인도네시아, 싱가포르, 필리핀 등 5개국이 참여로 결성되어 초기에는 공동안보체제의 구축이 목적이었으나 최근에는 경제협력, 국제무대에서의 공동보조 및 발언권 강화 등을 추구하고 있다.

7) 사우디아라비아, 쿠웨이트, 아랍에미리트, 카타르, 바레인, 오만 등이다.

교역량이 63%이상 급증할 것으로 예상된다.

그동안 WTO의 다자간 틀 안에서 독자적인 무역정책을 추구하였던 일본은 2002년 1월 싱가포르와 경제연계협정(Economic Partnership Agreement)을 타결하였으며, 최근에는 멕시코와도 정부간 FTA협상을 마무리 지었다. 한편, 중국도 2002년 11월 ASEAN국가와 2010년을 최종시한으로 FTA협상을 추진하기로 기본 협정을 체결하였다.

4) 미주지역

미국은 전세계적으로 지역주의가 확산되는 경향을 보이는 가운데 다자간협상을 통한 범세계적 무역주의화의 추진이 국가간 이해대립으로 어렵게 되자 1980년대 중반부터 대외통상정책 기조를 쌍무적 협상으로 전환하였다. 이처럼 미국이 쌍무협상을 통해 지역적 자유무역을 우선 확보하고 이를 토대로 범세계적 자유무역을 점진적으로 달성하여 간다는 방향으로 선회한 이유는 무역수지 적자의 확대, 세계경제의 다극화로 미국의 리더십 약화, 미국의 수출증대, 안보상의 이유, 미국경제발전의 새로운 동기 부여 등이다. 특히 1994년1월에 발효된 북미자유무역지대(NAFTA)는 미국, 캐나다, 멕시코 3개국이 단일시장을 형성하여 노동과 산업의 효율성 및 생산성을 증대시킴으로써 역내국가의 경제활성화를 도모하고 있다. NAFTA는 인구 4.3억명, GDP 규모 12.5조 달러,수출 1.2조 달러. 수입 1.7조 달러의 시장규모를 지니고 있다.

미국은 2004년 4월 현재 이미 이스라엘, 캐나다 및 멕시코(북미자유무역협정: NAFTA), 요르단, 칠레, 싱가포르 등 총 6개국과 자유무역협정을 체결하였으며, 이 가운데 칠레와 싱가포르는 2004년 1월 1일로 발효되었다. 그리고 2004년 5월 18일에 체결된 호주와의 자유무역협정인 AUSFTA는 미국이 NAFTA 이후 선진국과 체결한 최초의 자유무역협정으로 약 99%에 이르는 제조업제품의 무관세화가 실현될 전망이다. 특히 미국은 중남미국가와의 경제관계을 강화하기 위해 범미주경제권을 구상하고 있다.

5) 아프리카 지역

아프리카 지역은 국가의 경제력 자립을 위한 경제성장의 유일한 처방책의 하나로 경제통합체를 결성하였는데 이를 뒷받침 해줄 시장규모의 협소, 자본금 미비로 커다란 성과를 얻지 못하고 있다. 남부 아프리카제국 경제공동체(ECOWAS)는 역내 회원국간[8] 긴밀한 협조로 역내 경제안정 및 균형발전을 도모하여 역내 공동시장의 형성을 기본 목표로 하고 있으나 역내국간 이해 대립, 자본 부족 등으로 제대로 추진못하고 있다.

1980년 4월 남부 아프리카 9개국[9]은 남부 아프리카개발조정회의(SADCC)를 설립하여 역내국간 균형발전, 상호호혜 및 평등에 입각한 경제협력과 통합을 통해 역내기업의 경쟁력 제고, 빈곤퇴치, 역내 평화와 안정 등을 추구하고 있다. 2002년 7월 공식 출범한 아프리카연합(AU)는 EU를 모델로 회원국의 정치, 경제, 사회적 통합을 위한 초국가적인 기구를 지향하여 세계사회에서 아프리카의 위상강화에 노력하고 있으며 회원국은 현재 53개국에 이르고 있다.

그 밖에 아프리카 각국 중앙은행 총재들은 2003년 8월 우간다 캄팔라에서 개최된 연례회의에서 2021년까지 아프리카 단일통화를 채택하고 공동중앙은행을 설립하기 위해 협조하기로 합의하였다.[10]

5 한국의 FTA 현황[11]

우리나라는 명실상부한 통상국가로서 지속적인 경제발전을 위해서는 교역의 확대가 필수적이다. 즉 열린 세계시장이 우리의 경제적 생존과 직결되는 것이다. 최근의 세계 통상환경을 보면, 자유무역협정(FTA: Free Trade Agreement)을 중심으로 한 지역주의(Regionalism)가 가속화되고 있다. 이러한 지역주의의 경향은 과거 GATT체제보다 현재의 WTO 체제에서 오히려 급속도로 확산되는 경향을

8) 회원국은 베넹, 감비아, 라이베리아, 나이지리아, 부르키나파소, 가나, 말리, 세네갈, 까뽀베르테, 기니, 시에라리온, 코트디브와르, 기니비사우, 니제르, 토고 등 15개국이다.
9) 현재는 앙골라, 콩고민주공화국, 모리셔스, 말라위, 세이셸, 스와질랜드, 나미비아,보츠와나, 잠비아, 탄자니아, 레스토, 모잠비크, 짐바브웨, 남아프리카공화국 등 14개국이다.
10) 경향신문, 2003년 8월 20일자
11) 외교통상부 홈페이지에서 정리.

보이고 있다. 각국의 FTA 체결 경쟁은 현재 진행 중인 도하개발어젠다(DDA) 협상이 의미있는 합의 도출에 난항을 겪고 있어 많은 국가들이 양자간 지역협정에 의존하는 경향이 더욱 뚜렷해졌다.

이러한 상황에서 우리나라가 적극적으로 FTA를 추진해야 하는 이유는 우선 1992년 EU의 출범과 1994년 NAFTA의 발효를 계기로 지역주의가 세계적으로 확산되면서 FTA 네트워크 역외국가로서의 피해를 최소화하고, 나아가 이러한 도전에 적극적으로 대응하기 위해 FTA를 추진하게 되었다는 점이다. 특히 우리의 대외경제 규모가 국내총생산(GDP)의 80% 이상을 차지하고 있는 점을 고려할 때(2009년 국내총생산(GDP)에서 대외교역(수출+수입)이 차지하는 비중은 82.2%), 주요 경쟁국이 FTA를 앞다투어 추진하고 있는 통상환경 하에서 우리나라가 기존 수출시장을 유지하고 새로운 시장에 진출하기 위해 FTA 확대에 전력을 다하는 것은 당연하다. 왜냐하면 주요 교역국이 여타 국가와 먼저 FTA를 체결한다면 우리 상품은 고관세 적용에 따른 가격경쟁력의 저하로 점차 그 시장을 잃을 수밖에 없기 때문이다. 따라서 우리 상품의 수출경쟁력을 유지하고 안정적인 해외시장을 확보하기 위해서는 주요 교역국가들과의 FTA 체결이 필수적이다. 둘째, 능동적인 시장개방과 자유화를 통해 국가 전반의 시스템을 선진화하고 경제체질을 강화하기 위해 FTA 추진이 필요하다. 우리 경제가 질적인 발전을 통해 진정한 선진 경제로 거듭나기 위해서는 FTA를 능동적·공세적으로 활용할 필요가 있다.

이러한 이유로 정부는 2003년이래 적극적으로 FTA를 추진해왔으며, 특히 거대경제권과 자원부국 및 주요 거점 경제권을 중심으로 전략적인 FTA 체결 확대 전략을 통한 FTA 네트워크를 구축해 나가고 있다. 동시다발적인 FTA 추진을 통해 그동안 지체된 FTA 체결 진도를 단기간 내에 만회하였으며, 현재 FTA 네트워크의 글로벌화를 위해 노력하고 있다. 이를 통해 우리 기업의 세계시장 확보를 지원하고, 동아시아 FTA 허브국가로 발돋움하려 한다.

정부는 세계적인 FTA 확산추세에 대응하여 안정적인 해외시장을 확보하고 개방을 통해 우리 경제의 경쟁력을 강화하기 위해 FTA를 적극 추진한 결과 칠레, 싱가포르, EFTA, ASEAN, 인도, EU, 페루, 미국 등 45개국과의 FTA가 발효되었다. 2012.3월에는 터키와의 FTA 상품분야 협상이 마무리되었고, 콜롬비아 등과의 FTA 협상도 진전을 보이고 있다. 그 외에도 호주, 뉴질랜드, 캐나다, GCC, 멕시코 등과 FTA 협상이 진행 중이며, 동아시아내에서는 중국, 일본 등과의 FTA를 통해 동아시아 지역통합에 기여한다는 구상을 가지고 있다.

우리나라 FTA 추진 현황(발효 및 타결)

상대국	추진현황	의의
칠레	• ’99.12월 협상 개시 • ’03.2월 서명, 04.4월 발효	최초의 FTA, 중남미시장의 교두보
싱가폴	• ’04.1월 협상 개시 • ’05.8월 서명, 06.3월 발효	ASEAN 시장의 교두보
EFTA (4개국)	• ’05.1월 협상 개시 • ’05.12월 서명, 06.9월 발효	유럽시장 교두보
ASEAN (10개국)	• ’05.2월 협상 개시 • ’06.8월 상품무역협정 서명, • ’07.6월 발효 • ’07.11월 서비스협정 서명 • ’09.5월 발효 • ’09.6월 투자협정 서명 • ’09.9월 발효	우리의 제2위 교역대상(2011년 기준)
인도	• ’06.3월 협상 개시 • ’09.8월 서명 • ’10.1월 발효	BRICs국가, 거대시장
EU	• ’07.5월 협상 출범 • ’09.7월 협상 실질 타결 • ’09.10.15 가서명, • ’10.10.6 서명 • ’11.7.1 잠정발효	세계최대경제권(GDP기준)

상대국	추진현황	의의
페루	• ’09.3월 협상 개시, • ’10.8월 협상 타결, • ’10.11.15 가서명, • ’11.3.21 서명, • ’11.8.1 발효	자원부국, 중남미 진출 교두보
미국	• ’06.6월 협상 개시, • ’07.6월 협정 서명, • ’10.12월 추가 협상 타결, • ’11.10.22 “한미 FTA 이행법” 미의회 상·하원 통과 • ’11.11.22 비준동의안 및 14개 부수법안 국회 본회의 통과 • ’12.3.15 발효	거대 선진경제권
터키	• ’08.6월~09.5월 공동연구, 총 4차례 공식협상 개최(10.4월,7월, 11.3월, 12.3월) • ’12.3.26 기본협정 및 상품무역협정 가서명 • ’12.8.1 기본협정 및 상품무역협정 정식서명	유럽, 중앙아시아 진출 교두보
콜롬비아	• ’09.3월~9월 민간공동연구, 총 6차례 공식협상 개최(09.12월,10.3월, 6월, 10월, 11.10월, 12.4월),12.6.25 협상타결 선언 • ’12.8.31 한·콜롬비아 FTA 가서명 자원부국, 중남미 신흥시장	

3대 경제블록 가시화 한국, 도전과 응전의 시기

최근 미국, 유럽연합(EU), 일본 등 선진경제권이 동시다발적으로 자유무역협정(FTA) 협상을 추진하고 있다. 미국은 일본 등 태평양 12개국과 환태평양 경제동반자협정(TPP)을,EU와는 환대서양 경제동반자협정(TTIP)을 추진 중이다. 이에 중국 등 아시아 16개국은 역내 포괄적 경제동반자협정(RCEP) 출범으로 맞서고 있다.

3대 FTA가 모두 타결될 경우 지금까지 보지 못한 거대 경제블록이 탄생할 것이다. TTIP는 국내총생산(GDP)을 기준으로 세계경제에서의 비중이 45%이고, TPP는 38.4%, RCEP는 29.4%다. 이렇게 세계 GDP의 80%에 육박하는 3대 FTA가 출범하면 세계 통상질서는 이들 경제블록 중심으로 급속히 재편될 것이다. 또한 3대 FTA에 대한 한국의 수출 비중이 전체 73%를 차지해 거대 경제블록의 등장은 한국에도 큰 도전이 될 것이다.

글로벌 금융위기 이후 미국은 태평양, 대서양을 아우르는 TPP와 TTIP를 통해 거대시장을 창출하고 역내 무역활성화를 추진해 수출을 확대하는 정책을 강력히 추진하고 있다. 이에 재정위기에 처한 EU와 장기 침체에 허덕이는 일본 또한 경제적 실리와 미국의 전략적 목표에 공감하며 이에 동참하는 실정이다. 그런데 이러한 선진국 주도의 경제블록화에 대해 중국은 선진국들의 경제블록화가 중국을 고립하고 외부압력을 통한 대외개방을 확대할 것이라고 인식하여 아세안과 함께 독자적 경제공동체인 RCEP에 힘을 집중하는 것으로 보인다.

3대 경제블록의 등장과 영향

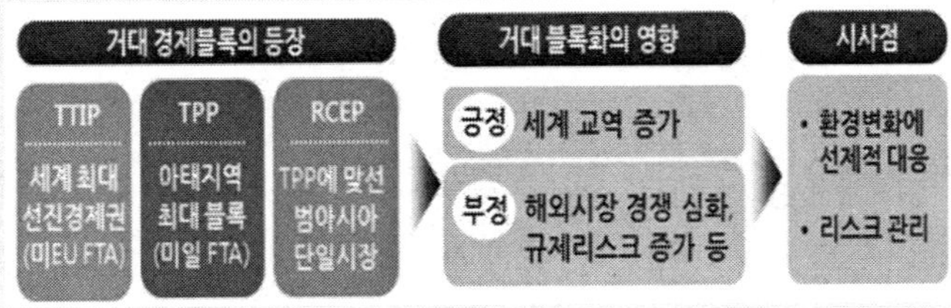

거대 경제블록은 어떤 효과가 있고, 국제질서를 어떻게 바꿀 것인가. 먼저 긍정적 효과를 보자. 세계경제의 80%를 차지하는 3대 FTA가 출범하면 해당 국가의 경제가 성장해 세계경제 활성화에 도움이 될 것으로 예상된다. 즉 주요국이 상호 관세 등 무역장벽을 완화하면 국가 간 교역이 증가할 테고, 이로 인해 침체에 빠진 미국, EU 등 선진국 경제가 일정하게 성장할 것으로 기대된다. 각국 정부 및 연구기관에서 밝힌 나라별 추가 성장률을 보면, TTIP 체결 시 EU 0.3～0.5%p, 미국 0.2～0.4%p, TPP 타결 시 일본 등 참여국 0.4～1.5%p, RCEP 발효 시 중국 등 참여국 최대 1.8%p 등이다.

두 번째, 거대 경제블록의 등장은 세계무역기구(WTO) 중심의 기존 국제통상질서에 큰 변화를 가져올 것으로 예상된다. 약 150개국이 참여하는 WTO는 지난 20여 년간 세계 무역자유화를 선도해온 명실상부한 세계무역질서의 중심

기구였다. 그러나 WTO의 업그레이드를 위한 도하개발어젠다(DDA) 협상이 선진국과 신흥국의 견해차로 10여 넘게 지지부진하면서 그 위상이 점차 약화됐다. 여기에 금융위기 이후 그동안 FTA 같은 지역주의에 무관심하던 선진국까지 수출을 확대하려고 FTA 경쟁에 뛰어들어 WTO의 위상 약화는 더 가속화할 것으로 보인다. 따라서 세계는 단일한 경제체제에서 3대 거대 경제블록이 경쟁하는 시대로 접어들 것으로 예상된다. 상호 통상규범과 게임 룰이 다른 이들 간 경쟁은 WTO라는 단일 기준 시대에서 복수 기준이 적용되는 불확실성 시대로의 진입을 보여주는 사건이라 할 수 있다.

한편, 3대 경제블록에 포함되지 않은 국가는 경쟁적으로 회원 가입을 추진하든지, 여의치 않으면 독자적 길을 모색할 개연성이 있다. 브라질이나 러시아의 경우가 대표적인데, 이들은 지역 내 국가들과 메르코수르(Mercosur)나 3국 관세동맹(러시아, 카자흐스탄, 벨로루시가 2015년까지 3국 내 모든 관세 및 비관세 장벽을 철폐할 계획) 같은 독자적 경제공동체 건설에 나서 자국 이익을 지키고자 할 것이다.

세 번째로, 3대 FTA 간 경쟁 심화로 선진국과 신흥국, 혹은 신흥국 간 복잡한 무역마찰이 일상화할 것으로 예상된다. TTIP 체결 시 미국과 EU는 세계 최대시장을 바탕으로 글로벌 통상 규범제정자로서의 입지가 강화될 것이다. 그리고 이들 선진국은 중국 등 신흥국을 대상으로 지식재산권, 환경, 노동, 경쟁 부문에서 TTIP 규범을 준수하라고 압박할 것이다.이에 이미 거대하게 성장한 중국 등 신흥국도 선진국의 통상 공세에 만만찮은 반격을 가할 것으로 보인다. 최근 미래산업인 태양광산업의 주도권을 놓고 중국, EU, 미국이 반덤핑과 보복조치 등 치열한 경쟁을 벌이는 것이 대표적 사례이다. 여기에다 신흥국 간, 즉 남남갈등도 심상치 않다. 브라질, 인도는 선진국과의 대결에서는 신흥국 진영에 서 있으나, 무역흑자국 중국과는 미·중 갈등 못지않게 치열한 통상 분쟁을 벌인다. 인도의 경우 20여 년간 최대 반덤핑 제소국이 중국일 정도다. 이처럼 국제사회는 영원한 적도 동지도 없는, 만인의 만인에 의한 투쟁 시대가 상당 기간 지속될 전망이다.

3년 넘게 협상을 진행해 미국이 연내 타결을 목표로 하는 TPP를 제외하면, TTIP와 RCEP 협상 타결은 최소 2-3년 걸릴 것으로 예상된다. 즉 TPP가 가장 먼저 타결되고, TTIP는 2014~2015년, RCEP는 이보다 조금 늦게 타결될 전망이다. 따라서 특별한 변수가 없다면 2015년이 넘어야 3대 경제블록이 현실화할 것이다.

그렇다면 3대 FTA의 출현은 한국 경제에 어떤 영향을 미칠까. 먼저 미국과 EU 간FTA(TTIP) 체결로 선진국 경제가 회복되면, 이들 국가에 대한 한국 수출도 늘어 우리 경제에 긍정적 효과가 있을 것으로 전망된다. 특히 현지 진출 한국 기업의 매출 증가로 한국 기업과 현지 기업 간 중간재 교역이 늘어날 것으로 예상된다.

이런 긍정적 효과는 대체로 세계 모든 국가가 누리게 되지만, 부정적 측면은 우리나라와만 관련 있다는 점에 유념해야 한다. 한국 처지에서는 세계시장 최대 경쟁국인 일본 기업이 미국, EU 등과 FTA를 체결할 경우 한미 FTA, 한·EU FTA 선점효과가 감소하고 미국이나 EU 시장에서 경쟁이 더 심화될 것이라는 점이 문제다. 예를 들어 한미 FTA 최대 수혜품목 가운데 하나인 자동차의 경우, 2017년이 돼야 미국 측 수입관세(2.5%)가 철폐된다. 그런데 TPP가 타결되면 일본 기업도 이러한 효과를 동등하게 누리게 된다. 즉 한미 FTA의 선점효과가 약화된다고 볼 수 있으며, 이는 한·EU FTA 경우도 마찬가지다.

그렇다면 한국은 어떻게 해야 할까. 한국 같은 중견 국가가 거대 경제권발(發) 블록화 경쟁을 주도하기엔 한계가 있다. 따라서 어느 협상에 참여할 것인가 하는 문제보다 우리의 강점을 적극 활용하는 자세가 필요하다. 한국의 강점은 다른 나라가 갖추지 못한 넓은 글로벌 FTA 네트워크에 있다. 시간이 오래 걸리는 다자간 협상도 소홀히 할 수 없지만 아직 중국, 중남미, 러시아 등 한국이 FTA를 체결해야 될 상대는 많다. 선진국이 거대 경제권 형성에 주력하는 사이 우리는 이러한 빈틈을 발 빠르게 선점할 필요가 있다. 또한 3대 FTA 진행 상황을 면밀히 관찰해 기존 FTA나 국내 경제 및 산업 정책과 충돌할 개연성에 대비해야 한다. 예를 들어 미국·EU FTA(TTIP)의 경우 한미 FTA나 한·EU FTA와 충돌하지 않을지 혹은 우리의 이익이 침해되지 않을지 면밀히 살펴보고 그 영향을 분석해야 할 것이다.

한국 기업도 3대 FTA 등장에 적극 대응해야 한다. 먼저 한미 FTA나 한·EU FTA를 최대한 활용하는 자세를 가져야 할 것이다. 즉 FTA로 개방된 미국 및 유럽시장에서 선점효과를 극대화하는 노력을 더 많이 기울여야 한다. 또한 통상 압력, 통상 마찰 강화에 대비하는 시스템을 구축해야 할 것이다. 원산지 규정 준수, 지식재산권이나 환경 등 규제리스크에 선제적으로 대응할 수 있는 인력과 대응방안 수립에 만전을 기해야 한다. 특히 수출에 주력하는 중소·중견기업의 경우 정보 부재로 낭패를 볼 수 있으므로 정부와 협력해 대응체계 구축에 만전을 기울여야 한다.

끝으로 해외 시장의 경쟁심화에 맞서 품질 제고, 시장다변화 등 대응전략도 강화해야 한다. 특히 선진국, 중국 등 주요국에 집중된 무역을 다양한 국가와 상품으로 분산할 필요가 있다. 또한 해외에 생산거점을 둔 기업의 경우, RCEP 등 다자간 FTA로 한국 기업의 생산거점이 집중된 중국이나 아세안의 투자환경이 개선된다는 점을 활용해 생산거점 운용 방안을 효율적으로 개선하는 일도 중요한 과제라 할 수 있다.

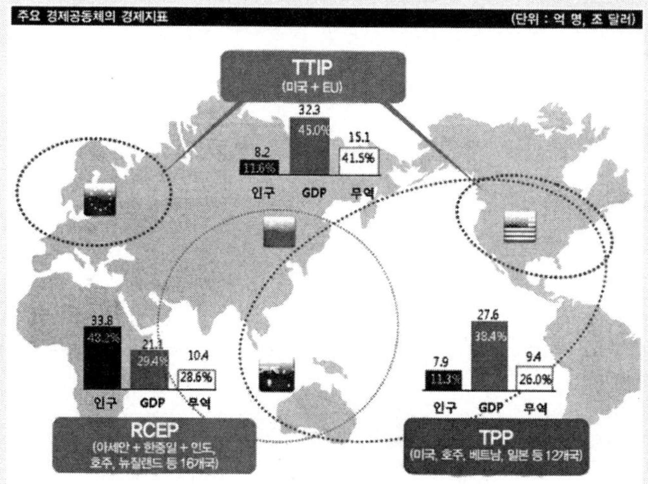

〈권혁재, 3대 경제블록 가시화 한국, 도전과 응전의 시기, 주간동아, 2013.06.24, 893호, pp.26~28와 권혁재 외3인, 세계통상질서의 재편:3대 FTA의 부상, 삼성경제연구소, CEO 인포메이션, 제895호,2013.5.15.〉

찾 아 보 기

■ 공저자 소개 ■

배기형

현) 세종대학교 경제통상학과 교수
저서) 문화경제의 이해(도서출판 두남)
알기쉬운 세계경제(도서출판 두남)

이혁진

현) 세종대학교 경제통상학과 겸임교수
논문) 중국 교육산업의 경제적 효과 분석
(한국상품학회)

장몽택(Zhang meng-ze)

현) 세종대학교 경제통상학과 박사과정
세종대학교 항공산업연구소 연구원

강 범(Jiang fan)

현) 세종대학교 경제통상학과 박사
논문) 중국 문화콘텐츠산업의 수출경쟁력
강화방안(한국콘텐츠학회)

생활속의 경제학 – 개정판

초 판 1쇄 발행 —— 2012년 3월 5일
개정판 1쇄 발행 —— 2019년 2월 25일
지은이 —— 배 기 형·이 혁 진·장 몽 택·강 범
펴낸이 —— 전 두 표
펴낸곳 —— 도서출판 **두남**
서울시 강동구 성내로 6길 34-16 두남빌딩
신 고 : 제25100-1988-9호
TEL : 02) 478-2065~7, 2311
FAX : 02) 478-2068
E-mail : dunam1@unitel.co.kr
http://www.dunam.co.kr

정가 20,000원

ISBN 978-89-6414-834-1 93320